话说陕西

【2】

秦卷

公元前770年至公元前206年

金戈铁马并天下

秦人五百余载的崛兴史

徐卫民 著

西北大学出版社

话说陕西

秦卷

金戈铁马并天下

话说陕西

总序

张岂之

地处中国腹地、黄河中游的陕西，是中华民族的发祥地和中华文明的摇篮之一。早在115万年以前，这里就已经生活有远古人类。从蓝田猿人到大荔人，再到陕北的河套人以及沙苑人，显现了陕西境内北方直立猿人向智人发展的轨迹。以半坡、姜寨、北首岭为代表的仰韶文化遗存，以客省庄、米家崖为代表的龙山文化遗存，皆典型地反映了中华先民在农业、畜牧业、手工业、渔业以及初具雏形的文字、绘画、雕塑等方面的文明程度。

大家公认的中华民族始祖炎、黄二帝，相传其部族就崛起于渭水中游和陕北高原。位于黄陵县的黄帝陵，自西汉以来，历代供奉和祭祀不绝。认同黄帝，就意味着认同中华。陕西黄帝陵，已升华为亿万中国人心目中民族与历史的象征，成为全世界华人共有的民族精神家园。

陕西是中国古代历史的中心舞台之一。周、秦、汉、唐这样几个声威远播、最具影响力的王朝均建都于此，从而留下了“长安自古帝王州”的赞誉诗句。其所放射出的中华文化光辉，代表了当时人类所能企及的文明高峰，也谱写了陕西历史文化的辉煌篇章。以古都长安为起点的“丝绸之路”，连结东方文明与西方文明，促进了两大文明的交流与交融，同时也把陕西这片富饶的黄土地推向了世界，使之在人类文明交往的史册上占有重要的位置。

陕西还是诸多“革命”的策源地或圣地。古有“汤武革命”之说，武王伐纣，即起自陕西；唐代黄巢农民革命军的大齐政权，诞生在长安；明末李自成农民革命军的大顺政权，亦定鼎于长安。1911年10月，武昌爆发辛亥革命，陕西是最先响应并实现光复的省份之一。以毛泽东为代表的中国共产党人，在红色革命圣地延安奋斗13年，为抗日战争胜利和建立中华人民共和国作出了不可磨灭的贡献，演奏出陕西革命交响乐曲中最雄伟的乐章。

陕西地灵人杰。这里不仅有壮丽的山川、肥沃的土地、丰富的资源，而且产生了雄才大略、明德达人的圣君贤相，运筹帷幄、叱咤风云的谋臣猛将，巧夺天工、卓尔不群的能工巧匠，才华横溢、文章千古的文人学者以及忧国忧民、视死如归的仁人志士。他们为中华文明作出了巨大贡献，他们的业绩与名字，同陕西历史、也同整个中国历史永远连在一起。

光辉历史在陕西留下的丰厚文化遗产，同样为世人所瞩目。陕西文物遍地，名胜古迹星罗棋布。特别是秦始皇陵兵马俑、汉阳陵裸体彩俑、唐法门寺地宫一类超级文物，更被誉为奇迹。此外，还有大量的非物质文化遗产，如秦腔、紫阳民歌、商洛花鼓、木偶戏、皮影戏、民间社火、安塞剪纸、安塞腰鼓、陕北说书等。大凡知道或亲自到过陕西的人，不论其国籍、种族、肤色如何，可以说毫无例外地都会被这里的历史文化遗产所折服所倾倒。

由于陕西在中国历史上的特殊地位，所以编写专门的陕西历史读物，就成为一种客观的现实需要。人们高兴地看到，自20世纪80年代以来，陕西学界和出版界相互配合、共同努力，已经陆续推出了一批颇有影响的关于陕西历史的图书，如由著名学者、曾任陕西师范大学、西北大学及陕西省社科院领导的郭琦先生主编的《陕西五千年》，由郭琦和著名史学家史念海及我本人共同主编的多卷本《陕西通史》等。这些著述，在宣传陕西、介绍陕西历史文化，以及推进陕西文化建设等方面，都发挥了相当积极的作用。不过，随着改革开放的深入，随着进入21世纪后面临的各种挑战，特别是面对近年来出现的学术大众化的文化走势，新编一部品位高尚、立意新颖，科学性、趣味性、观赏性俱佳的陕西历史读物的任务，又迫切地提到议事日程之上。为此，经陕西省有关领导部门的周密策划，由西北大学出版社具体组织编写出版，奉献给大家这套通俗易懂、好读好看的《话说陕西》。

这套书精选陕西历史上的著名人物、代表性事件及重大成就，以故事形式为主，“珍珠”串线，“话说”陕西。同时，配置大量以陕西出土文物为主的图片，凸现图文并茂的特点，“图说”陕西。另外，在“话说”“图说”的不同节点上，穿插整个中国与世界历史文化背景及相关知识链接。如此故事、图片、知识链接三者有机结合，相互补充，相互佐证，相得益彰，形象直观地反映了陕西社会发展与进步、文明传承与演进的历史脉络。希望这套图文并茂、雅俗共赏的陕西历史文化图书，为中华民族共有精神家园的建设，为实现把陕西建成文化强省的战略目标，尽一份绵薄之力。

承西北大学出版社和《话说陕西》编委会的盛情，邀请我与石兴邦先生担任该书的学术顾问。如是，我与这部书就有了直接的关系。也许因我曾担任西北大学出版社第一任社长的缘故，他们又请我为该书写篇序言，于是写了上面一些话，供读者朋友们参考。我希望读者朋友们能够喜欢这套书。

二〇〇九年十二月二十日

黄留珠

（一）

“陕西”作为地区概念，其出现可追溯到3000多年前的西周初期。据《春秋公羊传》的说法，周天子之下设有三位“相”（即当国之正卿），称作“三公”。其中，“一相处于内”，另外两相周公与召公则分区而“总诸侯”。“自陕而东者，周公主之；自陕而西者，召公主之。”这里的“陕”，通常认为指的是战国时的陕陌，汉以后的陕县，即今河南陕县。也有说法认为“陕”当作“郏”，指周王城所在地郏鄏（音jiá rǔ），即今河南洛阳西北。如此就产生了“陕东”与“陕西”的地理区分。陕东为周公负责的“总诸侯”区域，陕西为召公负责的“总诸侯”区域。研究者或认为，这时使用的“陕东”“陕西”概念，基本上与战国秦汉时期所谓的“山东”“山西”（“山”即崤山），或曰“关东”“关西”（“关”即函谷关）概念近似。由此可知，最初陕西概念所包含的地域范围要比今天的陕西省大多了。

明清之际的著名学者顾炎武在其所著的《日知录》卷三十一列有“陕西”条，专论陕西名称的由来及所指区域的演变。其中，有两句带有总结意味的话颇值得注意：一是说“晋时以关中为陕西”，再是说“后人遂以潼关以西通谓陕西”。

关于第一句话，从其后文可知，这里的“晋时”，当指西晋。而如果进一步从顾炎武举证的《晋书·宣帝纪》有关材料来看，三国时期魏青龙四年（326），司马懿在长安屯守备蜀，获白鹿贡献给朝廷，被魏明帝命之曰“今君受陕西之命，有白鹿之献”，似乎早在曹魏时，以长安为中心的关中地区已被称作“陕西”，而不是后来到西晋时期才将关中称为陕西。关于第二句话，从其前文列举《旧唐书》诸记载可知，这里的“后人”所指应是唐代以后的人，至于具体“后”到何时，似并未交代明白。不过这里可以确认的一点是，以潼关为东界的陕西，显然与周代召公所主的陕西已相去甚远，而与今天陕西概念的东界倒是基本相吻合了。

《宋史·地理志》载：“至道三年（997），分天下为十五路。”其中置设陕西路，治所在京兆府（今陕西西安），辖境约当今陕西和宁夏的长城以南、秦岭以北及山西西南部、河南西北部、甘肃东南部地区。这种格局与西周召公所主之陕西大体近似。不过，这却是陕西首次以国家统一、完整划分的行政区之一的面目登台亮相，意义重大。一些权威性工具书如《辞源》称："陕西之名始此。"一般论者也多沿用《辞源》的说法。其实，《辞源》之说并不严谨。这里，关键点一是没能区分"地区"与"政区"两个不同的概念，二是没有把部分性政区名与全国性政区名区别开来。历史事实应该是，陕西作为地区之名，西周时早已有之；作为部分性政区之名，首见于唐代以陕西为方镇名（节度使辖地之名），即上元元年（760），改陕虢节度使为陕西节度使；作为全国性政区名称，则始自北宋至道年间。

北宋熙宁五年（1072），将陕西路分为永兴军、秦凤两路，元丰元年（1078）复并为陕西路；八年（1085）又分为永兴军与秦凤两路。不过习惯上仍称此两路为陕西路。其后元、明、清三代，均以陕西作为全国性行政区划名称之一。元置称陕西行中书省（简称陕西行省），明置称陕西承宣布政使司（简称布政使司，又称藩司，习惯上仍称行省或省），清置称陕西省，并且此名称一直延用至今。这里，需要指出的有两点：其一，元、明两代陕西的辖区较今陕西所辖要大得多，而清代陕西省境与今陕西省境大体相若，换言之，即是说今陕西的省界基本上为清代所奠定。其二，自元代开始，陕西政区的东界均基本上以潼关为准沿南北方向划线，前举《日知录》"陕西"条"后人遂以潼关以西通谓陕西"句中之"后人"，确切地讲，当指元代以后之人。

今陕西省地处我国中部偏东靠北地区，总面积20.58万平方公里。全省地域南北长（延伸达800公里以上）、东西窄（最狭处仅170公里），形状宛如一跪射之武士；地势南北高、中间低，从北到南依次分为陕北高原、关中平原（所谓八百里秦川）、秦巴山地三大区域。其东邻山西、河南两省，西连宁夏回族自治区与甘肃省，南抵四川省、重庆市、湖北省，北接内蒙古自治区，为连接我国东、中部地区和西北、西南地区的枢纽之地。我国大地原点就定在陕西泾阳县的永乐镇。

（二）

如果要问陕西最大的优势是什么？人们会毫不犹豫地回答，是她灿烂辉煌而又古老悠久的历史文化。

20世纪60年代，在蓝田县灞水之滨的公王岭，考古工作者发现了距今115万年

的“蓝田猿人”，拉开了迄今可知的陕西历史帷幕。由蓝田人与距今18万—23万年的大荔人、距今3.7万—5万年的陕北河套人、距今1万年的沙苑人，以及以半坡、姜寨、北首岭遗址为代表的仰韶文化，以客省庄、米家崖遗址为代表的龙山文化等，给我们勾勒出了一条清晰演进的陕西原始社会的基本历史线索。按学术界较普遍的认识，仰韶文化晚期或龙山文化早期，大体便与传说的炎黄时代衔接上了。

被公认为中华民族始祖的炎帝、黄帝，在陕西历史上都留下了巨大的印迹。炎、黄部族就崛起于渭水中游和陕北高原之上。炎黄时代是我国原始社会末期各方面发生重大变革的时期，随后而兴的夏、商、周三代文明，其根基正是炎黄时代所奠立的。

夏代的势力是否到达陕西？从禹凿龙门的传说，以及有扈氏与夏启战于甘（今陕西户县境）一事，似乎可以窥见某些蛛丝马迹。而考古发现的商州东龙山遗址，研究者一般认为即夏文化遗存。有关殷商势力在陕西的情况，从西安老牛坡遗址和城固宝山遗址可知，殷商势力不仅发展到关中，而且还延伸到陕南地区。

发迹于陕西的周人所建立的周王朝，把陕西历史推向一个发展的新高峰。位于今西安市西的丰镐，作为王朝的京师，充分发挥了其政治中心的作用。周公制礼作乐，并以这种礼乐制度规范整个社会，从而奠定了中国传统文化的基础。日后孔子创立儒学，主要继承发扬的就是周公的这套礼乐文明。

秦人源自何方，至今学界仍存争议。不过，自襄公始国之后，秦人在陕西这块土地上生根、开花、结果，却是不争的事实。穆公的争霸，献公、孝公的求强，商鞅的变法，始皇的统一，这一切将陕西历史推向第二个发展的高峰。秦创建的以皇帝制度、三公九卿制与郡县制为特征的中央集权政治制度，创立的多民族大一统国家模式，其影响之巨大、之深远，直到今天仍是每一个中国人能够深切感受到的。

继秦而立的西汉，以其“匹夫而有天下”及“布衣卿相之局”的政治特色，被论者惊呼为一个“大变局”时代。以京师长安为中心的古代陕西，正是这一变局的原生之地。从汉初崇尚黄老之学、开创文景之治，到雄才大略的汉武帝兴功作业，再到昭宣中兴，以至王莽改制，激荡的大汉雄风使陕西历史迈入其第三个发展高峰。以西域“凿空”为标志，丝绸之路沟通了东西两大文明；以“尊儒”为旗号，“霸王道杂之”的汉政成为后世永则的范式；而汉族、汉人、汉字、汉语等，也都缘汉帝国得其名。

> 东汉以降，陕西失去政治中心的地位，但因长安为皇室先祖陵寝所在地，所以把这里与京师洛阳所在地同辖于司隶校尉，属京畿范围，以示重视。魏晋南北朝时期，前赵、前秦、后秦、大夏、西魏、北周等分裂时期的王朝，先后在陕西建都，陕西历史在民族融合的大潮中继续前进。

> 隋唐时期，陕西历史迎来了第四个发展的高峰。特别是唐代，陕西的历史发展则达到了巅峰。“华”“夷”如一，盛世之治；崇文好诗，文明中心。万民崇仰、万邦向往的京师长安，尽显数百年民族大融合结出的汇通硕果，满载经济文化交流国际大都会的历史责任。博大包容、开放进取的大唐气象，是中国历史的骄傲，更是陕西历史的骄傲。

> 五代以及宋、元、明、清时期，帝国中心东移、北迁，陕西虽然昔日辉煌不再，但以其地理区位优势，成为西北重镇，仍发挥着重要作用。“为天地立心，为生民立命，为往圣继绝学，为万世开太平”，如此一类陕西人发出的豪壮声音，继绝起衰，振聋发聩。陕西历史在继续发展，只不过场面远没有以前那么宏大罢了。

> 陕西以最先响应辛亥革命、实现光复的形象迈入民国时期。20世纪30年代，在民族危亡之际，震惊中外的“西安事变”爆发，它促成了抗日民族统一战线的建立，避免了亡国之祸。中国共产党人在以延安为中心的陕北地区的卓绝奋斗，谱写了中国革命史上雄伟壮丽的篇章，亦为陕西历史增添了光辉的一页。

> 新中国建立后，陕西历史开始了全新的时代。陕西作为西北大区最发达的省份，成为大西北发展的龙头。改革开放以来，昔日丝路起点的陕西，又作为整个欧亚大陆桥的东方桥头堡发挥巨大的作用，在西部大开发中，具有重要地位。今天，勤劳智慧的陕西人民，锐意创新，改革进取，正在努力为把陕西建设成为经济、文化强省而拼搏奋斗。一个现代、绿色、开放、和谐、人文昌盛、环境优美、蕴含巨大发展潜力、充满活力和机遇的新陕西，已经展现在人们面前。

> 综观整个陕西历史的发展，明显可以看出如下一些特点：

> 一曰“悠久”。陕西原始社会的历史，可追溯到115万年以前；其文明史，亦

可追溯到五六千年前的炎黄时代。而这些，皆有可靠的考古资料和文献资料证实，决非生拉硬扯、胡编乱造式的“作假”。

二曰“辉煌”。众所周知，周、秦、汉、唐是中国历史上最辉煌的时代，演绎了中国历史上最辉煌的篇章。而这几个辉煌的王朝，又均建都于陕西，以陕西作为其统治中心。所以这些王朝的辉煌，也势必为陕西所享有，衍为陕西历史的辉煌。无论是周的礼乐文明，秦汉的制度文化，还是唐帝国博大开放的气势、诗园艺苑的风韵，皆出自陕西而传之全国，从而成就了令世人引以为自豪的盛世辉煌。

三曰“融汇”。这可以从两个层面来理解：一是民族的融合。中国历史上，各民族不断融合，显然是其发展的主流。崛兴于陕西的周人灭商，里面就含有商、周两族的融合。秦人自西而东发展，实际就是不断征服、融合陕甘境内诸多戎狄少数民族的过程，至始皇统一，则建立了多民族大一统的帝国。魏晋南北朝的民族融合，更是规模空前，而陕西恰好就是这场大融合的中心舞台。此后建唐的李氏一族之所以崛兴，在陈寅恪看来，“盖取塞外野蛮精悍之血，注入中原文化颓废之躯，旧染既除，新机重启，扩大恢张，遂能别创空前之世局”。从某种意义上讲，盛唐之出现，正是此前民族大融合结出的汇通之果，再后的辽、夏、金、元、清，莫不可作如是观。二是文化的汇融。这包括国内、国外两个方面。就国内而言，主要指各地区的文化交汇。如秦汉时期，帝国政府大量迁徙关东豪富充实关中，造成关东、关中地区的文化交汇就很具典型性。史称故秦地，也就是陕西，“五方杂错，风俗不纯”，实际正是这种“四方辐凑并至而会”的文化融汇的结果。与国外的文化交汇则以佛教文化的中国化最具代表性。佛教自东汉传入中国后，即被加以中国化的改造，这实际上也就是中外文化的一种融汇。唐时长安为佛教的一大中心，佛教中国化的程度也被提升到一个更高的阶段，其标志就是佛教宗派的创立。在众多的佛家法派中，影响较大者计八派，而其中六派都创立于长安。此外，传入唐京畿地区的还有摩尼教（明教）、祆（音xiān）教（拜火教）、伊斯兰教、景教（基督教支派）等外来宗教。它们在不同程度上也与中国本土文化发生交汇交融。故以长安为中心的陕西关中一带，事实上成为中外文化融汇的圣地。当然，中外文化交汇并不只限于宗教一途，其他如国外派来的遣唐使、留学生等，也具有这样的功能。现藏于西北大学博

物馆的日本留学生井真成墓志铭，便是中日文化交流交汇最有力的证据。总之，陕西历史上的民族融合、文化融汇，乃常态的客观存在。惟其如此，才造就了周、秦、汉、唐四大高峰期长达千余年陕西历史那种博大包容、恢弘深邃的气势和积极向上、开放进取的风貌。这既是陕西历史的亮点，也是其显著特点。

以上所述，未必能将陕西历史的特点悉数囊括。不过，概括起来，陕西历史在整个中国历史中的地位，可做如下形象的说明：如果把中国历史比作一棵大树，那么，陕西历史就是这棵大树的根；如果把中国历史比作一条长河，那么，陕西历史就是这条长河的源。总括起来讲：陕西历史是中国历史的根源。当然，大树的根不会只有一支；大河的源，也不可能只有一条。但根中必有主根，源中亦必有主源。陕西历史正是那中国历史大树的主根，中国历史长河的主源。

进一步说，构成中国历史最根本性的思想、观念、意识形态等精神文化要素，如礼乐文明、集权式政治制度、多民族大一统国家形态、小农经济体制、“霸王道杂之”的治国理念、民族融合、文化汇融、丝路交流，乃至绵延不断的以纪传体为主的历史纪录等等，或发端自陕西，或奠立于陕西，或完善于陕西。换言之，即是说中国历史的基本要素，大多是在陕西这块沃土上孕育出来的。

（三）

陕西是文化大省，而今正在向文化强省迈进。对陕西历史文化进行系统梳理、研究，并以通俗、活泼的形式，将其介绍给广大读者，是建设文化强省、增强文化软实力的一项基础性工作。为此，在中共陕西省委宣传部、陕西省新闻出版局的领导和指导下，西北大学出版社组织相关专家学者，编写了这部《话说陕西》——一部图文并茂的普及版陕西通史。希望这种努力对建设我们民族共有的精神家园、实现民族伟大复兴的宏伟目标，出一点力，做一点事，尽一份心。

二〇〇九年十一月十日于锵音阁

话说陕西

导言

徐卫民

“秦王扫六合，虎视何雄哉”是对秦统一天下的形象概括。经过春秋时期长期的兼并战争，到战国时只剩下“战国七雄”等势力强大的国家。秦王政“奋六世之余烈，振长策而御宇内”，只用了十年时间便相继攻灭了韩、赵、魏、燕、楚、齐六国，统一了天下，结束了春秋战国长达五个多世纪的分裂割据局面，建立了中国历史上第一个统一的封建帝国。

秦人是通过不断开拓、不断进取而取得发展的。长期的迁徙形成了秦人粗犷豪迈、坚忍不拔、刚直勇猛的性格。早期秦人以善于养马驾车而得到夏、商、西周统治者的青睐和赏赐。秦人先祖在今甘肃天水附近先后被周天子封为附庸和西垂大夫。公元前770年，秦襄公在周平王东迁的过程中，因为带兵护送有功，被正式封为诸侯，同时周平王还许诺把岐以西之地赐给秦。然而这一地区当时为西戎所控制，秦人经过艰苦努力赶走西戎，并向东发展，先后迁都于汧、汧渭之会、平阳，到秦德公时，建都雍城，统治区域不断扩展。秦穆公时，广招贤才，锐意图强，国势日渐强盛。公元前623年，秦穆公在由余的谋划下，向西戎发动突然进攻，戎王无力抵挡，被迫投降。秦穆公又乘胜追击，攻灭西戎12国，独霸西戎。周天子听说秦穆公打败西戎后，特派召公姬过前来祝贺，并赐给秦穆公12只鼓，正式承认了他的霸主地位。战国初年，秦虽是西方大国，但与东方国家相比仍较落后，加上统治阶级内部争斗不断，秦穆公时期占领的一些土地被魏国夺取。秦献公即位后，将都城从泾阳迁往距离魏国较近的栎阳，并进行了一系列改革，如规定“止从死”、实行“五家为伍”的户籍制度、继续推行县制等。献公改革增强了秦国的国力，使秦国在短短的五年时间里，三次大败魏国，连周天子也来向秦祝贺，秦国威震一时。秦孝公即位后，广揽人才，进一步进行变革。他发布求贤令：“有能出奇计强秦者，吾且尊官，与之分土。”于是商鞅从魏国来到秦国，并得到孝公重用，开始了当时各诸侯国中最为彻底的变法。商鞅变法使秦国经济迅速发展，军事实力大增，秦国社会出现了“道不拾遗，山无盗贼，家给人足，民勇于公战”的大好局面。特别是军功爵制的实行有效地调动了广大士兵的积极性，秦军将士在征战中无所畏惧，奋勇杀敌，所向披靡。从秦惠文王开始，中经昭襄王、庄襄王等国君的奋发图强，秦国的实力有了很大增强，并在与六国的争霸战争中处于强势地位，统一全国已是指日可待。秦王政即位后，以迅雷不及掩耳之势横扫关东六国，在中华大地上建

立了第一个统一的多民族的大帝国。

秦人之所以迅速由弱变强，由僻处一隅到兼并东方六国、统一中国，与秦人善于引进和使用人才有很大关系。这集中表现在：首先，是对外来人才的开放性。“士不产于秦而愿忠者众”，秦穆公时的由余、百里奚、蹇叔，秦孝公时的商鞅，秦惠文王时期的苏秦、张仪，秦昭襄王时期的范雎、蔡泽，秦始皇时期的李斯、韩非、尉缭、郑国等，都是外来的人才。他们不仅在秦国找到了实现其政治抱负的舞台，而且还带来了大量外部世界的新信息、新观念，对促进秦的发展起了显著的引领作用。其次，是对外来人才的包容性。尽管在秦国的发展壮大中，法家思想一直占据着主导地位。但是，秦国也一直是一个诸子百家十分活跃的舞台。在商鞅变法初期，的确存在着“燔《诗书》，明法令”的禁绝性政策，但这只是一个很短的时期，到秦昭襄王时，学术风气已经出现了“纳六国之士”的可喜变化。特别是在秦王政即位后，吕不韦招揽六国士人编撰《吕氏春秋》，兼采各家学说，开创了秦国学术的新风。对外来人才及其思想观念的兼收并蓄，促使秦国逐渐走上强盛之路。

秦王政统一全国后，认为自己“德兼三皇，功过五帝”，于是自称为“皇帝”，并采取措施强化中央集权的政治制度，在中央实行三公九卿制，在地方废除以血缘关系为基础的分封制，实行以地域为基础的郡县制。为巩固统一的成果，秦始皇还在全国进行了统一货币、度量衡、文字等改革，并修筑了四通八达的驰道、直道等交通运输道路；同时秦王朝又北击匈奴，南征百越，使秦的疆域“东至海暨朝鲜，西至临洮、羌中，南至北向户，北据河为塞，并阴山至辽东”，成为当时东方最大的国家。秦王朝为维护国家统一所实行的一系列措施和制度，无论在当时还是对后世的社会发展都具有重大意义。它不仅改变了割据状态下的混乱局面，促进了各地经济文化的交流和发展，而且对以后两千年的中国封建社会也产生了重大影响。

然而，由于秦王朝的残暴统治和对人民的压榨搜刮，最终导致国内各种矛盾迅速激化。秦统一全国后，因连年战争和长期混乱给社会生产力造成了严重破坏，统治者理应与民休息，恢复生产。但秦始皇却反其道而行之，把当时全国有限的财力、人力、物力用在了大兴土木上，以致造成“男子力耕不足粮饷，女子纺绩不足帷幕”的局面。为了加强思想文化统治，秦始皇还实行“焚书坑儒”的政策，不仅使许多重要的先秦文化典籍从此失传，而且严重

摧残了士人的心灵，自春秋末叶以来蓬蓬勃勃的自由思索的精神因此而遭受了一次致命打击。秦始皇还非常迷信，特别相信方士们提出的“长生不老”邪说。秦始皇一生曾多次出巡，在第五次出巡的途中，秦始皇已重病缠身，当车队到达沙丘时，秦始皇驾崩，结束了只有50年的辉煌的生命历程。随后，赵高、李斯、胡亥等便阴谋发动政变，篡改诏书，迫使本该继承皇位的始皇长子扶苏自杀。胡亥于是在众臣的拥护下即位为帝，是为秦二世。秦二世不仅缺乏治理国家的才能，而且其奢侈荒淫比其父有过之而无不及，朝政大权遂被赵高独揽，以致于演出了“指鹿为马”的闹剧。与此同时，社会阶级矛盾也日益尖锐。公元前209年，中国历史上第一次大规模的农民战争爆发了，并很快席卷全国，迅速摧毁了秦王朝的统治。

从秦人西迁到秦王朝的建立，这中间经历了数百年的漫长岁月。在这数百年中，秦人在陕西建立了统一的多民族国家政权，后世“百代皆行秦政事”，为华夏文明的发展作出了杰出贡献。为缅怀和纪念秦人开拓关中的历史功绩，至今“秦”仍然是陕西省的代称。

秦人五百余载的崛兴史（公元前770年—公元前206年）

话说陕西

秦卷

目录

秦

公元前221年—公元前206年

秦时期全图

选自谭其骧主编《简明中国历史地图集》

春秋早期 秦公镈（音 bó）

1978年宝鸡市陈仓区太公庙出土。高69.6厘米，舞28.4厘米×24厘米。同出土三件，形制纹饰相同，大小有别。镈身有四条扉棱，由蟠屈的飞龙和凤鸟组成。秦公镈造型庄重典雅，纹饰富丽。三个镈所铸铭文相同，均有135字。铭文记载秦文公至秦武公的世系，是研究秦早期历史的珍贵资料。

前770年，周平王迁都洛邑，东周开始。

秦人先祖的传说

由女修生大业到非子居犬丘

2200多年前，以咸阳为国都（今陕西咸阳市以东），诞生了中国历史上第一个统一的多民族王朝——秦朝。这个王朝是由一支长时间活跃在西部地区的勇猛强悍的部族——嬴秦建立的。说起嬴秦的先祖，还有一段鲜为人知的传说。

追溯远祖 世代不显

相传远古时期，颛顼（音zhuān xū）帝的后裔中有一个叫女修的姑娘。女修工于纺织，常劳作忘食，一次，腹饥肚饿，恰有“玄鸟陨卵”，遂拣拾吞之，女修因此而有了身孕，后来生下一个健壮的男孩，取名大业。据说这个大业就是秦人最早的祖先。

大业的儿子名叫大费，又名柏翳，曾协助禹平定洪水灾患。舜帝因其辅助有功，便将一位美丽的姚姓女子嫁与他为妻。后来大费又辅佐舜帝调驯鸟兽，大费因此被舜帝赐姓嬴氏。

大费以后，嬴姓子孙分为二支，一支为费氏，一支为鸟俗氏。夏朝末年，夏桀施行暴政，失去民心。费氏一族的首领费昌便归附商汤，做了汤的车夫，并协助汤灭掉了夏桀。商王大戊时，鸟俗氏的首领孟戏、中衍兄弟因驾车技艺高超而被大戊任为车夫，颇受信任。大戊还将好女许配给他们。大戊以后，中衍的后代子孙世世辅佐商王，皆有功劳，成为商朝的显贵。

商朝末年，中衍的后裔中潏（音yù）居于西垂地区（今甘肃东部地区），与西戎杂处。中潏的儿子叫蜚廉，蜚廉有一个儿子叫恶来。蜚廉善奔跑，恶来力气大，父子二人均以才能力气忠心为纣王效力。后来，周武王伐纣，蜚廉、恶来也一起与商共亡。蜚廉还有一个儿子叫季胜，季胜的儿子为孟增。孟增仕于周，成为周成王幸臣，人称“宅皋狼”。孟增的孙子造父因善于养马和驾车幸于周穆王。徐偃王作乱时，造父曾为穆王驾车，日行千里以救乱，穆王于是以赵城封造父，后来造父一族世为显贵。

恶来的后代传至首领大骆时，居住于犬丘（今甘肃天水西南），从此大骆一

春秋　彩绘泥塑俑（铜川市印台区枣庙遗址出土）

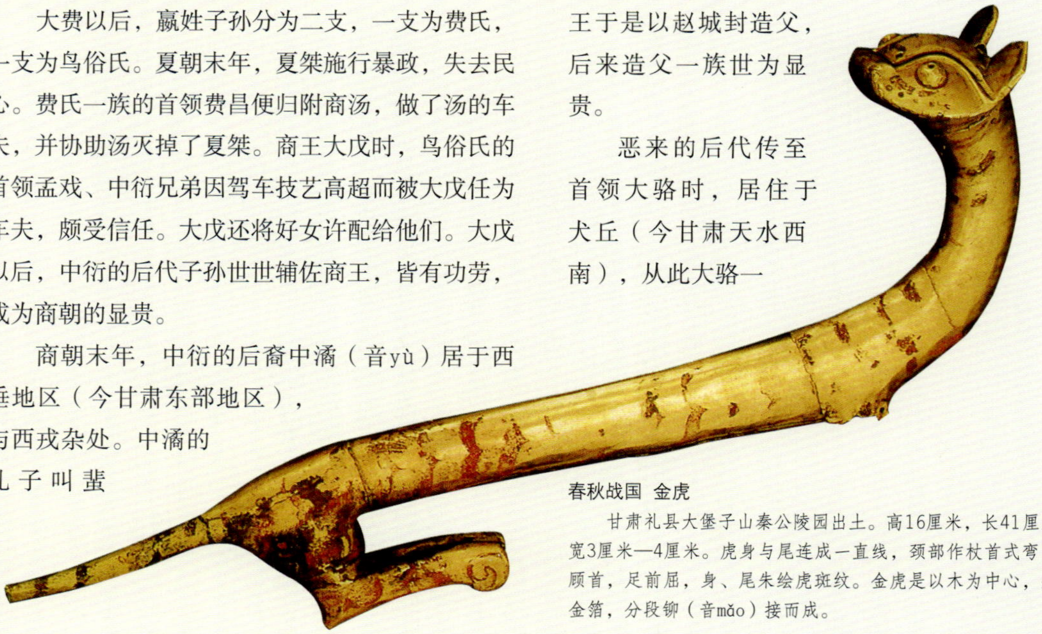

春秋战国　金虎

甘肃礼县大堡子山秦公陵园出土。高16厘米，长41厘米，腹宽3厘米—4厘米。虎身与尾连成一直线，颈部作杖首式弯曲。虎顾首，足前屈，身、尾朱绘虎斑纹。金虎是以木为中心，外包镶金箔，分段铆（音mǎo）接而成。

历史百科问答：中国历史上的“三代”指哪三代？

公元前776年，古希腊举办第一届奥林匹克运动会。

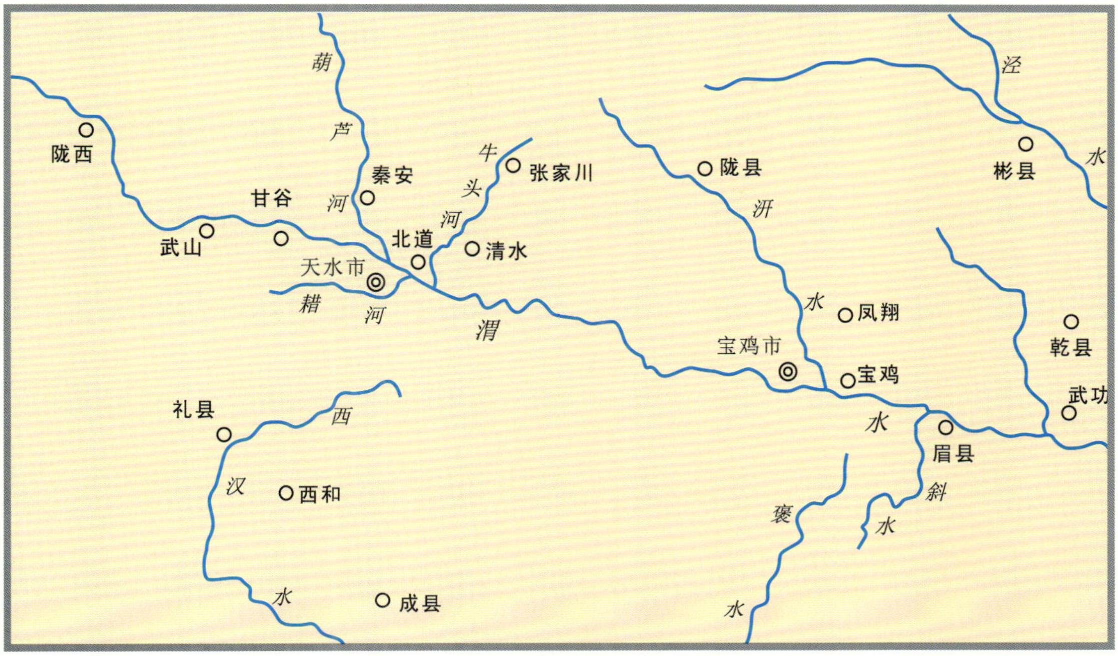

秦人早期活动地域范围示意图

族开始了漫长艰难的创业历程，早秦历史揭开了新的一页。

迁居西垂 创业立邑

据说秦人的祖先最早生活在东海之滨（今山东省境内），后来其子孙支系分散各地，其中鸟俗氏的一支到达了西垂地区，在西汉水两岸繁衍定居。西汉水流域纵跨南北地理分界线，属于阶梯地形的过渡区，远古时期就有部落在此活动。这里水源充足，气候温润，宜农宜畜，正是古代部族兴邦立邑的理想之地。

春秋　垂鳞纹圆壶（甘肃圆顶山秦墓出土）

秦人定居犬丘后，不断开拓进取，受到周王室的关注。首领大骆的庶子非子善于养马，周孝王得知后，就让他在汧（音qiān）渭之间（今陕西宝鸡千河一带）主管养马事宜，结果马匹大量繁殖。于是周孝王封非子为“附庸”，并把秦地（今甘肃天水附近地区）分给他作为封邑。一部分秦人也随非子由犬丘迁居秦地，始正式有“秦人”之称。

知识链接

【“一日千里”的由来】

出自《史记·秦本纪》。秦人祖先以善养马、驾御马而闻名。周穆王时，秦人首领造父为周穆王驾车前往昆仑山见西王母，周穆王乐而忘归。忽然有消息说东夷人造反了，周穆王遂乘坐造父所驾之车，“长驱归周，一日千里以救乱”。后常以一日千里形容进步神速。

前760年，晋文侯杀携王余臣，结束二王并立局面。

平王封赐 襄公立国

早期秦人艰难的创业步履

公元前八世纪前期，在以今陕西关中为中心的西部大地上，建立了一个新的诸侯国，这就是艰难困苦、玉汝于成的秦国。

始封为诸侯

非子居秦地后，号为“秦嬴”。非子的曾孙秦仲被周宣王封为“大夫”，后来在攻伐西戎部落的战斗中被杀。秦仲死后，长子庄公继立。他率领兄弟四人继续讨伐西戎，并取得一些胜利，被周宣王封为“西垂大夫”，秦人地位有了很大提高。庄公长子世父发誓要杀掉戎王为祖父秦仲报仇，不杀戎王不进入秦地，并把太子位让给弟弟襄公做。庄公死后，襄公即位。襄公将妹妹嫁给了戎人丰王，想以此分化戎人。这时西周已是日渐衰落，失去民心。

公元前771年，西戎、犬戎联合攻进镐京（今陕西长安西北），襄公率军全力保卫周朝。周平

春秋 镂空鸷鸟形金饰片

1994年甘肃礼县大堡子山秦公陵园出土。高52厘米，宽32厘米。鸷鸟为钩喙，环目，突胸，屈爪形，饰不规则的凹凸勾云纹。边缘有小孔，为装饰饰片。

大堡子山秦公陵园

大堡子山秦公陵园位于甘肃礼县永兴川最西端的西汉水北岸永兴、永坪二乡的交界处，西距礼县县城约13公里，因其西端高处有一座清代修筑的土堡围而得名。两千多年前的秦公陵园，就坐落在山南麓高处向阳的缓坡上。1994年经考古发掘，共清理发掘出目字形大墓一座，中字形大墓一座，中、小型墓葬九座及车马坑一座。出土文物有金器、青铜器、车马器、石磬、玉器、陶器、漆器等，是研究早期秦史和秦文化的重要文物。

春秋 秦公钟

1978年宝鸡市陈仓区太公庙出土。高48厘米，甬高17厘米，舞18厘米×22厘米。同出五件，形制、纹饰相同，大小有别，均铸铭文。甬上端饰四条小龙，旋饰重环纹，鼓部饰两只对称凤鸟。甲、乙两钟为一组，铸铭文135字，记载了秦文公至秦武公世系，是研究先秦历史的重要资料。

王继位后，迫于周王畿内（今陕西关中地区）戎、狄势力的猖獗，不得不迁都到今河南洛阳的东都。在东迁过程中，襄公又率兵护送周平王，为周王朝立下了大功。周平王因而封襄公为诸侯，并把戎人占据的岐以西的土地赏赐给他。从此，秦国开始正式成为诸侯国，可以与中原的诸侯国互通使节、互致聘问献纳之礼。为庆祝这次受封，襄公杀了三匹小马、三头黄牛和三只羝羊在西畤（音zhì）祭祀白帝。

同戎狄的艰巨斗争

周平王在分封秦襄公的宣誓典礼上，坦率地对襄公说："戎人无道，侵占我岐、丰之地，秦如能攻逐戎人，即可据有这些地方。"言外之意是如果不能赶走戎人，只好听天由命了。那时，在关中及其四周地区，几乎布满了内侵的戎狄。如渭水上游的"狄、豲（音yuán）、邽、冀之戎"，泾水以北的"义渠之戎"，洛水一带的"大荔之戎"，渭水以南的"骊戎"等。另外，关中东部还有西周原来分封的梁、芮等小诸侯国。秦人只有以武力击败戎狄，才能真正占据岐、丰之地，立国于诸侯之林。

秦襄公不愧是一位颇有作为

大堡子山"目"字形大墓发掘情形

世界大事记

公元前753年，罗慕洛建成罗马城，开始王政时代。

古代乐器。

中国大事记

前741年，楚国熊通杀侄自立，自号武王。

公元前770 秦 公元前206

【话说陕西】

西周晚期　瓦棱纹秦公簋（音guǐ）及铭文（大堡子山出土）

西周晚期　交龙纹方壶（大堡子山出土）

的君主，他受命之后，立即扩张武备，展开对戎狄的斗争。然而事情进展并不尽如人意，秦人活动的范围，长时期内仍没有扩展至“岐丰之地”。直到公元前766年，襄公方“伐戎”到了“岐”（今陕西宝鸡以东）。遗憾的是，就在这次东征中，襄公却去世了。

襄公死后，其子文公继续带领秦人同西戎作战，经过十几年的奋斗，终于占据了岐以西的地方，真正取得了周天子赐予的封地。此时距秦人建国已有20年之久了！

知识链接

【畤】

畤，是祭祀天地五帝（五帝指青帝、白帝、赤帝、黑帝、黄帝）的祭坛。畤祭在秦时非常盛行，从秦襄公立西畤到秦献公立畦畤，这一祭祀活动持续了400余年，甚至还延续到西汉时期。

历史百科问答：在我国，牛耕开始于哪一个时代？

秦人在关中的早期都城
从汧邑到平阳

秦人在今甘肃天水一带发展起来以后，并不固步自封，而是走出陇山，挺进关中，实现其更远大的抱负。公元前770年，襄公因带兵护送平王东迁有功，得平王封赏戎人占据的关中岐以西之地，然而襄公封地早已为戎狄占领，于是秦人一步一个脚印向东迈进，并随东进多次迁都，最终在关中地区站稳了脚跟。

汧 邑

秦襄公二年（前776），秦襄公将都城从犬丘迁至汧邑。汧邑是秦人进入关中的第一个都邑，至文公四年（前762）徙都汧渭之会，汧邑作为都城共有14年。

汧邑故址即今陕西陇县县城东南的磨儿塬村西，考古人员在此已发现了一座古城址。这座城址东临汧河，南临川口河，虽然经过两千多年的风雨剥蚀，在城址的东南部至今仍可见到部分夯土城墙。这里位于两河交界的台塬处，面向川原谷地，当年水草丰美，是理想的立足东扩之地。

汧渭之会

襄公死后，文公即位，虽都汧邑，但文公先是居住在西垂宫（今甘肃礼县境内）。文公三年（前763），文公率领士兵700人由西垂宫东去狩猎巡视，谋求进一步东扩，拓疆辟土。次年，东巡至汧渭之会，经占卜知此处乃吉利之地。于是文公下令在此地营筑都城。直到宪公二年（前714）徙居平阳之前，汧渭之会作为秦的都邑共48年。

汧渭之会，即汧水和渭水的汇合处，具体地望在今宝鸡市陈仓区的魏家崖一带。按照当时秦人进入关中地区的路线应为沿着汧河向东南走，先在今陇县东南的边家庄附近建汧都，后继续沿着汧水河谷向东南走，到达魏家崖一带。

文公在位50年，一生颇有建树。文公十三年（前753），开始设立史官记载国内大事，百姓多受教化。文公十六年（前750），派兵讨伐西戎，

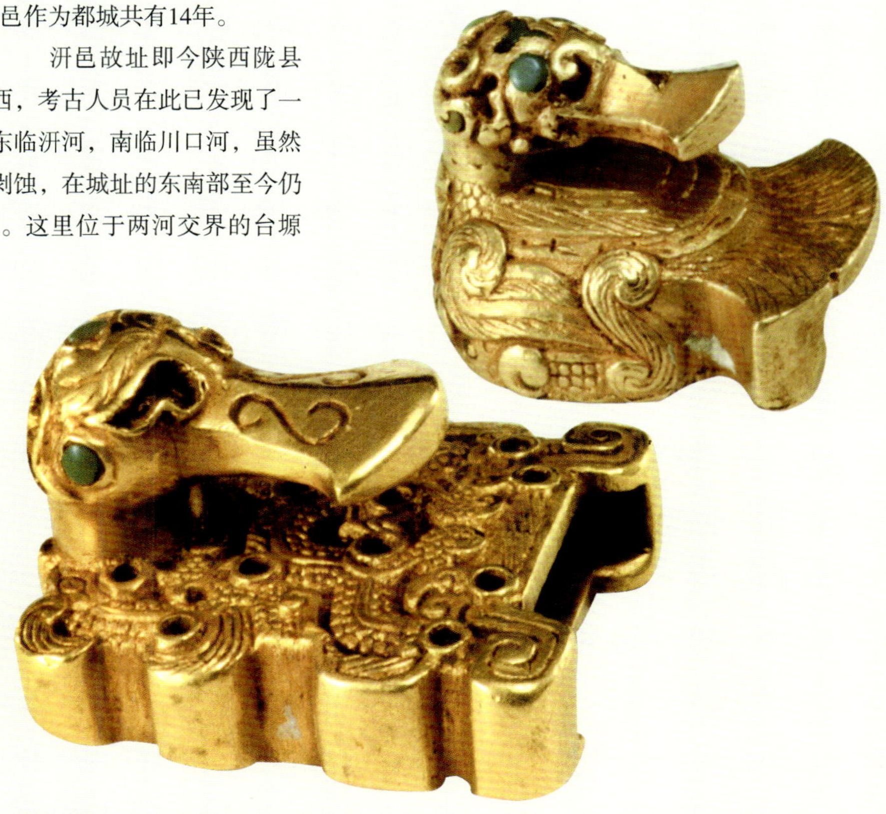

春秋 鸳鸯金带钩

1992年宝鸡市益门村春秋墓出土。高1.5厘米，长2.3厘米。带钩呈鸳鸯形，眼睛为绿松石，周身饰羽状斜纹线，腹侧有呈S形的曲状纹饰，前胸及腹侧有细珠纹。整体造型庄重浑厚，神态惟妙惟肖，是一件精美的圆雕作品。

世界大事记

前740年，斯巴达发动第一次美塞尼亚战争。

春秋。

西戎败逃。于是文公就收留周朝的遗民，地盘扩展到岐，并把岐以东的土地献给周天子。文公二十年（前746），秦设立了诛灭三族的刑罚。秦国的文化、政治制度渐趋成熟。

战国　虎纹瓦当（凤翔县雍城遗址出土）

平阳

文公去世后，宪公即位。宪公二年将都城从汧渭之会迁至平阳，至德公元年（前677）徙都雍城之前，平阳作为秦的都邑共计36年。平阳故城，在今宝鸡市陈仓区杨家沟乡阳平一带，这里土肥水美，是一处理想的城址。

宪公在位期间，与西戎的一支亳部落作战，并将其打败。宪公死后，国内动荡不安，太子武公被废，庶子出子被拥立为君，出子在位六年又被杀害。武公于是被立为国君。武公即位后，居住在平阳封宫。武公十年（前688），派兵攻打西方的邽戎和冀戎（今甘肃天水附近），并在这两支戎人居住的地区设县管理。武公十一年（前687），又在杜（今陕西长安东南）、郑（今陕西华县北）两地设立县，同年又灭掉了小虢（今陕西宝鸡境内）。至此，西起今甘肃西南部、东至华山一线，整个关中渭水流域的广大地区，均为秦国所控制。

春秋　虎首、兽首辖（大堡子山出土）

春秋　灰陶甗（音yǎn）

知识链接

【秦王泉】

秦王泉为春秋时秦遗址。泉在今陕西千阳县城15公里的东南山中。泉水清澈见底，质地特别，最宜铸剑。用此泉水淬火后剑会光泽耀人，犀利非常。据说秦景公曾铸剑于此，因名秦王泉，其旁有秦王铸剑炉。

迁都雍城 百废始兴

盛极一时的秦都雍城

在今宝鸡市凤翔县城南，曾经有一座富丽堂皇的古城，它就是春秋战国时作为秦都城的雍城，秦国曾在此定都250多年。雍城，这座见证了秦国发展壮大历史的古都，其建筑的恢宏瑰丽让时人叹服，甚至连当时的周天子也望尘莫及。

秦 鸭首金带钩（凤翔县雍城遗址出土）

迁都雍城图霸业

公元前677年的一天，秦德公来到平阳以北的雍城，不禁为眼前的风景所吸引：辽阔广袤的原野横亘东西；南面绿树浓荫，环绕着清澈碧绿的雍水河；北面是那起伏绵延的汧山，山上松柏青翠。秀美宜人的景色让秦德公心动。不仅如此，其地理位置还有重要的战略意义。从这里东下沿渭水流域可至西周都城丰镐地区，南下可控巴蜀之地，向西扼守通往河西之路的咽喉；而原来的国都平阳，处于渭河谷地，夹于渭河、秦岭之间，地窄路狭，无论东进西守还是北上南下都受到限制。雍城的方位正是成就霸业的绝好之地，于是德公决定将国都从平阳东迁到这里。此后的250多年间，德公和他的18位后继者以雍城为中心，率领着粗犷豪迈的秦人披荆斩棘，开始了与中原诸侯争霸的历史。

布局规整新都城

雍城是一座经过精心规划的都城，分内外两

春秋 蟠虺（音 huī）纹曲尺形铜建筑构件

1974年凤翔豆腐村出土。边长42厘米，宽16厘米。外侧饰蟠虺纹，构件上有卯眼。种类有曲尺形、双齿形、楔形等。是目前发现的时代最早的铜建筑构件。这种构件古称金釭（音 gāng），用于加固木结构并有装饰建筑的作用，是研究先秦建筑的珍贵实物资料。

世界大事记

前722—前705年，亚述王萨尔贡二世在位，灭以色列王国。

铜、锡、铅的合金。

前707年，周桓王率领蔡、卫和陈伐郑，失败。

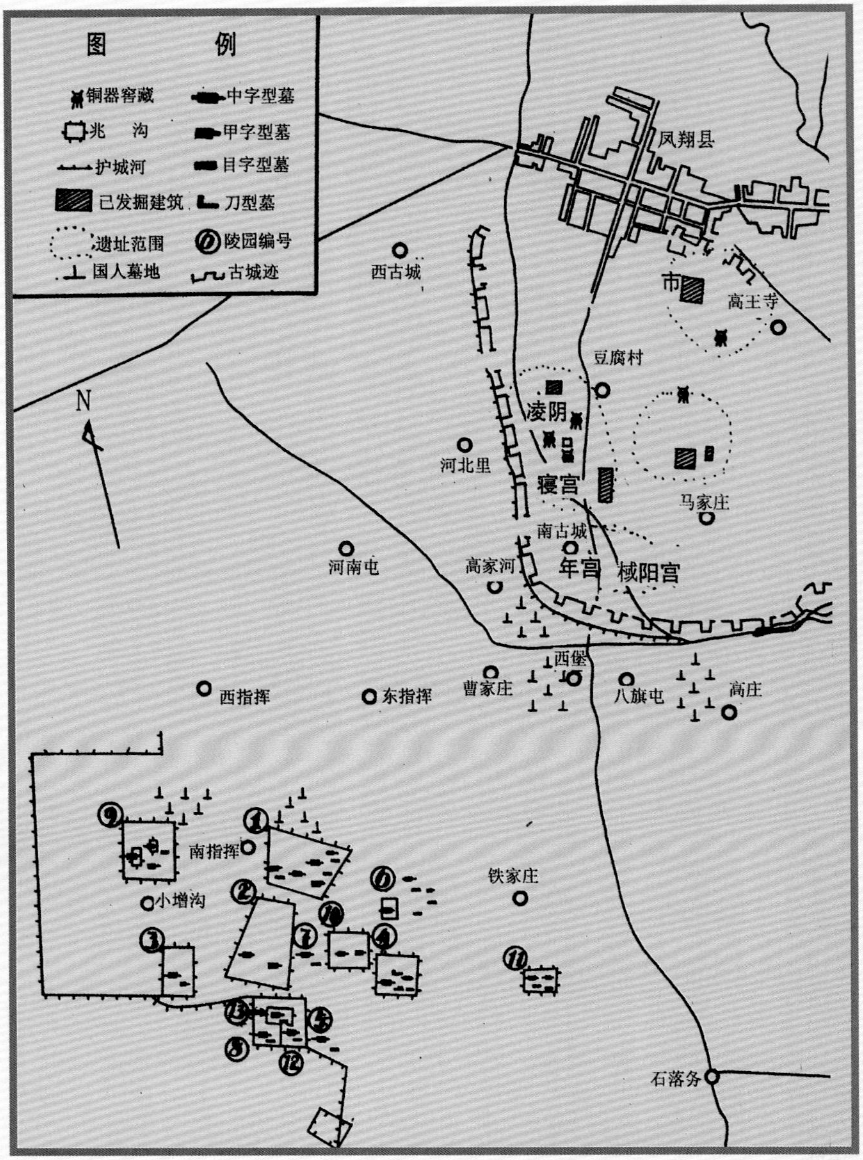

雍城平面示意图

城。外城平面略似正方形，总面积达1056公顷，比当时周天子都城洛邑还大130多公顷。雍城内共有八条主干道，东西、南北向各四条，井字形交叉排列，像一张巨大的棋盘。在城的四面都各有四座城门。在内城，国君和上层贵族居住在北面，一般平民住在城南。在内城中轴偏北处，有一座宏伟的宫殿宗庙，是秦国国君祭祀祖先的圣地。这座宫殿宗庙布局规整，由外向内依次为：大门、中庭、朝寝、亭台、东西厢，大门廊道是用白色鹅卵石铺成的散水。在这座宗庙建筑旁边，还有一个190立方米的冰窖，《诗经》里记载说："民夫们腊月里去河面凿冰咚咚响，正月里把冰块运到窖里藏。"食品放入冰窖中可保鲜，不过只有君王才有冰窖，保证他一年四季都可品尝到新鲜的美食。城的西北角，是官府的手工业作坊区。工匠们在这里烧制各种陶制器皿和装饰屋檐的瓦当，炼制戈、矛、斧、钺等青铜武器，铸造君王祭祀用的鼎、豆等礼器，加工修建宫殿用的木材等。秦人平时交易买卖的场所则是城北的一个大型露天市场，清晨开放，傍晚关闭，为保护交易秩序，国君还派了官员在市场内巡逻。

气势恢宏壮秦宫

秦君豪华的宫殿区集中在城区以北（偏西），这里是国君就寝、处理政事、接见外宾的地方。在

知识链接

【凌阴】

凌阴即冰窖。夏朝至魏晋谓之"凌阴""凌室"，唐宋称之"冰井"，明清称之"冰窖"。冰窖的建筑结构比较科学，存放食品可以保鲜，作用如同今日的冰箱。

城中轴西北方，有一座巍然屹立的宫殿，是穆公的寝宫。宫殿从南到北有五进院落即五重曲城、五个门庭，总面积达二万多平方米。而这五重曲城、五个门庭的制度是周天子才享有的规格。作为诸侯的穆公却坦然处之，毫不在意。有一天，西戎国的使臣由余来秦国访问，穆公热情相迎，并得意地领他参观自己的宫室。由余被眼前豪华的殿堂惊呆了。他看到在宫殿壁柱上都镶有曲尺形、楔形、方筒形等各种形状的铜饰，而且屋檐下瓦当的花纹也精美繁多，有虎纹、凤鸟纹、蟾蜍纹、鹿蛇纹等。还有一件更吸引他的目光，这就是一件飞奔的单鹿纹瓦当。由余近前观察：在鹿的左方，相继雕着静卧的蟾蜍、奋飞的大雁和妙趣横生的狗、怪兽，由余啧啧称赞，不禁脱口而出：“如果这座宫殿让鬼神来建，尚且费心劳神；而要人民来建，更是苦不堪言啊！”

作为秦都，雍城曾经辉煌一时，它奠定了以后秦帝国霸业的基石。

秦　鹿雁犬蟾蜍纹瓦当（凤翔县雍城遗址出土）

秦　双貛（音huān）纹瓦当（凤翔县雍城遗址出土）

秦　陶灶台（陕西历史博物馆征集）

世界大事记

前704—前681年，亚述王辛那赫里布在位，灭巴比伦第四王朝。

周太王之子太伯。

前689年，楚庄王定都城于郢，四处征伐。

僭越周天子之礼的诸侯之葬

雍城秦公陵区『一号大墓』

秦建都雍城初期，南郊的三畤原（今凤翔南指挥村附近）地势平坦，林木葱郁，是贵族们盘马引弓、纵情游猎的场所。自德公去世后200余年，包括德公、出公在内的二十几位秦国君先后埋葬于此。它记录了秦在其霸主地位奠基至确定期间作为诸侯的墓葬规制。

春秋 金啄木鸟

1986年凤翔县秦公一号大墓出土。高1.6厘米，长1.5厘米。金啄木鸟为尖嘴、高冠、大眼，双翅平展呈飞翔状。背和腹部满饰羽鳞纹。造型生动、传神，栩栩如生。据文献记载，早期秦人以鸟为图腾，以金啄木鸟作为器物的装饰，也从一个侧面反映了秦人对鸟的崇拜。

东西绵亘15公里的雍城秦陵

先秦墓葬“不树不封”，地面没有封土，也没有任何标志，其确切葬地、规制到20世纪70年代以来的考古发掘才得以探清。雍城秦公陵区占地约36平方公里，东西绵亘15公里有余，它是春秋战国时期规模最大、最完整的诸侯陵区。已探明49座大墓，墓葬平面形式不同，基本坐西面东，分南北两列，由西向东按先秦礼制中的昭穆制排列，规模宏大，其中诸侯王级墓葬21座。

“一号大墓”揭出的秘密

景公大墓是雍城秦陵被发掘的第一座墓葬，所以又称秦公一号大墓。它像一座嵌入地下的倒“金

春秋　石磬（凤翔县雍城一号大墓出土）

字塔”，大墓顶部长59.4米，宽38.8米；底部长40米，宽20米；底部距地平线24米；东西各有一条墓道与墓室相连，平面呈“中”字形，东西墓道加墓室全长300米，总面积5334平方米，是迄今我国发掘的最大的墓葬。

大墓主椁室如同一座长方形木屋，用横截面边长为21厘米的柏木枋（色黄，故叫“黄肠”）垒砌而成，每根枋木重达300公斤。以柏木为椁在礼制上是天子规格的葬具。由堆垒的柏木枋的榫头（古称“题”）在椁的四周形成框式规范，故该葬具也叫“黄肠题凑”。秦景公墓葬之用说明秦公自加威严，僭越天子之礼。

发掘出的大墓平面如黄土高原上的峡谷一般，其工程自然旷日持久，大大超越当时礼制所允许的“诸侯五天入椁，五个月埋葬”的时间。

墓室南北两侧各有一个高1.72米，直径0.4米的

春秋　秦公一号大墓（凤翔县）

春秋　金方泡

1992年宝鸡市益门村春秋墓出土。长3.9厘米，宽3.2厘米。泡是马具的一种，系在络头各种带上的串饰。泡的形式多种多样，有扁圆形、十字花形、兽面形、鸟首形、半球形等。该金方泡呈不规则方形、壳状，中部微隆起，背面有一铁质黄梁。正面由蟠螭纹组成一个大兽面，并以细珠纹衬地。兽面的双目呈菱形，透雕。螭目则呈圆形，以料器或料珠镶嵌。

木柱，是为安放棺材进入椁室而设置的下葬工具，古代称其为“碑”，这种下葬工具后来演变成了书写墓志铭的石制墓碑。

大墓虽经2000余年，盗洞数百，仍出土3500余件珍贵文物。有刻有铭文的石磬、金器、玉器，铜、铁、漆木器及纺织品等。出土的金器中，一个形体不到2厘米的金“扣子”，雕镂着精美的花纹，错落有致，富于立体感，工艺高超。

残酷的人殉葬制

在秦国的墓葬中，人殉葬制延续的时间很长。史载穆公死后，活人殉葬的人数达177人，除有侍从、妻妾、工匠外，还有良臣大夫，大臣子车氏的儿子奄息是一百夫莫挡之勇士，也不得已为穆公殉葬。《诗经》中描写了殉葬者“临其穴，惴惴其栗”的悲惨情景。在景公墓中，主椁室四周排列着166具人殉棺，在大墓的填土中还先后发现了20具用来祭祀的人牲，有男有女，以屈肢的形式随葬。景公墓共计有186个人殉，野蛮、残酷比其先祖有过之而无不及。

知识链接

【昭穆制度】

中国的昭穆制度，来自原始社会，在进入文明时代之后几千年仍保存了这一古老的习俗。据《辞源》介绍：“古代宗法制度，宗庙或墓地的辈次排列，以始祖居中，二世、四世、六世位于始祖的左方，称昭；三世、五世、七世位于右方，称穆。简而言之，昭穆就是宗庙和坟地的左右位次，左为昭，右为穆。”

世界大事记

前685年，斯巴达发动第二次美塞尼亚战争。

新石器时代，是一种板制体的鸣击奏乐器。

中国大事记

前681年，齐桓公与宋、陈、蔡、邾等诸侯结盟。

益国十二 开地千里

穆公称霸

秦地处偏僻，周初为附庸小国。春秋初年，秦襄公有功于周天子，虽获封侯，但封地岐以西多为犬戎占有，经文、宪、武、德、宣诸公不懈努力，到了秦穆公时期，穆公更重内修国政，举贤任能，从而占有大半个关中，国势逐渐强大起来。

用其所长 一举败晋

晋人丕豹很有谋略，是一员将才。他的父亲丕郑在晋献公死后，因参与废立君主失败，被继位的晋惠公所杀。丕豹一气之下投奔秦国。他一见穆公就说："现在晋君无道，杀戮大臣，排斥异己，失尽人心，此时出兵伐晋，必能取胜。"穆公理解丕豹为父报仇的迫切心情，但他认为晋国虽乱，力量尚强，现在出兵不易取胜，反而会促成晋国内部的团结。尽管如此，穆公仍然毫不犹豫地对丕豹委以重任。

秦穆公画像

春秋 秦式龙纹玉觿（音xī）

2000年长安区茅坡村西汉墓出土。长14厘米，首端宽2.8厘米，厚0.4厘米。觿，古代解结的用具，也用为佩饰。该觿为白玉，玉色温润细腻，獠牙形状，前端为方形龙首，口部与背部各钻一圆孔。两面均饰以阴刻细线龙首纹。

秦穆公十三年（前647），晋国发生了饥荒，转向秦国借粮。穆公召集大臣商议，丕豹首先反对借粮，并建议穆公乘机兴兵伐晋。但穆公却采纳了百里奚等人的建议，认为晋君虽然可恨，但百姓没有罪过，遂将大量粮食输入晋国。次年，秦国发生了灾荒，晋惠公不但拒绝供粮，反而亲自带兵攻打秦国。这时，穆公率军迎战，命丕豹为先锋。韩原一战，丕豹勇猛异常，带领秦军把晋军打得落花流水，生擒了晋惠公。

得才任用 力克西戎

后来，秦穆公又准备进攻西戎。西戎首领听说后十分恐慌，派由余到秦国探听虚实。穆公为显示秦国的强盛，特意安排由余参观雍城华丽的宫殿建筑。不料由余却说修造如此豪华的宫殿，聚敛如此众多的财宝，一定害苦了秦国的百姓。穆公肃然起敬，遂向他请教国家兴亡的道理。由余旁征博引，纵论成败得失，告诉穆公国家以节俭而兴，以奢侈而亡。

由余的才华，使穆公又惊又愁。惊的是西戎竟有如此人才，愁的是如果让由余继续留在西戎，必然会给西征带来不利。于是穆公下定决心要把由余引入秦国。他先派人到西戎，把自己夸奖由余的话传给戎王，又在由余离秦之际有意"留而莫遣"，结果戎王对由余产生怀疑。后来秦对戎王以美人示好，以致其终日沉湎酒色，不理政事。由余回到西

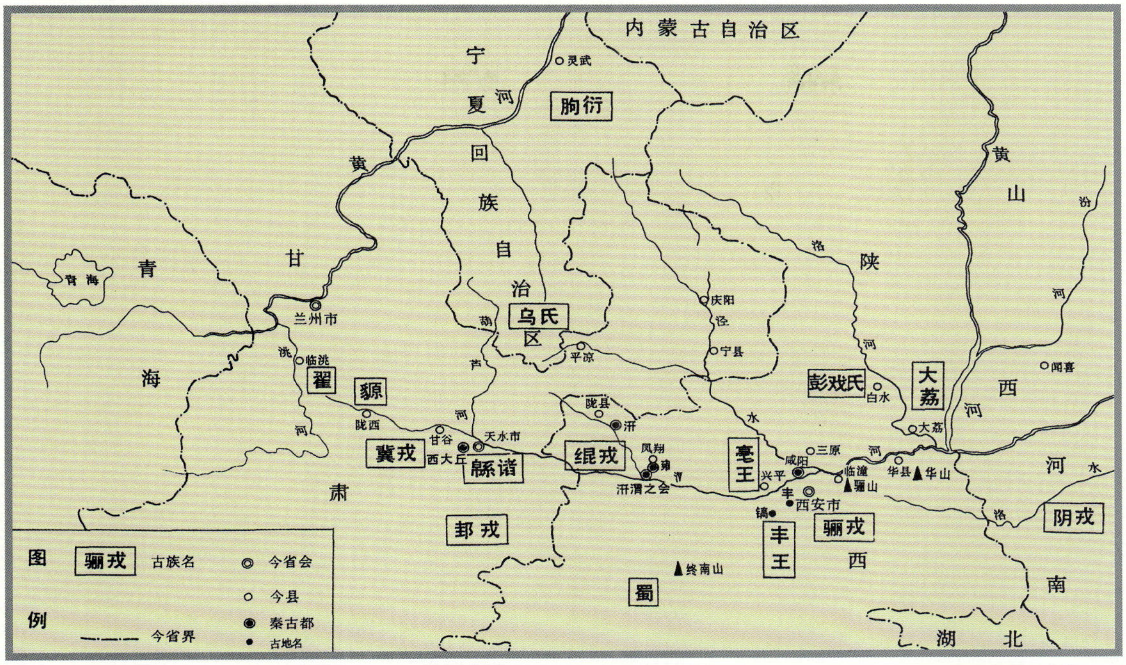

秦人立国过程中的戎人分布示意图

戎看到这种情形，多次向戎王进谏，戎王非但不听，还扬言要用乱箭射死他。由余大失所望，终于投奔秦国。有了对西戎了如指掌的由余相助，秦穆公亲自率军向西戎发动了突然袭击，戎王酒醉未醒便做了俘虏。秦军乘胜追击，先后灭掉12个戎族部落，取得了称霸西戎的业绩。

外宽内合 用人以信

秦穆公三十三年（前627），秦穆公听信了掌管郑国都城北门钥匙的秦人杞子愿作内应的承诺，派孟明视、西乞术和白乙丙三人率军偷袭郑国。当时蹇叔和百里奚两位老臣都不同意出兵，皆认为秦军千里出兵，无有不知，郑国以逸待劳，必有防备；另外，晋郑同姓诸侯，袭郑必遇晋军崤山设伏。然而穆公不听劝谏，执意出兵。结果孟明视等人率军途中果然中了郑国商人弦高的圈套，仓皇退兵，在崤山险要之处遇上优势晋军的伏击，除孟明视、西乞术和白乙丙三人被俘外，其余将士无一生还。后来由晋襄公的母亲，也就是秦穆公的女儿出面说情，三帅才得以回国。穆公身穿素服，亲自到郊外迎接，并当众自责，当初因不听蹇叔和百里奚的劝告，才使将军们打了败仗，蒙受了耻辱。三帅听罢，甚为感动。

两年后，穆公再让孟明视率师伐晋。兵至彭衙（今陕西白水县），遇到晋军截击，结果吃了败仗。接连两次失败，并没有使穆公对孟明视的才能产生怀疑。次年夏天，穆公第三次任孟明视为帅带兵伐晋，并亲自督战。这一次，秦军渡过黄河后，焚毁船只，决心不获全胜决不收兵。结果两军一经交锋，晋军便节节败退。秦军乘机攻占了晋国的郊城和王官两地。凯旋时，从茅津南渡黄河，路经崤山，穆公亲自掩埋了当年秦军战死将士的骸骨，哭祭三天，从内心流露出对崤山之战的深切反省。

秦穆公是秦国历史上一位有作为的君主，秦国的崛起由他开始。

知识链接

【弦高犒师】

出自《左传》。秦军袭郑，行至中途，遇郑国商人弦高。弦高假借郑君之命用牛酒犒秦师，又派人回郑国报信，郑国得以驱除正在秣马厉兵的秦人内应。后来，人们以“弦高犒师”指代爱国行动，有的饭馆悬挂“义重弦高”的牌匾，就是向客人表示自己重义轻利，可与弦高相比。

世界大事记

前681—前669年，亚述王阿萨尔哈东在位，攻克孟斐斯。

《春秋公羊传》《春秋穀梁传》《春秋左氏传》。

前666年，楚伐郑，齐桓公率诸侯救郑。

昔日曾落魄 羊皮论身价

归秦为相的五羖大夫百里奚

秦穆公与百里奚、蹇叔共商国政

秦穆公求贤用人有一个重要特点，就是不分地域、不分贵贱。只要具有真才实学，无论是哪里人，也无论出身如何，他都任用。被誉为美谈的百里奚、蹇叔归秦的故事，就是一个生动的事例。

五张羊皮的故事

百里奚是楚国宛（今河南南阳）人。他在虞国做大夫时，晋献公用美玉良马贿赂虞国国君，借道虞国灭了虢国。不讲信用的晋献公在回师途中又灭了虞国。百里奚做了俘虏，以后又被晋国作为媵（音yìng）臣（陪嫁的臣仆）送往秦国。不久百里奚逃到自己的故乡宛，被楚国人捉住，成了楚国的奴隶，为楚人放牧。秦穆公听说百里奚是个很有才能的人，就打算用重金把他买回，但又担心此事被楚王发觉后不肯放回百里奚，于是就用五张羊皮（相当于当时一个普通奴隶的价格）将

春秋战国 蟠螭纹鼎

1980年长安区西周丰镐遗址出土。高17.5厘米，口径15.3厘米。鼎盖上有三环系，面饰宽带弦纹与蟠螭纹；器腹中部有一道绹索形凸弦纹，上下饰同样的蟠螭纹，两耳内外两面饰云纹，耳侧为绹纹。三足根部饰浮雕式饕餮（音tāo tiè）纹。该器造型庄重古朴，纹饰细密精美。

他赎了回来，并立即让他做了大夫。所以，人们称百里奚为“五羖（音gǔ）大夫”。

百里奚到秦国时已是须发皆白的老人了。秦穆公问他有多大年龄，百里奚说：“我才七十。”穆公叹息：“可惜老了。”百里奚回答道：“你让我打虎，我是老了；如果让我坐下来商议国事，我比姜太公还年轻十岁呢！”穆公连忙向他请教富国强兵之策，两人谈了整整三天，穆公十分赏识百里奚的才能，就拜他为大夫，委以国事。不久百里奚又当上了秦国的国相，他有感于穆公的知遇之恩，尽心竭力扶助穆公，充分施展了自己的才能。

春秋　金虎（宝鸡市出土）

春秋　花耳陶壶（陇县出土）

百里奚荐蹇叔

百里奚还向穆公推荐了自己的好友蹇叔。他向穆公说：“我的才能远远比不上蹇叔。当初，我想在齐国和周王那里做官，是蹇叔劝阻了我，才避免了两次杀身之祸。后来，我没有听蹇叔的话，在虞国当了大夫，没多久就变成了俘虏。所以，我知道蹇叔是个有远见卓识的人。”于是秦穆公立即派人从宋国把蹇叔请来，任为上大夫。蹇叔与百里奚共掌国政，很快也成了穆公的得力助手。

百里奚相秦期间，依靠出众的才智和超群的谋略，在晚年建立了辉煌的业绩，为秦国取得霸主地位发挥了不可低估的作用。故人们称许秦穆公的功业，总以任用百里奚为其大端。

由于秦穆公实行“尚贤”政策，秦国上下人才济济，许多有识之士从其他诸侯国会聚秦国，都能起到相应的作用。秦穆公的这一政策，得到后来国君们的效法，成为秦国迅速强大、统一天下的重要因素。

知识链接

【百里奚妻】

百里奚早年为布衣时，夫妻恩爱。后来百里奚外出求仕，到秦国做了国相。其妻贫苦无以自立，遂寻夫至秦。一日，百里奚在堂上抚琴，奏思乡忆妻之乐。其妻扮为浣妇并自言能识其音，百里奚遂使其演奏，其妻抚琴而歌曰：“百里奚，五羊皮，忆别时，烹伏雌，炊扊扅，今日富贵忘我为……”百里奚闻歌，下堂相见，遂夫妻团聚。

世界大事记

前669—前627年，亚述王巴尼拔在位，九度远征。

《春秋·僖公十六年》。

伯乐和他的《相马经》

世有伯乐，然后有千里马

春秋时期人们已将马分为六种，即用来繁殖的种马、用作军用的戎马、用作仪仗的齐马、用作驿舍的道马、用作狩猎的田马、用作杂役的驽马。养马、相马逐渐成为一门重要学问。长期活动于秦国的伯乐（原名孙阳），就是当时一位著名的相马专家。

伯乐相马图

推荐九方皋

伯乐从事相马这一职业时，还没有相马学的相关书籍可资借鉴，只能靠自己摸索去发现规律。少有大志的伯乐，觉得在家乡难以有所作为，就离开了故土，遍历诸国，最后来到秦国，成为秦穆公的大臣。

穆公让伯乐专管马匹。有一天，穆公对伯乐说："你的年龄大了，行走不便，我想请你的儿子给我找一匹千里马。"伯乐说："我儿子相马的本领很低，只能认识一般的好马，却不认识最好的马匹。我的好朋友九方皋相马的本领比我还高明，还是让他给你选马吧。"于是穆公召见了九方皋，让他去挑选千里马。过了三个多月，九方皋向穆公报

春秋晚期　玉雕马头

1986年凤翔县南指挥村秦公一号大墓出土。长5.5厘米，宽5.5厘米，厚1.3厘米。马头为圆雕，墨绿色，以单线阴刻出双目，嘴微张，双耳略残。

中国大事记

前656年，齐桓公率诸侯伐楚获胜，取得霸主地位。

告说，千里马找到了。穆公问：“是一匹什么样的马呢？”九方皋答道：“是一匹黄色的公马。”穆公马上派人牵回了这匹马，结果却是一匹黑色的骒马。穆公很不高兴，找来伯乐问：“你推荐的那个九方皋，连马的颜色、公母都分不清，怎么能说他的相马本领比你还高明呢？”伯乐听后，长叹一声说：“大王不知，九方皋透过外表，一定是看到了这匹马的筋骨泛黄，血脉充沛，聚合有度，张弛有力，有如公马，有暴风骤雨一般的奔跑能力，同时又有非凡的耐力才这么说的，而马的真实外表、雌雄他是从来不大注意的。”伯乐看了这匹天下罕见的千里马，不禁由衷称赞九方皋相马高明。

伯乐在秦国立下了汗马功劳，被穆公封为“伯乐将军”，并以监军少宰之职随军征战南北。

伯乐《相马经》

伯乐经过多年的实践和潜心研究，写成我国历史上第一部相马学著作——《相马经》。这部书长期被相马者奉为经典，在隋唐时期影响尤大。后虽失传，但在诸多有关文献中仍可看到这部书的蛛丝马迹。1973年，在湖南长沙马王堆出土了一部失传已久的《相马经》帛书。帛书共76行，5200字，其中残缺500字，开篇就写到：“伯乐所相，君子之马”，还多次使用相马“法曰”和“吾请言其解”的措辞，充分展现了伯乐《相马经》的丰富内涵。

春秋早期 玉佩组

1986年陇县边家庄九号秦墓出土。该佩饰由鱼形璜、玉鱼佩、玉觽、玉贝、玛瑙珠等组成。

伯乐去世后，葬在故乡郜国，墓地就在今山东省成武县伯乐集镇伯乐村。明朝嘉靖年间重修的孙阳伯乐墓，虽然经过几百年的风雨侵蚀，迄今犹存。20世纪70年代，在伯乐墓前还挖掘出了伯乐残碑，上有篆书“孙阳”两字。

战国 夔（音kuí）龙连弧纹镜（安塞县出土）

知识链接

【相马法】

据说古代有十个著名的相马者，善于从马的各个部分（如口齿、颊、目、髭、尻、胸胁、唇吻、股脚等）的形状，识别出良马来。春秋战国之际赵简子家臣王良，也是一个杰出的御马者和相马专家。《吕氏春秋·观表篇》在谈到相马专家时说：“若赵之王良，秦之伯乐、九方皋，尤尽其妙矣。”

世界大事记

前664—前525年，舍易斯王朝统治埃及，埃及中兴。

左丘明。

战国 凤鸟衔环铜熏炉

1997年凤翔县雍城遗址出土。高34厘米，底座每边长18.5厘米。熏炉是古代人们焚香用具，主要用来熏衣染被，净化环境，或鬼神崇拜。这件铜熏炉为蟠螭纹椭圆形，炉体与斜刹方座镂孔，造型奇特，工艺精湛，是古代熏炉精品。

泛舟之役

穆公以德报怨施仁义

公元前647年的初冬，一支规模庞大的运粮船队，浩浩荡荡从秦都雍城出发，沿渭河几百里水路，向东穿越大河（今黄河），逆汾河北上。从秦到晋，泛于三河水道上的船舶相继，迤逦千里，这次空前的运输行动，在《左传》中被称为“泛舟之役”。

春秋 盘蛇金带钩

1992年宝鸡市益门村春秋墓出土。高1.4厘米，直径2.6厘米。带钩，就是腰带上的挂钩，是我国古代王公贵族、文人武士日常生活中不可缺少的用具。形制有条形、圆棒形、琵琶形、兽形等。钩首多作鸟、兽头形，钩面饰华美精湛的纹饰。该带钩呈盘蛇状圆形，由一条大蛇和六条小蛇构成。大小盘蛇相互呼应，造型刚柔相济，传神而生动。

秦国输粮救晋

公元前651年，晋国国君献公病逝，国内一片混乱，大夫里克趁献公发丧时派人杀死了太子奚齐。逃亡在外的夷吾听说这件事后，便想回国即位。为了安全进入晋国，夷吾派人去秦国寻求帮助，许诺事成之后把河西八城割给秦国。在秦穆公大臣百里奚的护送下，夷吾顺利回国当了国君，成为晋惠公。后来晋惠公背信弃义，没有兑现承诺。

过了四年，晋国发生了旱灾，这一年粮食颗粒无收，人民都饿着肚子。惠公就派使臣带着自己的亲笔信和礼物到秦国借粮。看完惠公的来信，秦穆公很犹豫，便找来公孙支和百里奚一起商量。公孙支说：“人民没饭吃是大事，还是借粮给晋国吧！”百里奚也说：“晋国国君得罪了我们，但百姓并没有得罪我们啊！借粮救晋国人民，这是仁君应该做的事情。”穆公听后，觉得很有道理，于是决定开仓借粮。没过几天，只见从渭水到大河、汾河沿岸，一艘艘的运粮船相望不断，满载着秦国人民深情厚谊的粟米，源源不断地运入晋国。

春秋 彩漆木雕猪（凤翔县南指挥村秦公一号大墓出土）

世界大事记

前632年，古雅典基伦暴动。

前627年，晋在崤大败秦军，秦从此向西经营。

秦晋韩原之战

第二年，秦国发生了灾荒，秦穆公派人去晋国借粮。晋惠公召集大臣们商量，大夫虢射说："去年上天给了秦国攻打我们的机会，结果秦君反而借给我们粮食。现在上天又给了我们攻打秦国的机会，我们岂能逆天而行？"惠公被他带有煽动性的话语所打动，不但没有借给秦国粮食，反而调兵遣将，趁机攻打秦国。秦国上下义愤填膺。

秦穆公亲自带兵出击，两国军队在韩原（今陕西韩城）开战。初战，晋惠公心浮气躁，急于获胜，结果被因有杀父之仇而投秦之晋将丕豹杀得丢盔弃甲。秦穆公随后带兵追击，不料却被优势晋军包围。两军厮杀难分胜负，战至正酣，岐下三百野人如天兵突降，从侧翼杀出，勇猛无比，喊杀声震山谷，战场形势逆转。穆公复而挥军进击，秦军士气大振，终于击败晋军，活捉了以怨报德的晋惠公。

何来这三百野人？据说，野人部族居无定所，一次，他们在岐下偷吃了穆公的一匹好马，官吏本要严办，报告穆公后，善修国政的穆公不仅没有从严治罪，反而赐给他们酒喝，释放了他们。当他们得知穆公率仁义之师进击来犯之晋军时，义愤填膺，故而驰马援助，才有了韩原之战关键时刻拼死救穆公那一幕。

春秋晚期　蟠虺纹虎形玉佩（宝鸡市益门村出土）

春秋　弦纹匕首（西安市征集）　　春秋　乳丁纹匕首（西安市征集）

知识链接

【漕运】

漕运是利用水道调运粮食和物资的一种专业运输方式，它是我国历史上一项重要的经济制度。

漕运起源很早，秦攻南越时，令监禄凿灵渠沟通湘江与珠江水系。西汉定都长安后，每年需从关东运输大量谷物以满足关中地区贵族、官吏和军队的需求，转漕逐渐制度化。汉初，每年运粮几十万石。武帝时增至400万石。

秦晋之好

政治考量下的姻亲

秦国和晋国是一衣带水的邻国。春秋时期，两国为了争夺领土与霸主地位，经常兵戎相见；另一方面，两国毗邻，在争霸中又互相利用，彼此通婚，结成亲家。由于秦、晋两国世为婚姻，于是便有了“秦晋之好”的说法。后人把生活中的两家联姻也称为“互结秦晋”。

穆姬戴孝救惠公

秦穆公即位后，为争取力量强大的晋国的支持，就向晋献公求婚。晋献公把女儿嫁给了他。晋献公晚年，宠爱年轻美貌的妃子骊姬，为了立骊姬的儿子为国君继承人，逼死了太子申生。夷吾和重耳恐步申生后尘，各自带着亲信逃往他国避难。

秦　男女玉人（西安市北郊联志村出土）

后来夷吾在姐夫秦穆公的帮助下，回国当上了晋国国君，是为晋惠公。当上国君的夷吾不仅没有兑现对秦穆公的报恩承诺，还趁机攻打秦国。韩原大战，晋国兵败，忘恩负义的晋惠公被活捉。穆公想杀他来祭祀上帝。这时秦穆公的夫人、夷吾的姐姐穆姬披麻戴孝，请求秦穆公饶弟弟一命。秦穆公碍于夫人的情面，只好放了夷吾。惠公回国后，献上河西八城，并把公子圉送往秦国做人质，这才将

战国　龙凤纹合体玉佩

1974年咸阳市渭城窑店村秦都咸阳城遗址出土。长10厘米，宽4厘米，厚0.3厘米。玉佩为镂空透雕，呈“S”状，一端为龙头，另一端为凤头。龙张口卷鼻，菱形眼，头上有角，肩上雕出三层羽翼；凤头上有冠，圆眼钩喙，肩部亦雕刻三层羽翼；龙凤佩体上刻有网状细纹，并钻有五个大小不一的孔。该玉佩线条雕刻流畅，刚劲有力，制作工艺精湛。

世界大事记

前626年，那波帕拉沙尔建立新巴比伦王国。

邗沟。

秦穆公将女儿嫁与晋文公重耳

中国大事记

前613年，《春秋》记载哈雷彗星，比欧洲早六七百年。

两国的关系修好。

怀嬴二为晋君妻

秦穆公为了联络公子圉，便把自己的一个女儿嫁给了他。过了几年，晋惠公病重，公子圉听说后，害怕国君的位置会被别人占有，便抛下妻儿，一个人偷偷跑回晋国。一年后，夷吾去世，公子圉即位，是为晋怀公。

秦穆公怨恨公子圉不告而别，便派人去楚国迎回逃亡在外的晋国公子重耳。重耳经历过无数磨难，此时已年过花甲，来到秦国后受到穆公热情款待，不禁大为感激。穆公想把五个宗室女子送给重耳为妻，其中包括原先嫁给公子圉的那位怀嬴，重耳听后大惊，认为自己已经六十有一，与秦穆公年龄相仿，却要做秦穆公女婿，好生为难。这时跟随重耳逃亡的赵衰从长远考虑，对重耳说："听说怀嬴美貌而有才华，穆公视她为掌上明珠，如今提出这桩婚事是看重你的为人。如果拒绝，可能无法得到秦的帮助。"重耳觉得言之在理，遂同意了与怀嬴（嫁与重耳后，改称"文嬴"）的婚姻。

公子圉当政后，君臣不合，互相猜疑。大臣们想另立流亡在外19年的重耳为君。穆公认为时机成熟，就派出战车400乘，与晋国大夫里应外合，很快控制了局面，这样，重耳就当上了晋国国君，他就是晋文公。

文嬴出面救三帅

后来秦晋联合平定了周王室内乱。晋国在打败楚国后，声名大振。晋文公当上了春秋时期的第一位霸主。文公在位八年而卒。文公去世后，太子襄公还没来得及为父亲治丧，秦国便趁机灭了晋国的属国滑。这时襄公非常气愤，遂决定对进犯之秦军以反击，于是穿着孝服亲自出征，在殽山一带设伏。经过一场激战，秦军除西乞术、白乙丙、孟明视三将军被晋活捉外，其余军士无一生还。晋襄公虏三将军回国，晋文公夫人、秦穆公之女文嬴为三将求情说："这三人统率无能，秦国国君恨极了他们，不如放他们回去，让他们的国君去杀他们吧！"晋襄公听母亲如此说，便放回了三帅。

秦晋相邻，其利害冲突在春秋战国时期世世相因，在政治利益的考量下，常修姻亲之好，故而准确地说，"秦晋之好"在当时不过是指有地缘联系的双方谋求政治妥协的代名词罢了。

春秋晚期　玛瑙珠串饰（宝鸡市益门村出土）

知识链接

【乘龙快婿】

传说秦穆公有一个女儿名叫弄玉，弄玉姿容绝世，聪慧过人，尤善于吹笙，其声如凤鸣。穆公钟爱其女，遂为她筑一重楼，名曰凤楼。楼前有高台，亦名凤台。时华山有一奇人叫萧史，善于吹箫，他"琼姿炜烁，风神超迈"，仿如仙人。秦穆公便将女儿弄玉嫁给了萧史，婚后两人恩爱无比。萧史教弄玉吹箫，常吹《来凤》之曲。一日，夫妇二人在月下吹箫，空中飞来一龙一凤，于是萧史乘龙，弄玉乘凤，自凤台翔云而去。"乘龙快婿"这个典故即由此而来。

秦国名医

医缓、医和与医竘

早在春秋战国时期，我国就出现了许多杰出的医学家。在各诸侯国中，秦国的医学成就是首屈一指的，就连东方大国晋国国君生了病，都屡次请秦国的医生去诊治。

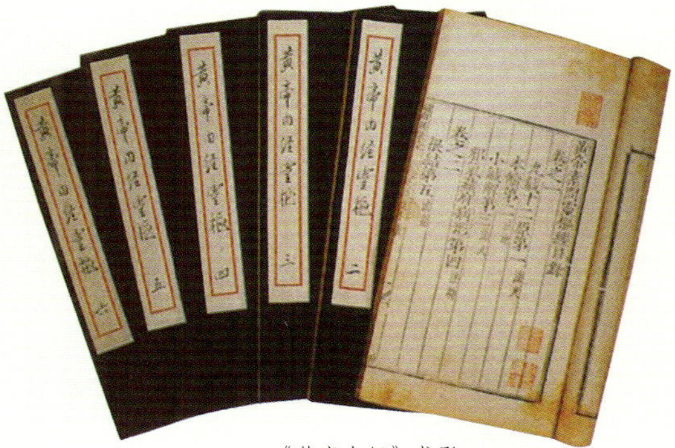

《黄帝内经》书影

病入膏肓

秦桓公时，秦国有一位名叫“缓”的医生非常出名。公元前581年，晋景公得了重病，在国内求医无效，便派人到秦国求医，秦国国君就派了医生缓前往晋国。医缓快到晋国时，晋景公梦见他的病变成了两个小人，一个说：“医缓是当今高手，我们躲在哪儿好呢？”另一个说：“不要紧，我们躲在膏之下、肓之上，他就无可奈何了。”我国古代医学中，把心脏尖端的脂肪称为“膏”，把心脏到横膈膜之间称为“肓”，膏肓之间是治病的禁区。医缓到达晋国之后，诊断了晋景公的病情，随即就对他说：“您的疾病已经进入膏肓，针灸够不着，药力达不到，看来是治不好了。”

晋景公暗暗称奇，对医缓极为佩服。不久，景公病情果然加重，很快就去世了。传统的中华医学凭借独特的诊断技术，不借助现代的医疗器械，就能对疾病作出正确的判断，不愧为世界医学宝库的瑰宝。后来，“病入膏肓”演变为一句成语，用来比喻事情糟到无法挽救的境地。

病理学说的奠基者

还有一位著名医学家叫“和”。公元前541年，晋平公生了病，到秦国请医生，秦景公派医和

春秋 秦式龙纹宫灯形镂空玉佩

1986年凤翔县南指挥村秦公一号大墓出土。高5.1厘米，直径4.9厘米，厚0.5厘米。外形酷似宫灯，白玉，玉质细腻鲜润。佩体镂雕“山”与“八”字形及“L”形透孔，并布满阴刻细线组成的互相勾连的秦式龙首纹。是典型的最具特色的秦式玉器。

世界大事记

前612年，巴比伦和米底联军攻占亚述首都尼尼微。

晋文公重耳。

前606年，楚庄王伐陆浑之戎，兵抵周郊，问鼎中原。

去治疗。医和诊断后，对晋平公说：“您的病不是鬼怪缠身，也不是饮食不调，而是贪恋女色、纵欲过度引起的。如果还不加节制，短则三年，长则十年，必死无救。”晋平公不大相信，照旧放纵无度，过了十年，果然病重而亡。可见，医和已经能

春秋　青铜盘·青铜匜（音yí）（凤翔县南指挥乡侯家庄出土）

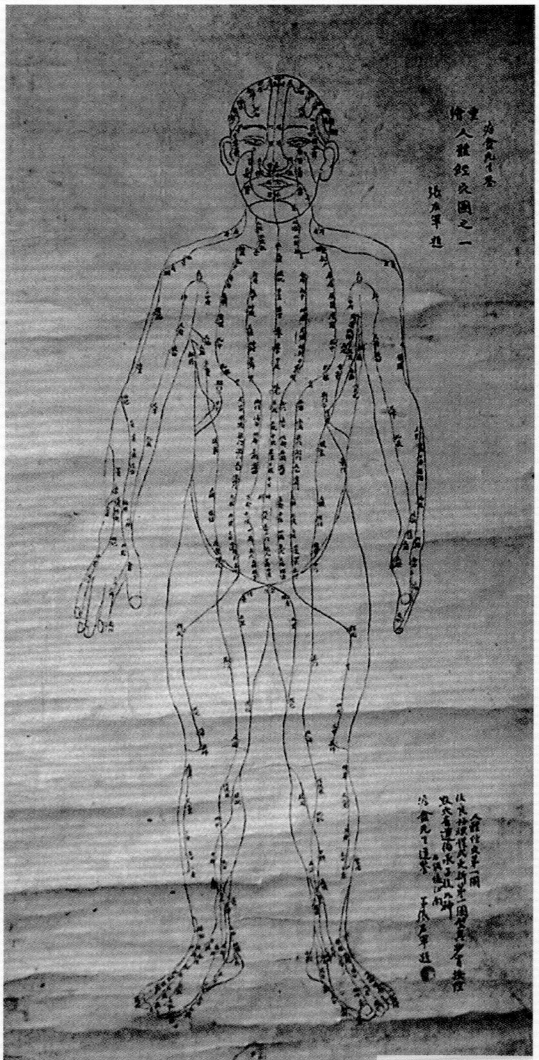

人体经穴图

够比较准确地预测出八年以至十年的病情发展变化，这在当时不能不说是十分惊人的。

医和是中医病原学说的奠基人。他通过行医实践和对人体生理、病理现象的探讨研究，总结出了一套系统的病原学说。认为导致人得病的原因有六种，即阴、阳、风、雨、晦、明。现代中医常说的“七情六伤”中的“六伤”，就是从这里演变来的。这六种因素按四时调和适当，才能使人保持健康。如果失调，有某种因素超过了正常界限，就会引起疾病。譬如过于阴冷就会引起伤寒，过于燥热就会引起中暑，风可以导致四肢疾病，雨可以导致肠胃疾病等等。这种病原学说，充满了朴素的辩证法思想，具有一定的科学道理。

除内科外，秦国的外科也很发达。有一个名叫“竘（音qū）”的医生，善于用外科手术治病。据史书记载，他曾给几个国君割治过痤疮和痔疮。有一个姓张的僚吏背上得了脓肿，内治无效，医竘就采用开刀引流的方法，对他进行手术治疗，效果十分显著。

知识链接

【《黄帝内经》】

《黄帝内经》成书于战国时期，是我国传统医学的四大经典著作之一，也是我国医学宝库中现存最早的一部医学典籍。它在理论上建立了中医学上的“阴阳五行学说”“脉象学说”“藏象学说”“经络学说”“病因学说”等。其医学理论反映了我国古代朴素唯物主义的辩证思想。

神医扁鹊
妙手回春

扁鹊，原名秦越人，曾两度入秦游医。少年时期扁鹊曾在故乡（齐国勃海，今河北任丘）做过旅店的主人，当时在他的旅店里有一位长期客居的名医叫长桑君，扁鹊与之过从甚密，彼此情深谊厚。长桑君临终前将他的医术秘方传给了扁鹊，扁鹊承其医术，勤修精进，终于成为一代神医。

扁鹊画像

“讳疾忌医”的由来

有一次，扁鹊路过齐国，见到了齐桓公（此桓公为齐侯田和的儿子田午）。他观察了齐桓公的气色后，便对桓公说：“大人有病了，不过现在病体才进入皮肤，还不算重，应该及早治疗，不然病会加重的。”齐桓公却不以为然地训斥道：“我感觉很好，一点病也没有！”过了五天，扁鹊又见到齐桓公，说：“大人的病已经侵入血脉，如果不治，恐怕要恶化。”齐桓公仍不在意，并对周围的人说：“医生就是爱说健康的人有病，以此来显示他的本事。”又过了五天，扁鹊第三次见到齐桓公，说：“您的病已深入到肠胃，如果还不治疗，那就危险了。”齐桓公更不高兴，干脆不理扁鹊了。

再过了五天，扁鹊第四次见到齐桓公，扁鹊看了看他，一言不发就退出去了。齐桓公这次确是感到身体不适，急忙派人出去追问扁鹊。扁鹊回答说：“疾病在体表时，用熨贴外敷疗法就可以治好；疾病在血脉时，也可以用针灸治好；疾病进入肠胃，还可以用汤药来治疗；但疾病到了骨髓，即使掌管生命的神仙也无能为力了。现在桓公的病

春秋晚期　蟠虺纹双孔玉璜（凤翔县南指挥村秦公一号大墓出土）

世界大事记

前600年，埃及法老尼科二世雇腓尼基水兵环航非洲。

春秋战国时的公输般（或称“鲁班”）。

前594年，鲁国实行「初税亩」，按地征税。

已经深入骨髓，所以我也不再劝他了。”过了几天，齐桓公果然疾病发作，连忙派人去请扁鹊，但扁鹊已经离开了齐国。

齐桓公对扁鹊诊病的结论讳莫如深，一再贻误病情，终被病魔夺去了性命。“讳疾忌医”这个成语就是从这里来的。

起死回生

一次，晋国的大夫赵简子病了，五日五夜不省人事，大家十分担心。扁鹊看了以后说，他血脉正常，没什么可怕的，不超过三天一定会醒来。后来过了两天半，他果然苏醒了。

扁鹊墓

扁鹊，本姓秦，名缓，字越人，勃海鄚（音mào）（今河北任丘）人。战国时期名医，擅长“带下医”“小儿医”及“耳目痹”医，后游医咸阳、临潼一带。卒于秦武王年间（前310—前307）。扁鹊墓在临潼纸李乡南陈村。墓封土呈圆丘形。1992年设立扁鹊纪念馆。

还有一次，扁鹊路过虢国，正遇上虢国为刚死去的太子筹办丧事。他就向守卫打听太子患病和死亡的情况。守卫回答说：“太子是得了急病突然

春秋 铜鍑（音fù）

1980年安康市出土。高18.6厘米，口径18厘米。

鍑是煮食物之器。该鍑双直耳，高圈足，腹部有一凸弦纹，口沿外饰一周凤鸟纹。

死的，还不到半天时间。”他又仔细询问太子的病症，初步断定太子不是真的死亡。再经检尸诊断，扁鹊确认太子得的是“尸厥”症（相当于现代的“休克”）。随后施诊，他先用针灸疗法使太子恢复知觉，再缓针用汤药调理，过了20多天，终于使这位差点被当作死人埋掉的虢国太子恢复了健康。

扁鹊的医疗技术相当全面。他不仅能根据对病人外表的观察，准确地预测出疾病发展的趋势和后果；还注意了解各地的风俗习惯和多发病、常见病，从事不同部类的医学实践。当到赵国都城邯郸时，他看到当地比较重视妇女，就当起妇科医生；当来到东周洛邑时，看到当地比较重视老人，他就着重治疗耳聋、眼花、肢体麻痹等老年常见病；当来到咸阳后，看到秦国人比较重视儿童，他就当儿科医生。

由于扁鹊医术高明，又常为君主看病，受到当时秦国太医令李醯（音xī）的嫉妒，后被李醯派刺客刺杀身亡，葬在今陕西临潼。后人为了纪念扁鹊，在全国很多地方都建有扁鹊墓。

知识链接

【黄帝时代的“扁鹊”】

传说黄帝时代有一位医术盖世的医生名叫扁鹊。秦越人在赵国行医时，人们把“扁鹊”这个称号送给了他，以此来赞誉他手到病除的高超医术。后来，这个称号到处流传，家喻户晓，逐渐取代了他的真名。据说扁鹊能用肉眼看见人体内部的病症。

泾阳和栎阳

具有战略意义的秦国两都城

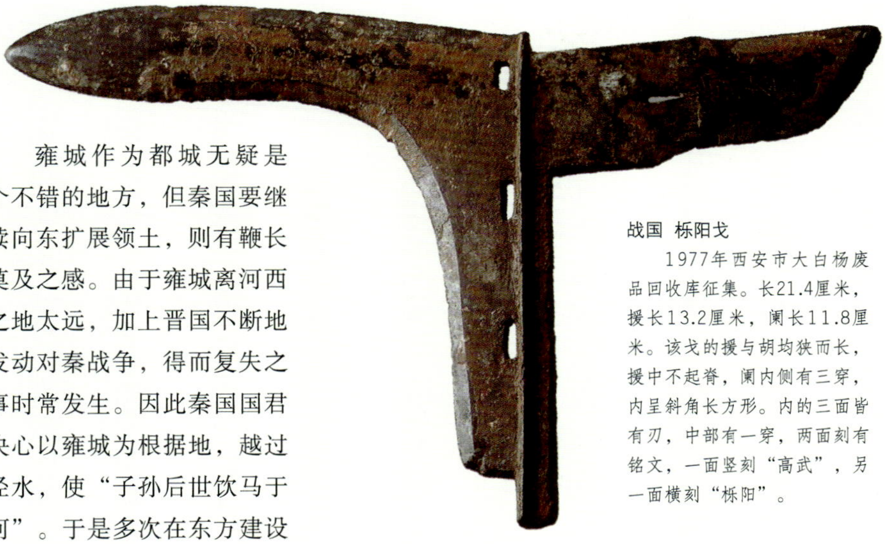

战国 栎阳戈

1977年西安市大白杨废品回收库征集。长21.4厘米，援长13.2厘米，阑长11.8厘米。该戈的援与胡均狭而长，援中不起脊，阑内侧有三穿，内呈斜角长方形。内的三面皆有刃，中部有一穿，两面刻有铭文，一面竖刻“高武”，另一面横刻“栎阳”。

雍城作为都城无疑是个不错的地方，但秦国要继续向东扩展领土，则有鞭长莫及之感。由于雍城离河西之地太远，加上晋国不断地发动对秦战争，得而复失之事时常发生。因此秦国国君决心以雍城为根据地，越过泾水，使“子孙后世饮马于河”。于是多次在东方建设临时性的都城。

建都泾阳

秦灵公时建都泾阳（今陕西泾阳），献公时将都城东迁至栎阳（今陕西西安市阎良区武屯乡）。通过这两次迁都，秦人在对晋国的战争中开始由守势变为攻势，实现了献公提出的“复穆公之故地”的夙愿。

之所以称泾阳、栎阳为临时性都城，是因为：其一，当时的根据地仍然在雍城。其二，泾阳、栎阳的都城规模都比较小，建筑形式也比较简单，都城的设备和设施也不齐全。

泾阳位于咸阳之北，地理位置至关重要。当秦穆公独霸西戎之后，秦国便将矛头指向东方，晋国与秦国为争夺河西地区进行了长期的拉锯战。为了指挥对东方的战争，秦灵公便在泾阳建立城邑。秦灵公迁都泾阳后，加大了对晋国的进攻力度。

迁都栎阳

到秦献公时，东方的晋国已经被分割为韩、赵、魏三国。要对付三晋，秦国必须将政治中心

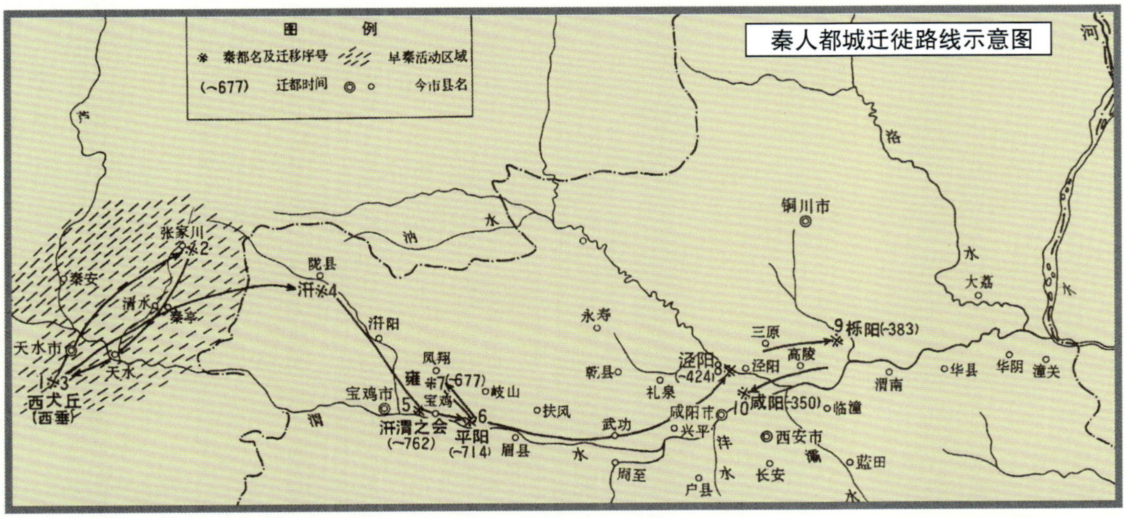

前594年，古希腊雅典执政官梭伦实行改革。

汉代的名医淳于意。

前579年，宋大夫华元倡弭兵，晋楚与宋结盟，相约罢兵。

春秋晚期　秦式龙纹镂空玉璜（凤翔县秦公一号大墓出土）

再往东迁。于是在献公二年（前383），迁都栎阳。栎阳，从献公二年开始建都到孝公十二年（前350）迁都咸阳，作为秦的临时都城共有34年。

由于国都的再次东迁，秦国对魏国的战争进入了一个新阶段，秦国真正取得了河西的土地，为进入河东打下了坚实的基础。

栎阳城交通发达，当时在渭河以北有一条大道通往三晋地区，这条道路经过栎阳、临晋（今陕西大荔），渡蒲津关到太原。

栎阳作为秦的临时都城，加上其在交通上的优势，经济很快得到发展。献公七年（前378），

战国　大鸟纹缶

西安博物院藏。高9厘米，口径4.5厘米。缶，用于盛酒或水之器。该缶形似罐，直口短颈，广肩鼓腹，矮圈足。盖中央有一桥形钮，面饰阴线涡纹。肩部有铺首衔环，其中一环失。腹部饰二方连续式六只大鸟纹。

汉　“栎阳”瓦当（凤翔县出土）

“初行为市”，即开始在栎阳设立市场，出现了“亦多大贾”的商业繁荣局面。考古发掘中多次出现陶文“栎市”。在栎阳遗址区曾出土一铜釜，内储金饼八枚，每枚重250克，经鉴定为秦的货币，这些都证实了当时栎阳商业的繁荣。

栎阳的农业经济也很发达。《云梦秦简·仓律》记载：栎阳是仅次于咸阳的大粮仓，在秦国占有重要地位。同时栎阳也是秦代军工产品的主要产地，出土的秦惠文王时的相邦樛斿（音jiū yóu）戈和昭王十四年的相邦冉戈，都刻有“栎阳工”“栎阳工师”的铭文。“工师”是制造器物的工官之长，表明该兵器为栎阳工官主管制造。

栎阳作为秦的都城虽只有30多年，但它是秦从弱到强转变的关键时期，献公和孝公都是秦国历史上的开拓性国君，他们励精图治，为以后秦统一六国奠定了基础。

知识链接

【城市的起源】

古代的“城”，是指都邑四周用以防御的墙垣；所谓“市”，是指集中进行交换买卖的场所，最早多设立于人们集聚的井旁，故称“市井”。后来由于“市”通常设于“城”中，所以两者往往连称，统指都邑。

改革图强雄诸侯

献公艰难兴国

秦献公，名连，是秦灵公的儿子、秦孝公的父亲。秦灵公死后，公子连没有能继承王位，君位被他的叔叔秦简公抢去了。十岁的公子连为防不测，逃到邻国魏国，开始了长达29年的流亡生涯。

献公回国

简公传位惠公，惠公死后，年幼的出子即位，人称“小主”。小主的母亲利用宦官把持国政，并重用奄变。奄变为人奸诈，不久就把秦国弄得一团糟。群臣们都愤愤不平，老百姓也怨声载道。此时公子连正流亡在魏国，他觉得时机已经成熟，就打算立即回国，取代小主为君。

公子连先来到郑所要塞，守将右主然下令不许他由此过关入境。公子连被迫转道进入北狄，来到焉氏要塞，焉塞守将菌改把他迎了进去。小主的母亲和奄变听到这个消息以后大惊失色，马上下令起兵堵截公子连返秦。守边的秦军将士们发动了哗变，公子连带领军队杀回国都，小主的母亲走投无路，自杀身亡。公子连被立为国君，是为秦献公。秦献公登基后重赏有功之臣。对于菌改，他自是感激，想多多地赏赐；对于右主然，他充满怨恨，想重重地处罚。大臣监突了解到秦献公的打算后，便进谏道：“大王，这样做有失妥当。菌改应该奖赏，而右主然这样的边关守将不该处罚，因为流亡在外的秦公子很多，处罚右主然无异于使边关守将失职开关，若循此可以想象，会有更多的公子归秦，这对您很不利啊！”秦献公想了想，觉得监突的话确实有道理。于是他在赏赐菌改以官大夫的同时，下令赦免了右主然。

战国至汉初 错银鸠形柲（音bì）冒

1980年西安市莲湖区红庙坡出土。高8.5厘米，长7.1厘米。柲冒为戈柲上端的冒饰，柲的另一端有镈或镦，与冒相对应。该柲冒为鸠鸟形。鸠鸟屈卧于座上，座为长方形管柱状，下可装柲。鸠鸟身上的错银纹饰表示羽毛，长尾，形状姿态极富动感，惟妙惟肖。

世界大事记

前586年，新巴比伦灭犹太国，犹太人沦为巴比伦之囚。

市令长。

献公改革

战国　骑马俑（咸阳市钢厂出土）

为复兴穆公时期的霸业，献公即位的第二年，推行了一系列改革。

改革的主要内容有：其一，规定“止从死”。明令禁止人殉。秦的人殉制度在此之前是比较严重的。穆公墓中有177人殉葬，被发掘的先秦时期最大的墓葬秦公一号大墓中也有不少殉葬者。因此“止从死”是一项顺应文明的改革，也是赢得人心的举动。

其二，实行“五家为伍”的户籍制度，加强对户籍的管理。

其三，继续推行县制，把栎阳、蓝田、蒲、善明氏等邑设立为县，加强中央统治。

其四，“初行为市”，即发展商品经济。

战国　球体三足敦（凤翔县告王寺出土）

献公改革增强了秦国的国力，秦国在向东发展中取得了重大胜利。秦出兵进攻韩魏联军，在洛阴（今陕西大荔）初战告捷。两年以后，秦又向河东进攻，在石门（今山西运城）与魏军大战，斩敌六万，周天子也给以祝贺，并赐以“伯”的称号。献公二十三年（前362），秦又夺取魏的少梁（今陕西韩城西南），俘虏了魏将公叔痤，攻取了庞城（今陕西韩城南），逼得魏国不得不在公元前358年在国都西边修筑长城。

献公在位23年，以此为基础，其后继者励精图治，故有秦“自献公以后，常雄诸侯”之说。

知识链接

【连坐】

中国古代因他人犯罪而使与犯罪者有一定关系的人连带受刑的制度。连坐起源甚早，夏、西周、春秋、战国时期都有连坐制度。商鞅立连坐之法。汉承秦制，文帝前元三年（前177）废收孥相坐律令。唐律对谋反、恶逆、不道，凡不在族诛之列的，如年龄不足15岁的男孩及母女妻妾、祖孙兄弟姐妹，都没入官府充当奴婢。

孝公改革

复穆公之故地 修穆公之政令

秦献公死后，太子渠梁即位，他就是秦孝公。此时孝公年方21岁，踌躇满志，决心继承父亲的遗志，使秦国强盛起来。

下诏求贤 意图富强

孝公刚一当上国君，便向全国发出求贤令：“谁能出奇计让秦国富强起来，就分封他土地，并给他高官厚禄。”

商鞅听说孝公的求贤令后，便趁时从魏国来到秦国，经孝公宠臣景监推荐，与孝公有过三次关于如何使秦国强大的对话。在第一次见面时，商鞅把道家学说讲了一通，孝公根本不感兴趣，听得直打瞌睡。第二次，商鞅又求见孝公，改为大讲儒家学说，孝公仍然不愿意听。不仅如此，孝公还十分生气地对景监说：“你推荐的人简直太迂腐了，我哪能用他呢？”

商鞅经过前两次的对话摸透了孝公的打算，知道孝公急切希望收复穆公时的原有疆土，重修穆公时的政令，使秦国尽快富强起来，而不愿意顺着一般人的想法慢慢去实施德政王道。于是第三次见孝公时，商鞅大谈富国强兵之道，孝公听得全神贯注，“不自知膝之前于席也”。古人席地而坐，孝公不知不觉就移出了席子，移到了商鞅的面前。后来两人连续谈了几天，商鞅的博闻强记和治国之术深深打动了孝公，于是孝公对商鞅刮目相看，决计任用商鞅，变革秦国的旧法度。

力排众议 锐意革新

因为秦国国内的保守派势力很强大，孝公感到骤然变法有些难度，于是召集群臣商议此事。孝公说：“我想变法，可能会有许多人反对，你们看怎么样？”商鞅说：“旧制度已经证明不能富国强兵，应该废止。改革旧的法度，自然会遭到世故常人的反对。这就像事物的发展变化一样，愚昧的人始终看不明白，而智慧的人在事情萌芽时就观察到了。因此，不能和民众讨论改革的开端，只能和他们享受改革的成果。”

甘龙是保守派，他说：“官员和老百姓对于传统很熟悉，如果硬要改变这一切，就

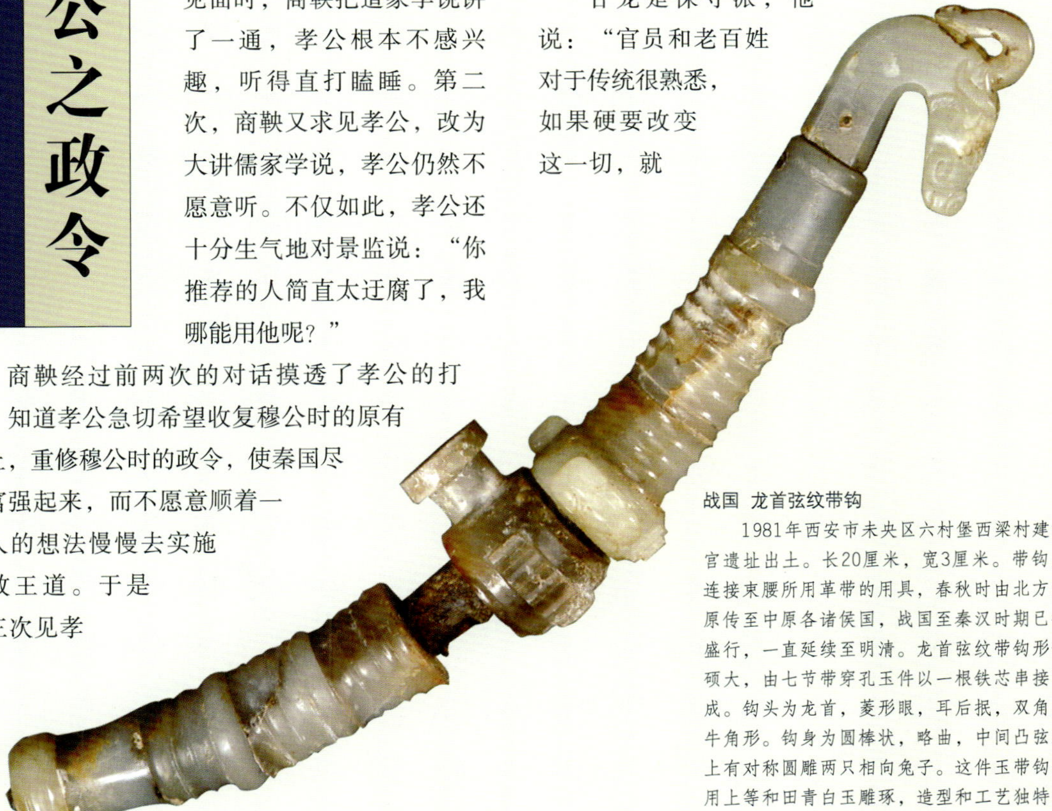

战国 龙首弦纹带钩

1981年西安市未央区六村堡西梁村建章宫遗址出土。长20厘米，宽3厘米。带钩为连接束腰所用革带的用具，春秋时由北方草原传至中原各诸侯国，战国至秦汉时期已很盛行，一直延续至明清。龙首弦纹带钩形体硕大，由七节带穿孔玉件以一根铁芯串接而成。钩头为龙首，菱形眼，耳后抿，双角为牛角形。钩身为圆棒状，略曲，中间凸弦纹上有对称圆雕两只相向兔子。这件玉带钩采用上等和田青白玉雕琢，造型和工艺独特，线条流畅，抛光技艺精湛。

世界大事记

前529年，居鲁士二世远征马萨革泰部落，兵败被杀。

二十等爵制。

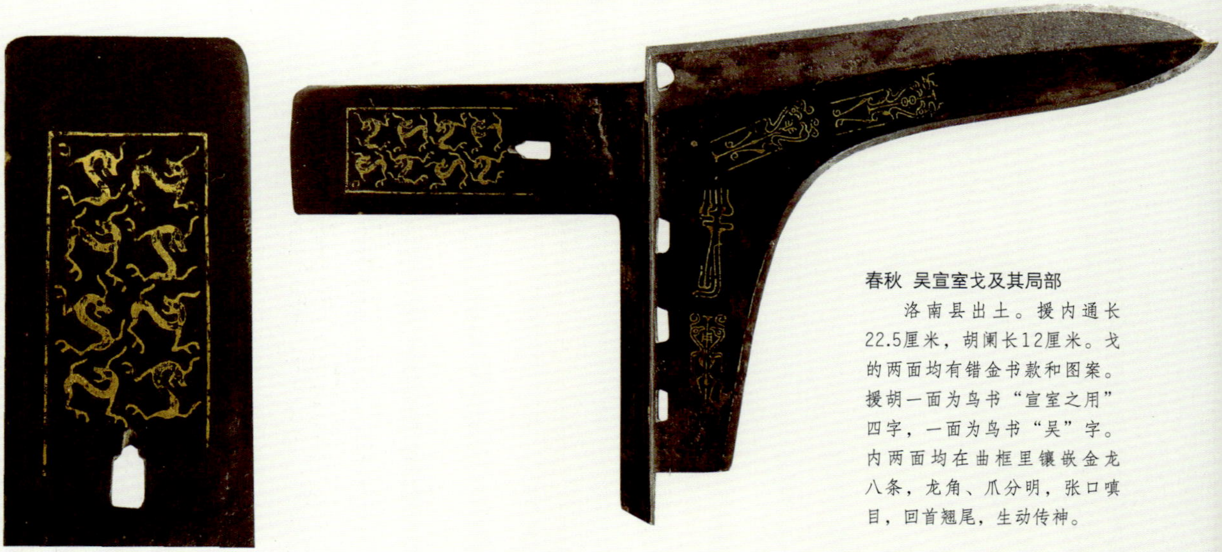

春秋 吴宣室戈及其局部

洛南县出土。援内通长22.5厘米，胡阑长12厘米。戈的两面均有错金书款和图案。援胡一面为鸟书“宣室之用”四字，一面为鸟书“吴”字。内两面均在曲框里镶嵌金龙八条，龙角、爪分明，张口嗔目，回首翘尾，生动传神。

要大乱，恐怕天下人都要反对。”

商鞅说：“夏商周三代的制度，代代不同，却都创立了王业。春秋时期的强国也各有各的法度，却都能称霸。有头脑的人应该创新，不必效法古人。”

另一位保守派大臣杜挚却说：“我听说，没有百倍的利益，不变法；没有十倍的功效，不换器具。我看不出我们的制度有什么根本性问题，为什么要大动干戈、自寻麻烦呢？要遵守先王法统，请君主三思而行。”

春秋 铜甗（凤翔县出土）

商鞅说：“商汤、周武兴起，正因为他们不拘守古法，而殷纣、夏桀的灭亡，正因为他们不改革旧例。请大王不要再犹豫了。”

几个回合争论下来，孝公下了最后的决心。他封商鞅为左庶长，开始草拟变法方案。但太子的师傅公孙贾和公子虔却在幕后唆使太子触犯新法。商鞅说：“太子犯法，是师傅没有教育好，应该给师傅处罚。”于是下令割掉公子虔的鼻子，给公孙贾施以“黥刑”（在脸上刺字并涂以墨炭）。从此再也没有人敢反对新法了。

孝公十二年（前350），秦迁都咸阳。经过废除旧制、改行新法的改革，秦国面貌焕然一新，令中原各国刮目相看。新法实行十年后，秦国一跃而成为最富强的国家。

知识链接

【世卿世禄制】

卿是古代对高级官吏的称呼，世卿就是天子或诸侯国君之下的贵族世世代代连任卿这样的高官。禄是官吏所享受的待遇，世禄就是官吏们世世代代享有所封的土地及其赋税收入。世卿世禄制在古代曾十分盛行。

战国早期 夔龙形佩

西安市雁塔区吴家坟出土。长8.5厘米，宽7.8厘米，厚0.4厘米。佩为镂空雕琢的扁体夔龙形。夔龙颔首张口，唇上卷，圆眼，头生双角，项、脊有鬃，曲体垂尾，足作伏卧状。通体隐起谷纹，腹部有一小孔，为穿绳佩系用。

前520年，周景王去世，王子匄即位，是为周敬王。

一场撼动社会的革新

商鞅变法

商鞅，复姓公孙，名鞅，卫国人。曾被秦孝公封在商邑，所以后人称他为商鞅或商君。商鞅因变法而遭车裂，秦国却因商鞅变法而富强起来。

离魏仕秦受重用

公元前365年，商鞅入魏求仕，在魏相公叔痤的门下任家臣。商鞅在魏期间，对李悝的《法经》进行了深入研究，逐渐形成了自己的法治理论。公叔痤深知商鞅的才能，称他“年虽少，有奇才”，于是在临终前将他推荐给魏惠王，要求委以重任，并告诫魏惠王如果不用商鞅，则“必杀之，无令出境”，以免为他国所用。但魏惠王并未把商鞅当回事。商鞅在魏国不得志，便来到秦国，受到秦孝公的重用。孝公排除一切阻力，任用商鞅开始变法。

商鞅画像

商邑遗址

位于丹凤县西河乡古城村老君河东岸台地上，南临丹江。南北长约1.5公里，东西宽约1公里，文化层厚2米—3米。城墙已毁，遗址西南部暴露有战国至秦汉时期墓葬、水井、灰坑等，地表散布大量弦纹灰陶片。曾出土战国青铜剑10件，“商”字瓦当2件，以及葵纹、鹿纹、凤鸟云纹等各种半瓦当、圆瓦当；还出土陶鬲（音lì）、豆、罐、盆、铜带钩、铜镞等文物。

全面革新强秦国

商鞅变法先后共进行了两次，第一次在孝公三年（前359），第二次是在孝公六年（前356）。商鞅对秦国社会进行了全面革新：

在政治上，建立新的政治秩序和政治结构，使政治体制稳定有序并充满活力。

实行残酷的连坐制。家中一人有罪，父母妻子连坐。五家互保为伍，十家相连为什。一人有罪，什伍连坐。在什伍之内，大家互相监视，互相告发。如果发现“奸人”而不告发，判处腰斩重刑。告发者与斩敌人首级者一样重赏。隐藏“奸人”的，与投降敌人同罪。

战国 青铜鼎（凤翔县野狐沟出土）

组建地方政府系统。把小的村落、乡邑聚集起来，设立县。全国共设41个县，直属中央。每县设置县令。这是秦国实行郡县制的开端，创制了崭新的政治结构。

废除世卿世禄制，设立二十级爵位。第一至第八级为民爵，一级称“公士”，二级称“上造”等。第九级以上为官爵，第九级叫“五大夫”，十九级称“关内侯”，二十级称“彻侯”等。法令规定，不管职位高低，只要在战场上斩敌人脑袋一颗就可授爵一级，同时还授予五十石俸禄的小官。若立有战功，国家还赏赐给田地。

许多靠世袭、资历等途径成为贵族的人因此而失去特权。有军功的贵族宗室，最高待遇就是封侯，封侯之后只是收取食邑内的租税，不管理民事。

在经济上，实行“重农抑商”政策。凡是努力从事农业生产使粟帛增多的人，免去其本身的徭役，而经营商业导致贫穷者，则要变为奴隶。

其一，推崇农耕，打击商人和士人。商鞅认为商人是“游民”，助长奢侈。民间凡是从事商业活动的，全家一并逮捕，收到官府充作奴隶。凡是无业、懒惰而贫穷的，或收入官府充作奴隶，或押送边疆垦荒。各国“文学游说之士”，也归入“末流”“游民”一类，不许入秦。

其二，“废井田，开阡陌”。即废除井田制，把原来“百步为亩”的“阡陌”和每一顷田的“封疆”统统破除，而以二百四十步为一亩，重新设置“阡陌”和“封疆”。这次田制改革正式确认了地主和自耕农的土地所有制，促进了地主经济的发展。同时，商鞅也号召民众到荒野上开辟新的农田，允许土地私人买卖。秦国地广人稀，商鞅挖邻

知识链接

【车裂】

即把人的头和四肢分别绑在五辆车上，套上马匹，分别向不同的方向扯拉，人的身体就这样硬被撕裂为五块。有时，执行这种刑罚不用车，而直接用五头牛或五匹马来拉，所以车裂又称“五牛分尸”或“五马分尸”。

世界大事记

前525年，波斯国王冈比西斯二世征服埃及。

秦国商鞅变法时。

前517年，鲁昭公讨伐大臣季孙氏，败北。

国的墙脚，对三晋之人给予优惠政策，吸引了不少劳动者。

其三，统一度量衡。制作标准的斗、桶、丈、尺等衡器，以利于全国交易。

在社会风俗上，规定一个家庭中如果有两个以上的儿子，必须分开居住，否则加倍征收赋税，培养“勇于公战，怯于私斗”的风气。

商君虽死法犹存

商鞅变法后，秦国国势蒸蒸日上，在多次对外战争中均取得了胜利。商鞅因此被孝公封为大良造（相当于当时关东六国的丞相）。孝公又把商、於一带15个邑封给商鞅作食邑。

孝公二十四年（前338），孝公去世，惠文王驷即位。驷的师傅公子虔曾经受到过商鞅的严厉惩罚，于是诬告商鞅谋反。商鞅仓皇出逃，当来到边境的关口上时，想到旅店留住一宿，旅店主人不知道他就是商鞅，向他索要证件。商鞅不便交出证件。旅店主人便毫不客气地说：“商君有令，让没有证件的人留宿，店主是要连带判罪的。”走出旅店大门，商鞅喟然叹息说：“唉，没想到我推行的法制的弊端竟是如此严重啊！”

商鞅又逃到魏国，魏国人怨恨他曾经欺骗公子卬而打败魏军，不愿收留他，并把他送回秦国。商鞅在封地商邑被秦军打败，遭车裂而死。

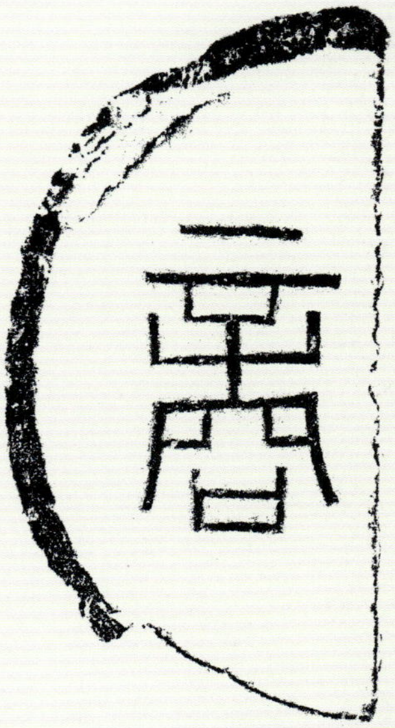

秦 “商”字半瓦当拓片
（丹凤县商邑遗址出土）

商鞅虽死，但他的改革新法却没有被废弃。“秦妇人婴儿，皆言商君之法。”变法使秦国“移风易俗，民以殷盛，国以富强，百姓乐用，诸侯亲服”。

商鞅与保守派大臣激烈争论新法

贤人在而天下服 一人用而天下从

游说六国的纵横家苏秦

纵横家兴起于战国后期，苏秦是最具代表性的人物之一。他力主“合纵”抗秦，在战国后期的历史舞台上是一个极其重要的角色。

刺骨夜读 终成其学

苏秦字季子，东周洛邑人。年幼时曾与张仪在颍川阳城（今河南登封）拜鬼谷子先生为师，学习游说术。成年后的苏秦想要出游列国，请求母亲变卖家产，以为路费。母亲、嫂嫂、妻子都竭力反对。两个弟弟也劝他说：“哥哥如擅长游说之术，怎么不去游说周王？在本乡就能出名，何必背井离乡呢？”

苏秦不听劝阻，先后去东周（时周王朝已经沦落为“国”，并分裂成东西二周）和秦国请求出仕欲施展抱负，不料均未被采用，苏秦只得回家。时妻子正在织布，见他回来，不肯放下织布机给他做饭。家里人都讽刺挖苦他说：“东周人的风俗，或治理家里的产业，或致力于工商，谋取十分之一二的盈利，你却丢掉根本而去耍舌头，难道不应该贫困吗？”苏秦遭到冷遇后，心中很是惭愧，于是发奋读书。他常常刺骨夜读，广览有关兵法、医学、法令等方面的书籍，锥刺骨的典故就由他而来。当时，列国之中，齐、楚、燕、韩、赵、魏、秦最为强盛，而七国之中又首推秦国最强。苏秦经过反复思考，初步形成了促成六国结盟以共同对抗秦国的战略学说。他信心百倍，再次离开家乡，到各国游说。

佩六国相印 成合纵抗秦

苏秦首先来到燕国。晋见燕文侯时，他陈述了燕与别的国家结盟的必要性。他认为燕之所以没有受到强秦的侵犯，是因为南面有赵国作屏障。秦要攻燕，必须经过赵而跋涉千里；而赵要攻燕，不需百里即抵燕都。赵国之所以不攻打燕国，是因为强秦在后面牵制，而燕国却正好可以利用这个机会与赵国结盟，共同抵抗强秦。于是，苏秦建议燕文侯先与赵国结好，然后再与其他各国结盟抗秦。他出色的口才和一语中的的言论打动了燕文侯，于是燕文侯拿出车马金帛助他去赵国游说。

苏秦以燕国使者的身份来到赵国晋见赵肃侯。他对赵肃侯说：“秦国强大，很早就有入侵中原之

苏秦画像

世界大事记

前519年，大流士东征，占领印度河以东地区。

儒、释、道。

前506年，吴军与楚军战于柏举，楚败，吴军攻入郢。

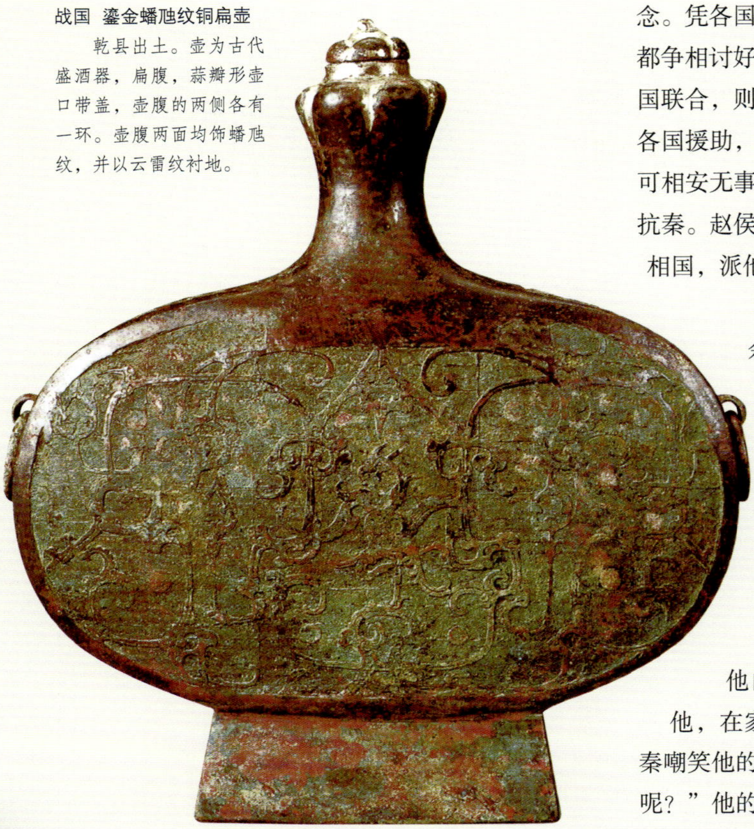

战国 鎏金蟠虺纹铜扁壶

乾县出土。壶为古代盛酒器，扁腹，蒜瓣形壶口带盖，壶腹的两侧各有一环。壶腹两面均饰蟠虺纹，并以云雷纹衬地。

念。凭各国的实力，难以单独抵抗强秦。如若各国都争相讨好秦国，将来势必被秦国各个击破。若各国联合，则‘地五倍、兵十倍于秦’，秦攻一国而各国援助，这样，秦虽强也不敢轻举妄动。各国也可相安无事。”苏秦于是请赵侯出面倡议六国合纵抗秦。赵侯当即就采纳了他的建议，并且拜苏秦为相国，派他去游说各国，以订立合纵盟约。

苏秦遂又以赵国使者的身份去游说其余各国，并成功得到各国君主的赞同。凭三寸不烂之舌，苏秦促成了前所未有的六国同盟。回到赵国之后，苏秦被封为武安君。不久，六国国君在赵国洹水（今河南安阳）歃血为盟，合纵抗秦。苏秦为“纵约长”，佩六国相印。

当苏秦佩六国相印回到家乡时，他的兄弟妻嫂自觉谦卑，都不敢正面看他，在家里服侍也是细心备至，低头轻语。苏秦嘲笑他的嫂子说：“嫂嫂，为什么你前倨而后恭呢？”他的嫂子跪在地上匍匐着掩面说：“那是因为你现在富贵有权势了呀！”

鎏金蟠虺纹铜扁壶壶腹纹饰局部

同盟内乱 合纵瓦解

秦惠文王得知六国合纵抗秦之后很是吃惊。他采纳大臣们的建议，首先派人去魏国，归还了从魏国夺来的几座城池；后又派人去燕国，将女儿嫁给了燕国太子。于是，魏、燕两国同秦国和好。赵侯得知后，责令苏秦去平息这场同盟中的“内乱”。

苏秦佩六国相印归来，家人谦卑侍奉他

苏秦先来到燕国，此时燕文侯刚刚去世。齐国趁燕国办丧事之机攻燕，连克城池十余座。继位的燕易王便以齐国归还城池为条件，命苏秦以“纵约长”的身份出使齐国。

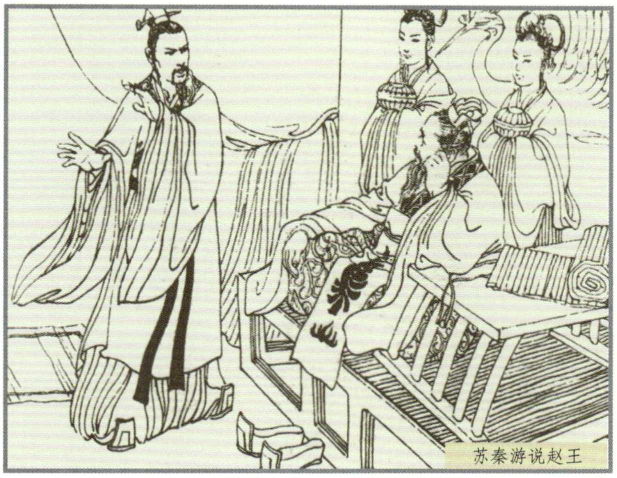

苏秦游说赵王

苏秦晋见齐威王时，先行祝贺之礼，接着又行哀悼之礼。齐威王不解，问他原因。苏秦说：“人饿得再厉害也不会去吃有毒的乌头籽。燕和秦是联姻之国，齐国占领燕国的城池就等于是与强秦结下了仇怨。这如同饥饿之人去吃乌头籽一样。齐国将大难临头。”齐威王闻言大惊，忙向苏秦请教解危之法。于是苏秦建议齐威王归还夺来的城池，齐威王立刻照办。

回到燕国之后，苏秦又受到了燕王的封赏。但一些嫉妒他的人在燕王面前说了他许多坏话。苏秦畏惧被诛，就逃到了齐国，齐威王任用他为客卿。后来齐国一些妒忌他的大臣雇佣刺客刺杀了他。临终之前，苏秦向齐王建议，在他死后，以大罪车裂于市，并悬赏行刺之人，这样做一定能抓到刺客。齐王依计行事，果然不久刺客就伏法被诛。一代纵横家就这样结束了他传奇的一生。

战国 三穿铜戈

1966年富县交道镇曹家店村出土。长22厘米，内长7.5厘米，宽2.6厘米。

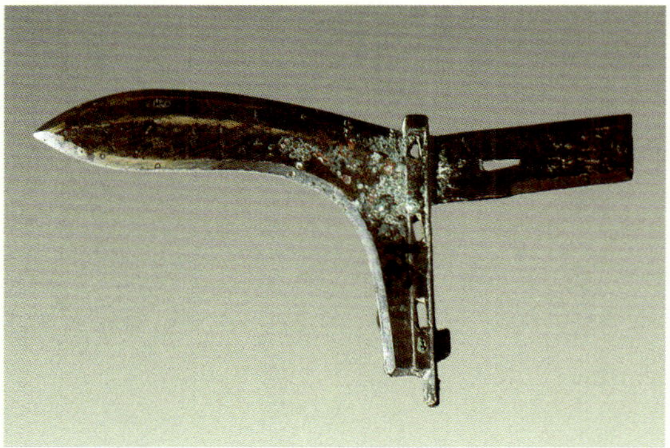

知识链接

【东周的分裂】

周平王东迁洛邑后，王室衰微，大权逐渐旁落到诸侯和大夫手中。周考王时，将弟弟揭封在王城，是为西周桓公。至西周威公卒，少子根和公子朝争立。少子根在韩、赵两国的支持下即位于巩（今河南巩县西南），是为东周惠公。这样周天子的王畿被分为以王城为中心的西周和以巩为中心的东周两个小国，由东周公和西周公共管，周天子也由洛邑迁于王城，依附于西周公。公元前256年，秦灭西周国；公元前249年，秦又出兵东周，东周国灭。至此，周朝彻底灭亡。

世界大事记

前516年，犹太人第二圣殿在耶路撒冷落成。

《汉书·艺文志》解释为儒家、道家、阴阳家、法家、名家、墨家、纵横家、杂家、农家。

前494年，吴军与越军战于夫椒，越败，越王勾践向吴称臣。

连横巧破六国合纵

纵横家张仪

张仪是纵横家的另一位代表性人物，曾与苏秦一同求学于鬼谷子门下。苏秦游说六国合纵抗秦之后，张仪西去事秦，则应以连横之术，游说六国，最终拆散六国联盟。

促成秦魏结盟

苏秦挂六国相印之后，张仪去拜访他，要求与之共事。苏秦说：“你我才能相当，现在我已挂六国相印，你来投靠，必然不会受到重用。你我二人若是帮助六国灭秦，必将因为功劳太大而被别人嫉妒。现在你应当去投靠秦国，与我的‘合纵’相对。”

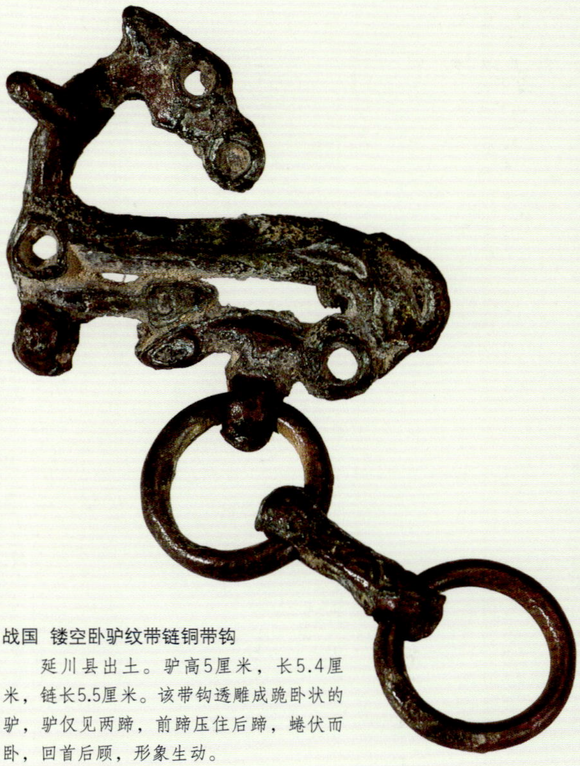

战国 镂空卧驴纹带链铜带钩

延川县出土。驴高5厘米，长5.4厘米，链长5.5厘米。该带钩透雕成跪卧状的驴，驴仅见两蹄，前蹄压住后蹄，蜷伏而卧，回首后顾，形象生动。

于是张仪西去投秦，受到秦惠文王的重用。惠文王十年（前328），张仪正式出任秦相，开始实行“连横”战略。他与秦王商定，由自己先去魏国任相，设法使魏国首先背离合纵之约，与秦国结好。到魏国后，他为魏王分析利害，说道：“亲兄弟之间尚且会争夺财产，更何况六国各有计谋，结盟不可能长久。魏国处于各国包围之中，地势平坦，无险可守，只有依靠秦国，才能保证安全。”魏王没有采纳他的建议，于是张仪让秦王发兵攻魏。在软硬兼施的策略下，魏王终于背弃合纵之约，转与秦国结盟。

离散齐楚联盟

张仪回到秦国后，又主动向秦王要求出使楚国，以拆散齐、楚联盟。晋见楚王时，张仪说道：“当今七雄之中，以秦、楚、齐最为强大，三者之中，又以秦国最强，齐、楚两国相当。如果楚国与秦国联盟，则楚国就比齐国强大；反之，如果齐国先与秦国联盟，则齐国就比楚国强大。所以，楚

春秋 龙首蟠龙金带钩（凤翔县雍城遗址出土）

国最好的出路就是与秦联盟。”他又许诺在楚国与齐国断交、同秦国结盟之后，秦国会把商、於之地600余里归还楚国。楚王被眼前的利益所动，不顾众大臣的反对，与齐国断交，并且派一名将军随张仪到秦国接收商、於之地。

张仪劝说惠文王发兵攻魏

张仪回到秦国后，佯装摔伤了脚，三个月没有露面。楚王得知此事后，竟以为这是楚国与齐国绝交不够引起的，于是又派人到齐国大骂齐王。齐王大怒，遂决定与秦国结盟。这时张仪告诉随行的楚国将领，自己当时答应楚王的，并不是600里商、於之地，而是自己的封邑六里。这位将军返回楚国，把张仪的话告诉了楚怀王。楚怀王一怒之下，决定兴兵攻打秦国，结果在丹阳（在今河南淅川丹江以北）被秦军打败，楚将屈匄（音gài）等70多人被掳，楚军折兵八万人。秦军攻占了楚国的汉中地区，并在这里设置了汉中郡（今陕西安康境内）。

张仪请求惠文王派自己出使楚国

楚王不甘失败，又调动全国的兵力攻打秦国，结果楚军再次大败。楚王只好再割两座城池与秦国讲和。秦王又提出用商、於之地换取楚国的黔中之地，楚王竟然答复只要得到张仪并亲自诛之，愿将黔中之地奉送。张仪不顾个人安危，只身赴楚，他买通楚王宠臣靳尚和楚王夫人郑袖，终于使楚王改变了对自己的态度。张仪向楚王提出，他可以向秦王建议不要黔中之地，但两国太子要互为人质，永结同盟。楚王对此十分高兴。就这样，齐、楚两国背离了“合纵”而与秦国结盟。

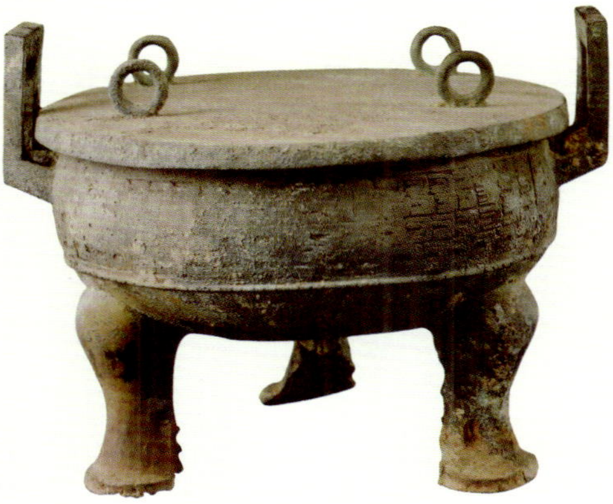
战国　重环纹带盖铜鼎（西安市征集）

张仪回到秦国之后，马上又出使其余诸国，使他们纷纷由合纵抗秦转变为连横亲秦。张仪因此被封为武信君。

秦惠文王更元十四年（前311），秦惠文王卒，秦武王即位。张仪素为秦武王不满，于是离秦赴魏，出任魏相，一年后去世。

张仪凭借着高超的智谋和说辩之术，瓦解了苏秦所创的六国合纵。他的连横之术成为后来秦灭六国、统一天下的基本战略。

知识链接

【公孙衍】

公孙衍，又号“犀首”，战国时期纵横家，是魏国阴晋（今陕西华阴）人。曾入秦为大良造，积极推进秦的连横政策，后来受到张仪的排挤，到魏国为魏将，首倡合纵抗秦。公元前323年，燕、赵、韩、魏、中山五国国君互尊为王。

世界大事记

前513年，大流士一世征服色雷斯一带。

前486年，吴国开凿邗沟，沟通江淮水系。

秦时宫殿咸阳里　千门万户连云起

孝公迁都　咸阳形胜

秦咸阳宫遗址（咸阳市）

秦孝公十二年（前350），秦将都城从栎阳迁到咸阳。咸阳作为秦的都城时间长达144年，在秦的都城发展乃至中国古代都城发展史上都具有举足轻重的地位。正是在这里，秦完成了兼并六国、统一全国的宏伟大业。

咸阳的地理形胜

孝公把都城从栎阳迁至咸阳，是因为咸阳作为国都的条件较栎阳更优越。首先，咸阳一带土地肥沃，是周代丰镐的近畿地区，开发较早，比栎阳一带的盐碱地更利于发展农业。其次，咸阳南临渭水，东依泾水，逶迤起伏的秦岭、嵯峨、九嵕诸山遥遥相望，南北环抱，进可攻，退可守，是建都的理想场所。再次，咸阳作为国都较栎阳交通更为便利。咸阳是咽喉之地，附近的交通道路密集，南来北往、西去东进，军事商贸都需经过此地，渭河之咸阳渡更是要津所在。

咸阳宫殿知多少

据史书记载，秦都咸阳周围200里内，有“宫

秦咸阳宫“一号宫殿”复原图

前509年，罗马王政时代结束，共和时代开始。

秦 车马云游图壁画

1979年3月，秦咸阳第三号宫殿遗址出土。该壁画绘在遗址的东壁，绘有三组车马，每组四马一车，皆向北奔驰。第一组绘枣红马，马头部戴衔镳，颈上的轭和面部饰具皆白色。四马作奔驰状，身后拉车。车为单辕，全白色，车上有黑色伞状车盖，盖下为方形车箱。秦咸阳宫遗址曾遭火焚，又历经两千余年的岁月侵蚀，而此壁画颜色依然鲜艳。是迄今仅见的秦代绘画原作，也是现已发现的最早的宫廷壁画，在中国古代美术史研究中具有重大价值。

观二百七十”。

秦在咸阳修建的最早的宫殿是咸阳宫，它坐落在咸阳城的渭水以北。宫殿雄伟壮观。主体殿堂采用“四阿重屋”的方式，室内外装修华贵典雅。既有供国君办公的朝宫和休息的寝宫，又有后妃居住的宫室，还有沐浴的澡堂，设备非常齐全。建筑材料也十分考究，地面处理得光滑平整，大型花纹空心砖及花纹图案瓦当把咸阳宫装扮得格外漂亮。重大的议事、朝会活动都在咸阳宫举行。公元前227年，秦王政接见燕国使者，就在这里演出了一幕惊心动魄的“荆轲刺秦王”的活剧。即使后来在渭南修建了许多宫殿，秦始皇仍然在咸阳宫处理朝中大事。

咸阳宫的西部和西南部，是官府经营的手工业作坊。工匠们长年在这里为王室冶炼青铜器、铁器，制作陶器、骨器等。在作坊附近，有数以百计的水井和多处地下排水道。

在咸阳都城的渭河以北，除了咸阳宫之外，还有冀阙、仿六国宫室、兰池宫、望夷宫等宫殿。

秦惠文王以后，秦在渭河以南还修建了兴乐宫、甘泉宫、信宫、诸库、章台、阿房宫、上林苑等建筑。

“天人合一”的营建思想

秦都咸阳的营建历经战国和秦代，这一时期是中国历史上的大变革时期，诸子百家各显其能。秦

知识链接

【秦镜高悬】

《西京杂记》卷三记载：秦咸阳宫中有一面神奇的镜子，宽四尺，高五尺，正反两面都能照人，人在镜前镜中影子是倒立的，用手按住胸口照镜可以显示五脏六腑，可以看出人体内的病灶，还能看出那些心术不正的人，秦始皇经常用该镜对付身边的人。

前484年，齐军与吴军战于艾陵，齐败。

在商鞅变法后采用的主要是法家思想，都城的布局和结构设计就体现了法家思想和“法天”思想。

秦人在其都城的设计中，把冬至前后傍晚位于咸阳天顶的银河，和仙后星座傍围的主要星宿，以及渭河横桥附近的主要宫苑，安排在一条垂直线上，以象征天象与地面互相对应。把咸阳都城和天极观念结合起来营建，是为了显示君权神授、王权至上的思想。

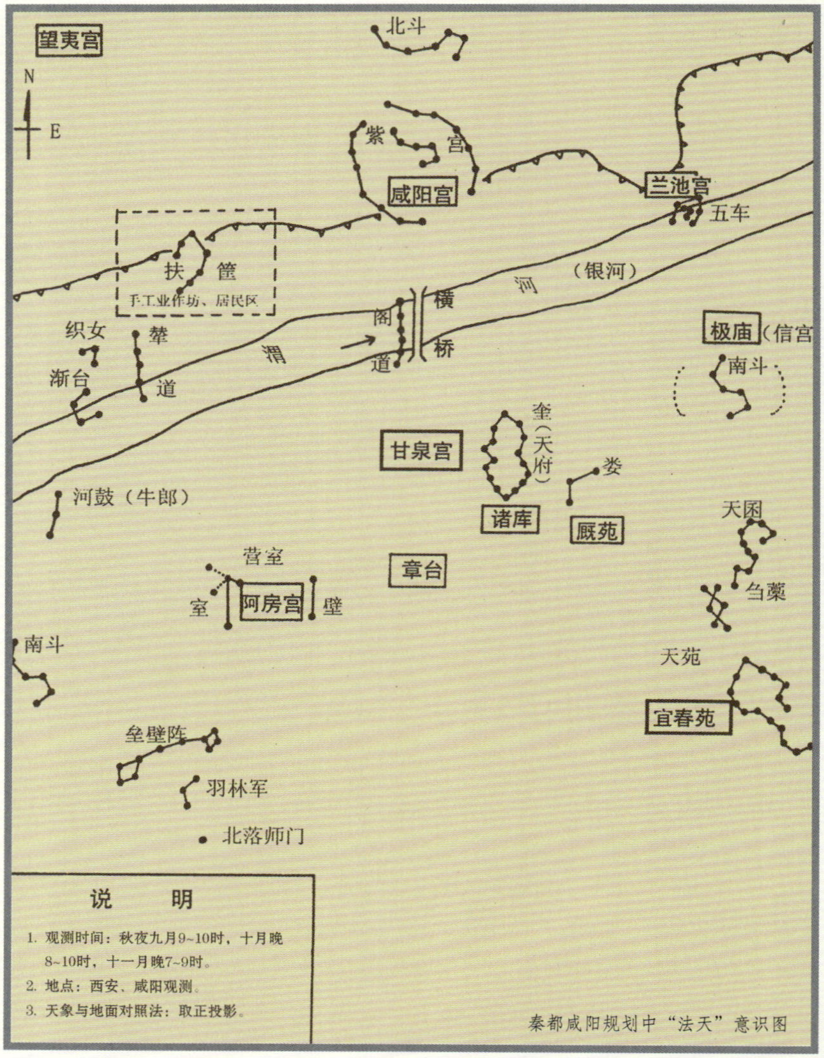

秦都咸阳规划中“法天”意识图

秦人以甬道、阁道、复道等建筑形式，将咸阳城周围200里内大批宫观联成一个有机整体，摹拟天体星象，环卫在咸阳城外围，更加显示了“天极”——咸阳宫的广阔基础。如果再结合以咸阳城为中心的全国水陆交通网络来观察，更令人感到这套规划结构的磅礴气势和君临天下的宏伟气质。

秦　龙纹空心砖（咸阳市秦咸阳宫一号建筑遗址出土）

驷驖孔阜

秦的铁器制造与铁政

铁器的使用在社会生产力发展中具有十分重要的作用，是社会发展的重要标志之一，秦国的快速发展与较早使用铁器有重要关系。

领先世界的冶铁技术

秦在各诸侯国中是较早使用铁器的国家。《诗经》中描述秦襄公整理武备的《秦风·驷驖（音tiě）》中云："驷驖孔阜，六辔在手。"孔颖达《毛诗正义》注："驖字径作铁。""驷驖孔阜"即四马皆黑色如铁，说明秦人在立国之初就已认识到铁的作用。

据记载，秦国多铁矿。秦人较早地掌握了人工冶铁技术，冶铁业最早采用的是块炼铁技术。块炼铁技术又称低温固体还原法，即在较低的冶炼温度下，将铁矿石固态还原获得铁块。冶炼块铁，一般是在平地或山麓挖穴为炉，装入高品位的矿石和木炭，点燃后用鼓风加热，温度达到1000℃左右，矿石中的氧化铁还原为金属铁，而脉石成为渣子，要通过锻打挤出。块炼铁在锻打前由于疏松多孔，也被称为海绵铁。块炼铁技术是一种原始的冶铁技术，冶炼工艺条件低，产品含碳极低，质地疏松，但适于锻造成型。块炼铁在反复锻打的加热过程中，同炭火接触，有可能渗碳变硬，成为块炼钢。

在掌握块炼法后不久，秦人又掌握了早期生铁冶炼技术。凤翔秦公大墓曾出土了铁铲和铁锸12件，经化验分析为脱碳铸铁，说明秦人至迟在春秋晚期已掌握了生铁冶炼技术，并应用了铸铁柔化技术。冶炼生铁需要砌筑体积较大的冶铁炉，强化鼓风使炉温达到1100℃—1200℃以上，从而得到液态铁。由于生铁极脆硬，使用时容易崩裂，秦人于是将生铁件在高温下进行脱碳处理，得到铸铁脱碳件，克服了生铁的脆性。

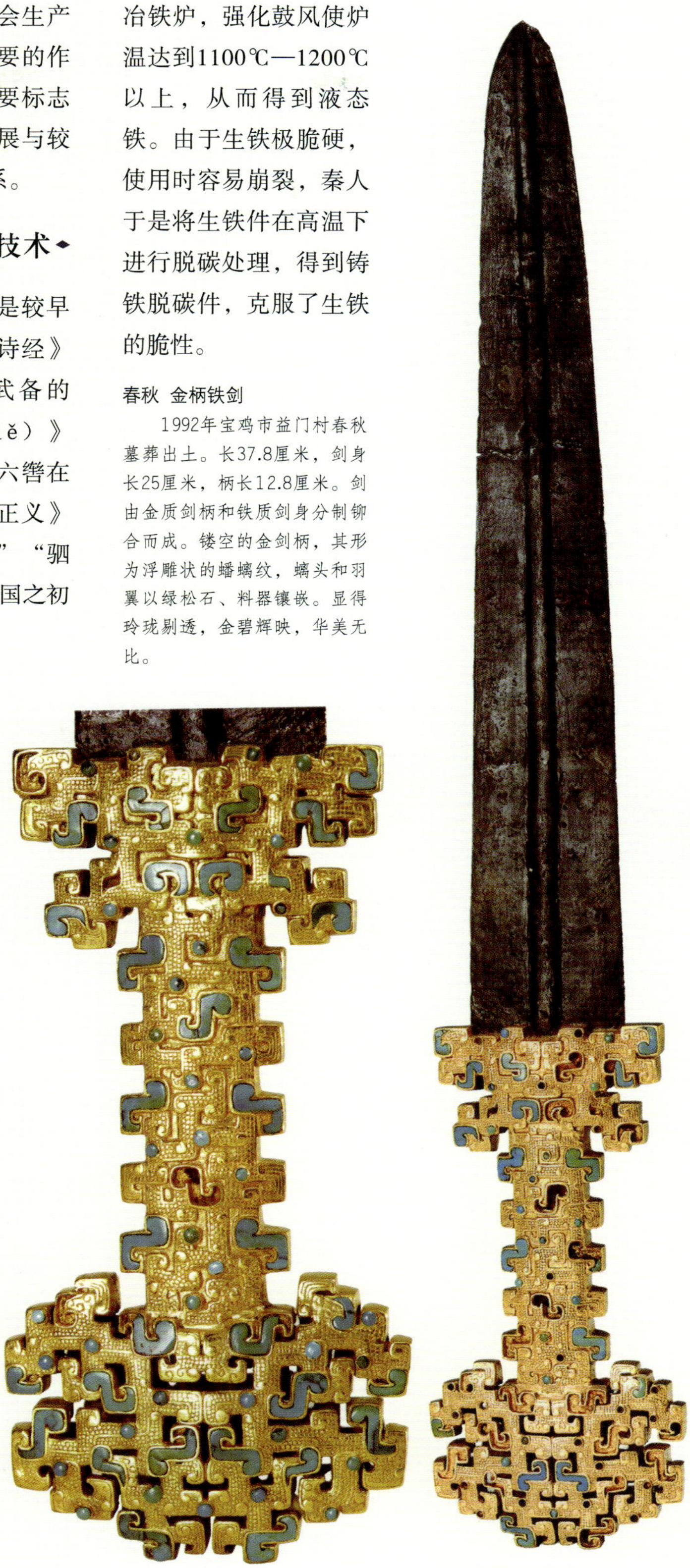

春秋 金柄铁剑

1992年宝鸡市益门村春秋墓葬出土。长37.8厘米，剑身长25厘米，柄长12.8厘米。剑由金质剑柄和铁质剑身分制铆合而成。镂空的金剑柄，其形为浮雕状的蟠螭纹，螭头和羽翼以绿松石、料器镶嵌。显得玲珑剔透，金碧辉映，华美无比。

世界大事记

前508—前507年，雅典克里斯梯尼改革，雅典城邦形成。

郑国。

表现秦代炼铁技术的画像石拓片

生铁冶炼技术和铸铁柔化技术是冶铁技术史上的重大进步。在西方，一直到中世纪末欧洲发明水力鼓风炉后，才出现冶炼生铁，而秦人比西方早了1900多年。因此可以说，秦冶铁业在其早期发展阶段就在世界范围内居于领先地位。

冶铁管理机构

在矿产资源的管理上秦国也有一套完整的制度。《商君书·垦令》云："壹山泽。"即由国家独占山泽之利，不许人民采矿打柴狩猎捕鱼。《汉书·食货志》中也有"秦用商鞅之法，改帝王之制……又颛川泽之利，管山林之饶"的记载，说明秦国将矿产资源收归国有，进行统一管理。

同时政府还设立了专门的机构掌管铁政。《汉书·百官公卿表》记载："少府，秦官，掌山海池泽之税，以给共养。"即由少府统一管理冶铁业的收入。与冶铁业有关的官吏有铁官令、铁官长、铁官丞、右采铁、左采铁等。近年新发现的秦封泥有"采司空印"，可能为左、右采铁的属官。秦还专设铁市长、丞管理铁市。针对管理冶铁业的官吏秦国还制定了相关的考绩制度，以监督他们的工作，确保冶铁业的发展。

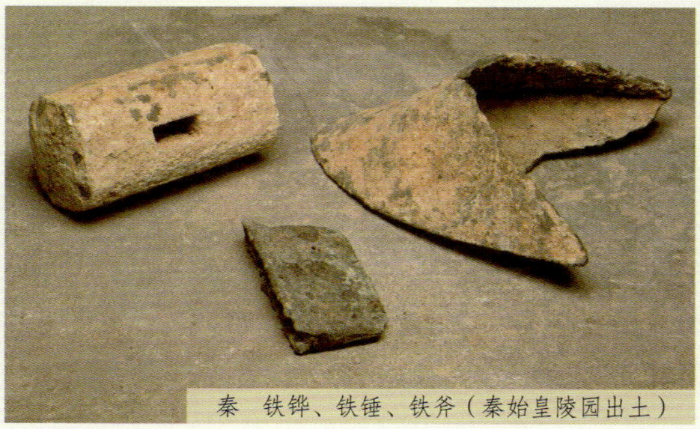

秦 铁铧、铁锤、铁斧（秦始皇陵园出土）

铁器的使用，使大面积的农田耕作、开垦广阔的森林地区成为可能。铁器用于农业、手工业生产、水利建设、建筑工程，发挥着其他质地的工具所无法替代的作用，大大促进了秦国社会的发展。

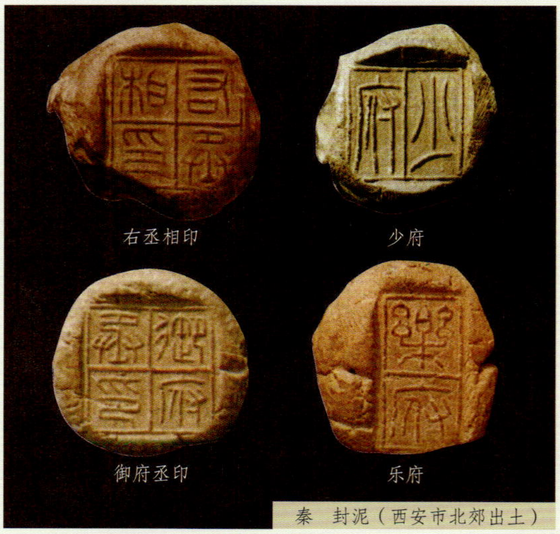

秦 封泥（西安市北郊出土）

知识链接

【秦国的铁矿山】

战国时期，秦国有六座著名的铁矿山。据《山海经·五藏山经》记载，战国时期有明确地点的铁矿山共有37处，属于秦国的有六处，其中有五处在今陕西境内。它们是：符禺之山"其阴多铁"，在今华阴北；英山"其阴多铁"，在今华县北；竹山"其阴多铁"，在今渭南东南；秦昌之山"其阴多铁"，在今延安；龙首之山"其阴多铁"，在今西安北。

司马错舌战张仪

议灭巴蜀

司马错是秦国将领，历秦惠文王、武王、昭襄王三世，他一生东伐西讨，战功卓著，但最让人津津乐道的却是他舌战张仪的故事。

攻伐巴蜀之争

当时的机遇对秦国有两个方面的选择，一是东攻韩国，二是南攻巴蜀。秦惠文王九年（前316），巴国和蜀国相攻，秦惠文王欲趁机灭掉蜀国，却因韩侵秦而举棋不定，于是召集群臣商议。司马错欲伐蜀国，而张仪主张先攻打韩国。

张仪说道："我们先跟楚、魏两国结盟，然后出兵到三川，堵住轘（音huán）辕关和缑氏山的通口，挡住屯留的孤道，这样便切断了魏国和南阳的交通。若楚军逼进南郑，秦兵便去攻打新城、宜阳，这样我们就可以兵临东、西二周国城下，并且可以占领楚、魏两国。周王为保性命，一定会交出传国之宝。我们据有传国之宝，便可假借周天子的名义号令诸侯，天下又有谁敢不听我们的号令呢？至于蜀国，那是一个地处偏远之地、由蛮人当酋长的小国。我们即使劳民伤财发兵前往攻打，也不足以因此而建立霸业。臣常听人说：'争名的人要在朝廷，争利的人要在市场。'现在三川周室，乃是天下的朝廷和市场，可是大王却不去争，反而去争夺戎、狄等蛮夷之邦，这离霸王之业实在是背道而驰啊！"

司马错则反驳道："事情并非张仪所言，若要国家富强，务必先扩张领土；若要兵强马壮，必须先使人民富足；若要得到天下，一定要先广施仁政。这三件事做到以后，天下自然可以获得。如今大王地盘狭小而百姓穷困，大王应该先从容易的地方着手。蜀国是一个偏僻小国，如果用秦国的兵力去攻打蜀国，就好像派狼群去驱逐羊群一样简单。秦国若得到蜀国的土地，便可以扩大版图；得到蜀国的财富，便可以富足百姓。虽然用兵却不伤害百姓，并且又能让蜀国自动屈服。所以秦国虽然灭了蜀国，而诸侯不会认为秦国暴虐；即使秦国抢走蜀国的一切财富珍宝，诸侯也不会以为秦国贪婪。因此我们只要占领了巴蜀，就可以名利双收。"

战国 镶嵌松石错金银云纹壶

1966年宝鸡市陈仓区出土。高19.2厘米。壶为鼓腹、垂肩、双环。通体饰错金银纹，其间嵌绿松石和红琉璃。红绿相错，珠光宝气，至今犹存。

世界大事记

前500年，小亚细亚希腊城邦米利都爆发反波斯起义。

春秋笔法。

大散关遗址

大散关，又名散关，因临古散谷水而得名，位于宝鸡市益门乡二里关村西的大散岭上，古为兵家要地。大散关山崖陡峭壁立，其间唯栈道可通，形成天然关隘。东汉建安二十年（215）曹操伐张鲁，蜀汉建兴六年（228）诸葛亮伐魏，宋吴璘、吴玠抗金，均出入或据守此关。今川陕公路从其间穿过，关隘两侧山崖间残留有石砌关墙残段，关下崖壁有赵祖康题“古大散关”楷书大字。

巴蜀归秦

通过争论，秦惠文王深知先伐巴蜀的重要性，于是派张仪、司马错率领秦军由大散关越秦岭至褒城，再经石牛道入蜀。大军所至，势如破竹，蜀王被杀，蜀亡。惠文王在亲眼看到了蜀国的富庶后，又派兵乘胜灭掉了巴国。

秦　兽面S形秦式龙纹凿形玉饰（西安市雁塔区沙坡出土）

占领巴蜀后，秦国派官吏对巴蜀进行治理。张若任蜀守时，移“秦民万家”于蜀，并修筑成都城，设立市场，广开贸易；李冰任蜀守时，又修建了都江堰工程，使西南巴蜀之地旱涝保丰收。后来秦在灭楚及统一全国时，巴蜀成为秦国的重要储粮基地。

秦灭巴蜀，使南出武关、东进崤函的道路完全被打通，为下一步攻打东方和南方开辟了道路。

知识链接

【石牛粪金】

巴、蜀沃野千里，物产富饶，秦垂涎已久。但因为蜀有剑门之险，征伐很不容易。后来，秦惠文王采用大将司马错的计策，诈言秦得天降石牛，夜能粪金，愿与蜀国友邻，献美女、石牛给蜀王，请开道迎接。蜀王便派五万力士在大、小剑山及五丁峡一带峭壁处，日夜劈山破石凿险开路，入秦迎美女、运石牛。秦国等蜀道开通后，就暗派大军长驱直入，灭了蜀国。后来这条道路被命名为石牛道（又叫金牛道）。

战国 错金银云纹犀牛尊

1963年兴平市豆马村出土。高34.1厘米，长58.1厘米。犀牛尊鼻上竖两角，背有盖可开合，口侧有一管状流。通体饰华丽的错金银流云纹，并嵌有点点断续的金丝。犀牛造型生动逼真，四腿粗壮有力，双耳前竖，双眼圆睁，充分显示了犀牛刚健、勇猛、机警的特征。

逐鹿中原的前哨战

甘茂攻克宜阳

甘茂出身贫贱，本是下蔡（今安徽凤台）一个书童，后来到秦国做了丞相，他是秦攻克韩国宜阳（今河南宜阳西）的功臣。

议攻宜阳

进行统一战争是秦人的不懈追求，经过商鞅变法，秦国的实力有了很大增强。张仪劝说秦武王兼并成周，进而夺取天下。武王心动，便将左、右丞相召来，商议进攻韩国之事。

右丞相樗（音chū）里疾坚决反对张仪的主张。他认为东进成周，韩国的宜阳是必经之地。而宜阳远离秦本地，侧面又是魏国地界，一旦魏国发兵夹击，秦军必败无疑。

左丞相甘茂热心于向东扩张，听了樗里疾的主张后，便说："大王要攻打宜阳，就让臣先去魏国说服魏王，约魏国一同攻韩，如何？"一心想东扩的秦武王，不顾樗里疾的极力反对，迫不及待地同意了甘茂的提议。

息壤盟誓

甘茂来到魏国，说服了魏襄王联合攻打韩国。但反对出兵的右丞相樗里疾在朝中有很大势力，甘茂担心自己会遭诬陷诽谤，为了坚定秦武王东进的决心，他派自己的副手向寿先行回国，并捎口信对武王说："魏王虽已同意一起攻伐韩国，但臣仍劝大王放弃这一计划。"

武王听完向寿的口信后，对甘茂的这一举动大惑不解，他带着随从径出咸阳去迎甘茂，走到息壤，君臣相遇。武王责问甘茂："丞相为何中途变卦？"甘茂回答说："宜阳是韩国重镇，城池坚固，兵精粮足，与秦国又相距千里，其间道路险恶，补给困难，万一发生变故，率军之将的后果将不堪设想。"秦武王还是不解，便问："有寡人全力支持，还能有什么变故呢？"甘茂答道："春秋末年，孔子有一位得意弟子名叫曾参，曾参严于律己，一贯奉行忠恕之道。曾参住在鲁国时，鲁国也有一个同样叫曾参的杀了人，大街小巷都纷纷传说曾参杀人了。一个人急忙跑到曾参家里，告诉曾参的母亲说：'不好了，曾参杀人了。'曾参的母亲从容不迫地说：'我儿子不会杀人。'说完又继续织布。不久，又有一个人跑来告诉她：'不好了，

战国 金虎

1979年凤翔县出土。高2.3厘米，长4.8厘米。金虎巨目、大耳、龇牙、四腿曲卧，长尾上卷，作卧虎状。通体纹饰为凸雕和阴刻。金虎形体虽小，但制作精美，雕镂生动，造型雄奇，有很高的艺术价值。

历史百科问答：乘法口诀表是什么时候在我国发明的？

战国　凤流盉（音hé）（长安区茅坡村出土）

艰难攻夺宜阳

甘茂率领五万秦军，千里出击宜阳。但宜阳城高壁厚，韩军斗志高昂，整整五个月宜阳还未被攻下，千里运送物资给秦国带来了巨大损耗。朝野间开始出现反对的声浪，樗里疾与公孙奭趁机在秦武王面前诋毁甘茂，甚至说甘茂有叛变迹象。秦武王听后大惊，忙传令甘茂班师。

甘茂压下了秦武王的班师令，并写信让信使带给武王。信上只写着“息壤在彼”四字，武王看后立即明白过来，喃喃自语说：“丞相真是有眼光啊，是寡人意志不坚。”于是下令再发兵五万，增援甘茂。宜阳秦军得到增援，士气大振。

秦武王四年（前307），宜阳被秦军攻克，自此，秦国打开了东进的门户。

曾参杀人了。’曾参的母亲依旧在织布，镇定如常。又过了一会儿，第三个人跑来对她说：‘曾参杀人了。’这一次曾参的母亲相信儿子真的杀了人。她立刻丢下梭子，离开织机逃走了。以曾参的贤明和他母亲对曾参的信任，尚挡不住流言蜚语的中伤，何况臣的贤能不如曾参，大王对臣的信任又不如曾参的母亲，疑心臣的又何止三人，万一臣久攻宜阳不下，朝中非议四起，如果大王也像曾母一样扔下梭子逃走，臣如何是好？”武王听后，笑道：“为防备以后出现变故，寡人与你在此歃血为盟。”

君臣二人立刻杀了一头牛，举行了隆重的仪式，并书写了盟誓，史称“息壤之盟”。

知识链接

【秦文官、武官之分】

秦国在惠文王以前文武官吏不分，相国既是文官，又要带兵打仗。秦武王时开始设立左、右丞相。秦昭襄王时，魏冉为将军，秦国始正式有将军之职，从此秦国将文官和武官分开。秦始皇统一天下后，在将军之下还设裨将军、校尉、都尉、长史等。

战国　铜钲（音zhēng）（旬阳县城北出土）

世界大事记

前494年，罗马平民进行第一次撤离运动。

战国。

前445年，魏文侯即位，任用李悝变法。

举鼎绝膑

好胜逞强的秦武王

宜阳被攻克后，秦国的东进之门打开了，秦武王喜不自胜。他让甘茂带兵回咸阳，转派樗里疾前往三川（今河南西北）开路，自己则带着一班文武大臣直抵成周洛邑，要亲眼看一看日思夜想的九龙神鼎。

九龙神鼎的来历

周赧王听说秦武王突然来到成周，不禁有些惊慌，急忙派使者去郊外列队迎接。然而秦武王这次来到天子之都，只是想观赏一下天子的城邑宫苑，特别是那九座宝鼎。

传说大禹治水后收取全国贡金，依据九州区属冶铸成九座宝鼎，鼎上记载了各州的山水人物、田地贡赋，鼎足鼎耳上都饰以龙纹，所以又称为“九龙神鼎”。这可是华夏先人的镇国之宝啊！九龙神鼎历经夏朝、商朝再传到周朝，到战国秦武王时，已有近两千年的历史了。

战国　金带钩（宝鸡市益门村出土）

武王亲自来观赏九鼎，是想取代周天子的权力，以号令天下。他请天子的使臣直接带他去看镇国宝鼎。

千斤宝鼎难撼动

在放置九鼎的大殿里，秦武王看到基座上九座宝鼎一字排开，且宝鼎的中腹都刻有州名，依次是荆州、梁州、雍州、豫州、徐州、扬州、青州、兖州、冀州。这九座宝鼎古朴凝重，神光辉映。

秦　蟠螭纹铜鼎

1999年秦始皇陵园陪葬坑出土。高61厘米，口径71厘米。铜鼎双耳，腹部与三足均饰蟠螭纹。造型精美厚重，气势恢宏，纹饰构图饱满，线条纤细流畅，为陵寝重器，是目前在秦陵发现的体量最大的一件秦鼎。

战国　银虎牌饰（神木县纳林高兔村出土）

武王走到雍州鼎前，对身后的随从说："雍州就是我们秦国，这座宝鼎应该是我们的，我们把它搬到咸阳去，如何？"正巧看管宝鼎的周王室官吏就在旁边，秦武王问道："这鼎有多重？"官吏答道："每个都有一二千斤重，搬是搬不动的。"意思是想吓阻秦武王，不料却激起了武王的好胜心，他对随从的两个大力士孟说和任鄙说："你们两个试试吧！"任鄙虽是个武夫，却也粗中有细，他知道秦武王喜欢卖弄力气，若是再鼓动他，也许会出大事。于是他急忙回答说："大王，我哪儿有那么大的力气，再说，这种笨重东西有什么好玩的？"孟说可不像任鄙那样有头脑，他逞能说："我来试试。"只见他勒紧腰带，运足了气，用手抓住宝鼎的两个耳朵，刚把宝鼎提起来有半尺高，就支持不住了，急忙放下。不料他用力太猛，把眼珠子给挣了出来，满脸是血。

争强好胜丢了命

任鄙见孟说受了重伤，连忙拦阻秦武王："大王是贵人，怎么能玩这个？"秦武王哪里肯听劝阻，他把衣襟往上一撩，伸手就去抓那宝鼎的耳朵。只见他双手一较劲，就把那座宝鼎提起来有二尺多高。他想："要是我能再举高一点，就比孟说强了。"于是他使出浑身气力，艰难挪动左脚，正准备抬起右脚，没想到宝鼎却重重地落了下来。只听得武王大叫一声，昏倒在地。原来，那宝鼎砸断了他的胫骨，更为严重的是，武王的内脏受了重伤。任鄙见状，抢步上前扶救。这时，周赧王闻信也带人赶了过来，见秦武王受伤严重，急忙找大夫来医治。当天夜里，秦武王疼痛难忍，声声惨叫，最后气绝身亡。

秦武王好胜逞强，举鼎绝膑而亡。因为这件事，孟说的全家被抄斩，任鄙因为劝阻过武王，非但没有定罪，还升任汉中太守。

知识链接

【"力则任鄙，智则樗里"】

出自《史记·樗里子甘茂列传》。秦武王时，任鄙力大，名噪朝野，与孟说等皆至大官，而樗里疾以智慧出众，官至丞相，二人以力、智成为当时楷模。秦人谚曰："力则任鄙，智则樗里。"

世界大事记

前492年，希波战争开始。

令尹（相当于丞相之职）。

前440年，周考王封弟揭于河南，史称西周桓公。

王室宿将 智勇兼备

武将樗里子

樗里子，名疾，是秦惠文王同父异母的弟弟，因居住在樗里（今西安汉长安城内），所以被称为樗里子。他能言善辩，足智多谋，被秦国人称为“智囊”。惠文王十分信任他，委以重任。

战绩卓著

惠文王更元八年（前317），魏、赵、韩、燕、齐五国联合攻秦，惠文王派樗里子大败联军于修鱼（今河南原阳西南），擒韩将申差，斩首八万多人，关东诸国为之震悚。樗里子因功从庶长晋升为右更。

惠文王更元十一年（前314），樗里子率兵攻打魏国的曲沃（今山西闻喜东北）、焦（今河南陕县南）。焦降秦，秦军赶走曲沃城的百姓，使曲沃成为一座空城，并将它纳入秦国的版图。继而樗里子又败韩军于岸门（今河南许昌西北），斩首一万。

惠文王更元十二年（前313），樗里子率兵攻打赵国，俘赵将赵庄，夺占赵地蔺（今山西离石西）。次年又协助魏章攻打楚国，以离间计使楚将互不配合，大败楚军于丹阳，虏楚将屈匄及裨将逢侯丑等70余将领，斩首八万人。随后，秦又派军攻取楚地汉中600里地，置汉中郡。樗里子因战功卓

战国 甲鱼纹鼎

1972年西安市大白杨废品回收库征集。高25.2厘米，口径16.2厘米。鼎盖正中有一小系环，周围有环形钮三个，呈鸟首形。盖内饰阴线甲鱼纹三个，甲鱼头为三角形，颈长伸，四爪短尾，背壳饰短直线纹。甲鱼造型憨态可掬。兽蹄形三足细长，是战国早期铜鼎的造型特征。

著，被封于严道（今四川荥经），封号为严君。

荣宠三世

秦惠文王死后，秦武王即位，驱逐张仪、魏章，并任用樗里子为右丞相，甘茂为左丞相。在樗里子等人势如猛虎的攻击下，各国谈秦色变。樗里子率兵车百乘入周，周天子非常恭敬地亲率士卒迎接。

昭襄王即位后，樗里子更受尊重。昭襄王元

樗里疾画像

战国 螭虎纹玉饰（咸阳市出土）

年（前306），樗里子率兵攻打卫国蒲城（今河南长垣），蒲城守将很是恐惧，央请胡衍出面媾和。胡衍以攻蒲城弊多利少为由对樗里子说："卫国之所以为卫国，全在有蒲城这一屏障，若秦军攻打蒲城，卫国定要归附魏国，魏国若强大起来，必定会给秦国带来隐患，益魏而损秦，一定会召来秦王对您的不满。"樗里子采纳了他的意见，弃攻蒲城而去。

樗里子是秦国著名的将领，以有智和用智著称。秦所以东攘诸侯，多出于樗里子之策。

昭襄王七年（前300），樗里子卒，葬在秦都咸阳的渭河以南、章台之东。樗里子还是预言家。据说，他死前称："后百岁，是当有天子之宫夹我墓。"西汉时，长乐宫建于樗里子墓以东，未央宫在墓西，武库正对其墓。樗里子的预言果然成真了。

知识链接

【哭秦庭】

秦哀公三十一年（前506），伍子胥用计助吴攻破楚国。申包胥赴秦国求救，但秦哀公拿不定主意是否出兵，申包胥就"哭秦庭七日，救昭王返楚"，秦哀公终被其诚意感动而出兵救楚。楚复国后，要重奖申包胥，但他却拒不受赏，躲到山里隐居起来。

世界大事记

前490年，米太亚得指挥希腊军在马拉松大败波斯军。

战国。

第一位临朝执政的女主

宣太后垂帘听政

宣太后是秦国历史上一位有作为的太后。她原是楚国人，后来嫁给秦惠文王，做了惠文王的“八子”，因姓芈（音mǐ）氏，又称芈八子。秦国后宫爵列八品，正嫡称后，妾称夫人，之下又有美人、良人、八子、七子、长使、少使之号。因此八子的身份并不高，但宣太后凭借出色的才能和手腕，成为中国历史上第一位垂帘听政的太后。

宣太后听政

惠文王主政27年，卒后太子继位，史称秦武王。武王当了四年国君后，秦攻克韩国重镇宜阳，武王直驱成周，在洛邑展示问鼎中原之勇，举鼎绝膑而亡。武王无子，诸弟争立，宫廷内外尽显权力争斗，惠文后欲立自己的儿子公子壮，宣太后欲立自己的儿子公子市。当时秦的宗室贵戚中，宣太后的同母弟魏冉在朝中颇有权势，他不仅任职当权已久，而且众称贤能。最终宣太后在他帮助下取胜，将在燕国为质的长子嬴稷迎回即位，是为昭襄王。

昭襄王即位时只有18岁，政治经验不足，应付不了当时前控诸侯以图东扩、后断戎狄以绝侵扰之隐忧的艰巨时局。秦国的大权遂落在宣太后的手中。

定策帷帘 捭阖纵横

义渠是秦国西北方的游牧民族。秦穆公称霸西戎后，义渠归附于秦。秦惠文王时，义渠势力增长，“筑城郭以自守”。惠文王七年（前331），秦趁义渠发生内乱之机，派庶长“将兵定之”，并在此设县。然而义渠始终未臣服于秦。当六国联合攻秦时，义渠趁火打劫，从后方进攻秦国，使秦国蒙受损失。

为了解除腹背之患，消灭义渠，宣太后决计以美貌媚惑义渠王。昭襄王三十五年（前272）的一天，宣太后在甘泉宫设宴招待义渠王，义渠王深为宣太后色相所惑，毫无防备，这时埋伏在四周的士

春秋 嵌错螭纹虎耳铜壶

1999年户县黄堆村出土。高43厘米，口径15.6厘米。壶口为八瓣莲花瓣形，外饰蟠螭纹，颈、腹部均饰蟠螭纹，颈部两侧各有一衔环虎形耳。造型端庄华丽，纹饰精细。

兵从幕帐后杀出，在宴会上杀了义渠王。秦再趁义渠国混乱之际，发兵进攻，彻底灭掉了义渠，并在义渠聚居地设置了陇西郡（今甘肃东南部）、北地郡（今甘肃东北部）、上郡（今陕西榆林东南），从而解除了秦东面以制诸侯的后顾之忧。

宣太后执政40年，秦国实力得到很快发展，在东控诸侯中，攻打并蚕食了韩魏的大片领土；同时向南打击削弱楚国；西北部除灭义渠之外，消灭戎狄诸多有生力量。时关东六国盛传“知晓秦有宣太后，而不知尚有秦昭王”。

战国中期　桃形卷云纹玉璧（长武县亭口樊罗村出土）

虽然在昭襄王能够独立执政的时候，宣太后还政于昭襄王。但昭襄王自认对国家大事做不了主，依旧“旦暮自请太后”。可见，实际权力仍掌握在太后手中。

昭襄王四十一年（前266），襄王拜范雎为相，废宣太后。次年，宣太后病逝。坐了40年冷板凳的昭襄王依然孝心可嘉，将母亲下葬在骊山西麓的秦东陵。

春秋晚期　玉佩、玛瑙串饰（宝鸡市益门村出土）

知识链接

【垂帘听政】

国君去世后，如果继位者年纪幼小，可以由其母辅政。但是根据宫廷的规定，朝中官员不得直接观面和接触太后，所以辅政的太后一般坐在理政厅堂侧面的房间里，在房间和厅堂之间挂一帘子，听官员们与国君谈论政务。这种由母亲帮助国君辅政的制度，就被人们形象地称为“垂帘听政”。

秦　神仙骑凤纹空心砖（咸阳市秦咸阳宫一号建筑遗址出土）

世界大事记

前486—前465年，波斯国王薛西斯一世在位。

越王勾践。

权势赫赫 富于王室

四任丞相的穰侯魏冉

魏冉是宣太后的弟弟，先世为楚国人，芈姓，后改姓魏。当时在秦国诸宗室贵戚中，魏冉最为贤能，秦惠文王、武王时他即已在朝中任职当权。

勇猛善战 权倾朝野

武王因举鼎绝膑而亡后，秦国宫廷大乱。面对空缺的王位，后宫展开了激烈争夺。在魏冉的帮助下，宣太后的长子嬴稷继位，是为昭襄王。

昭襄王初年，魏冉担任将军，拱卫咸阳。昭襄王二年（前305），魏冉率军平定了以公子壮为首的叛乱，其声威一时震动秦国。

昭襄王七年（前300），魏冉出任丞相，昭襄王十五年被罢相。次年，魏冉复任丞相，并被赐封穰地（今河南邓州），号为穰侯。此后他又两次为相。

昭襄王十八年（前289），魏冉率军进攻魏国，迫使魏国献出河东方圆400里土地，后又占领了魏国的河内地区，并攻下魏国60多座城邑。次年，在魏冉的操持下，秦、齐同时称帝，秦昭襄王自称西帝，尊齐湣王为东帝，准备联合五国伐赵，后被苏秦的合纵破坏。

战国　铜盉（咸阳市秦咸阳宫遗址出土）

后来，燕将乐毅率领燕、秦、韩、赵、魏五国联军攻破齐国，秦军占领了陶（今山东定陶）。昭襄王二十六年（前281），宣太后将陶地封给魏冉。昭襄王三十二年（前275），魏冉率军攻魏，魏将芒卯败逃。次年，又带兵伐魏，斩敌四万，昭襄王又为他加封城邑。昭襄王三十四年，魏冉又与白起、客卿胡阳攻打赵、韩、魏，斩敌十万。

由于魏冉战功卓著，所受封赏极其丰厚，据说他的财富超过了王室之家。虽然昭襄王时不断地更换相国，但魏冉曾四次出任，以致他在朝野中久负

战国　夔龙纹璜形佩

长安区沣西配件厂出土。长11厘米，宽2.4厘米，厚0.4厘米。佩呈扁平璜形，一端为夔龙首，另一端为鱼尾状。两面均饰谷纹。

盛名，尊贵无比。

罗致将才 保全声誉

魏冉长期掌握秦国的兵权，秦国的高级将领多出自魏冉门下，如惠文王朝的司马错、武王朝的任鄙等。

在魏冉提拔的大批青年将领中，白起是最出色的一个。由于魏冉的悉心培养，白起成为可以独当一面的青年将领。在伊阙之战前，魏冉力荐白起为将，而昭襄王要重用自己的亲信向寿。魏冉说服了宣太后，昭襄王遂让白起代向寿为将。

魏冉在多年的军事生涯中，明白军事将领越是出名越是没有好下场，自己在秦国已经是最尊贵的大臣了，而战争必然会有胜负，胜则无益，败则影响自己的声誉。于是魏冉让白起出任主将，自己仍掌握军权，且不必因他人的战绩影响自己的富贵。

昭襄王四十一年（前266），在范雎（音suī）的劝说下，昭王免除魏冉相国职务，并责令他回到封地陶。据说魏冉出关时，财物车载达千乘之多。后来魏冉死于陶地。

战国 龙纹工字形管衔环玉佩

1982年长安区韦曲战国墓出土。高5.2厘米，宽3.1厘米，厚1.2厘米。玉呈青褐色，表面有少量受沁的白斑，形若铺首，上部为工字管，下雕一长方形钮，套雕一能转动的素面玉环，工字形管和长方形钮上均阴刻几何状的秦式龙首纹。

战国 叶状青铜器（咸阳市钓鱼台乡资村沙河古桥遗址出土）

知识链接

【陶地】

陶，又名陶丘，是一座历史悠久的古城。从春秋至西汉的800多年间，陶一直是中原地区的水陆交通中心和全国性经济都会，享有“天下之中”的美誉。春秋末期，范蠡助越灭吴后，辗转至陶，并在此定居经商，“十九年间，三致千金”，被后人尊为商祖，死后葬于陶，定陶之名由此而始。战国时期陶曾作为秦国的飞地，公元前221年秦始置定陶县。

世界大事记

前478年，以雅典为核心的提洛同盟建立。

范蠡。

前423年，韩伐郑，杀郑幽公。

散财养士 危难得救

孟尝君入秦拜相遇险记

秦昭襄王欲任用齐国公子孟尝君田文为相，不料却衍生出一段历险的有趣故事。

孟尝君出使秦国

孟尝君是齐国宗室大臣，他仗义疏财，广揽宾客，甚至包括一些戴罪逃亡之人，并给以优厚的待遇。贤士们都乐意归附他，因此孟尝君的名声很快传遍天下。

秦昭襄王听说齐国最有势力的大臣是孟尝君，就邀请孟尝君到咸阳来，说是要拜他为丞相。为此还将泾阳君派到齐国去做人质。

战国 谷纹剑首

1976年西安市未央区汉墓出土。一件直径4.1厘米，厚1厘米；另一件直径5.7厘米，厚1.7厘米。玉质晶莹，制作工艺精良。

孟尝君准备去秦国，但门客都不赞成他出行，然而他不听规劝，执意前往。这时有个叫苏代的宾客对他说："今天早上我从外面来，见到一个木偶人与一个土偶人正在交谈。木偶人说：'天一下雨，你就要坍毁了。'土偶人说：'我是由泥土生成的，即使坍毁，也要归回到泥土里。而你呢，若下起雨来，水流冲着跑，可不知道会被冲到哪里去了。'当今的秦国，是个如狼似虎的国家，而公子却执意前往，一旦公子有什么不测，能不被土偶人嘲笑吗？"孟尝君于是停止了出行的准备。

孟尝君热情招待宾客

秦昭襄王八年（前299），齐王派孟尝君到了秦国，秦昭襄王立即让孟尝君担任秦国丞相。臣僚中有人劝昭襄王道："孟尝君的确贤能，可他是齐王的同宗，秦国任他为相，谋划事情他必定是先替齐国打算，而后才考虑秦国，那时秦国可要危险了。”于是秦昭襄王就罢免了任丞相不久的孟尝君，并将其囚禁起来，试图杀掉。

鸡鸣狗盗 公子脱险

孟尝君见情况危急，就派人去见昭襄王的宠妾请求解救。那个宠妾提出条件说：“我希望得到孟尝君的白色狐皮裘。”孟尝君来秦国时，带有一件白色狐皮裘，价格昂贵，天下无双。到秦国后孟尝君就把它献给了昭襄王，再也没有别的皮裘了。孟尝君正为此事发愁，恰好随从的宾客中有一个会披狗皮的，这位宾客就说：“我能拿到那件白色狐皮裘。”于是他当夜化装成狗，钻入了秦宫中的仓库，取出孟尝君献给昭襄王的那件狐皮裘，拿回来献给了昭襄王的宠妾。

函谷关

古函谷关在今河南省灵宝市东北。战国时秦置。

宠妾得到皮裘后，替孟尝君向昭襄王说情，昭襄王便释放了孟尝君。孟尝君获释后，立即更换了出境证件，变换姓名乘快马逃出咸阳。可是过了一会儿，昭襄王后悔放走了孟尝君，忙派人驾上传车飞奔去追回他。

秦 蟠螭纹铜镜（凤翔县出土）

夜半时分，孟尝君一行来到了函谷关。按照关法规定，鸡叫时才能放来往客人进出关门。孟尝君恐追兵赶到，万分着急。这时宾客中有一人会学鸡叫，他一学鸡叫，附近的鸡跟着一齐叫了起来。关门打开，孟尝君便立即出示证件，逃出了函谷关。出关后不久，秦国追兵果然到了函谷关，但已落在孟尝君的后面，无奈只好回去了。

当初，孟尝君把这两个会扮狗行窃和能学鸡鸣叫的宾客纳入门下时，宾客们无不感到羞耻，然而孟尝君入秦遇难，正是靠着这两个鸡鸣狗盗之辈获得了解救。从此宾客们无不佩服孟尝君广招宾客不分人等的做法。“鸡鸣狗盗”成语由此传开。孟尝君回到齐国后，齐王任用他为丞相，执掌国政。

知识链接

【函谷关】

函谷关是秦汉时期东西交流的重要关口，因在谷中，深险如函而得名。起先位于今河南省灵宝市境内，汉武帝时搬至今河南新安县。函谷关扼守崤函咽喉，西接衡岭，东临绝涧，南依秦岭，北濒黄河，地势险要，道路狭窄，素有“车不方轨，马不并辔”之称。

世界大事记

前460—前400年，古希腊历史学家修昔底德在世。

矩（巨或钜）子。

一代神将 声震天下

常胜将军白起

白起是秦国郿县（今陕西眉县）人，秦昭襄王时期的著名将领。古语说："关东出相，关西出将。"白起就是地地道道的陕西名将，也是中国历史上著名的军事统帅之一。

身经百战无不胜

白起善于用兵，其戎马生涯，战绩辉煌。

昭襄王十三年（前294），白起任左庶长，领兵攻打韩国的新城(今河南伊川)。次年，他由左庶长升迁为左更，带兵攻韩、魏，全歼韩魏联军于伊阙（今河南洛阳以南），斩获首级24万，俘大将公孙喜，因功晋升为国尉。昭襄王十五年（前292），白起升为大良造，领兵攻陷魏国，占据大小城池61座。

战国　勾连纹铜敦（陕西历史博物馆藏）

昭襄王二十一年（前286），白起率兵进攻赵国，占取光狼城（今山西高平西）。昭襄王二十八年，又率军攻楚，拔鄢、邓等五座城池。次年攻陷楚国都城郢（今湖北江陵西北），白起因功受封为武安君。在这次攻楚当中，他又趁势平定了楚国的巫、黔中（今四川、贵州地区）二郡。昭襄王三十四年，白起率军攻打赵魏联军，大破联军于华阳（今河南新郑北），斩首13万。昭襄王四十三年，他又进攻韩的陉城（今山西曲沃境内），攻陷五城，斩首五万。昭襄王四十五年，率兵平定韩国的野王（今河南沁阳），使韩国的上党郡（今山西长治）与韩国的联系被切断。

长平之战坑降卒

昭襄王四十七年（前260）四月，秦派左庶长王龁（音hé）攻打赵国的长平（今山西高平）。赵派大将廉颇率兵抵抗。廉颇根据敌强我弱、初战失

长平大战

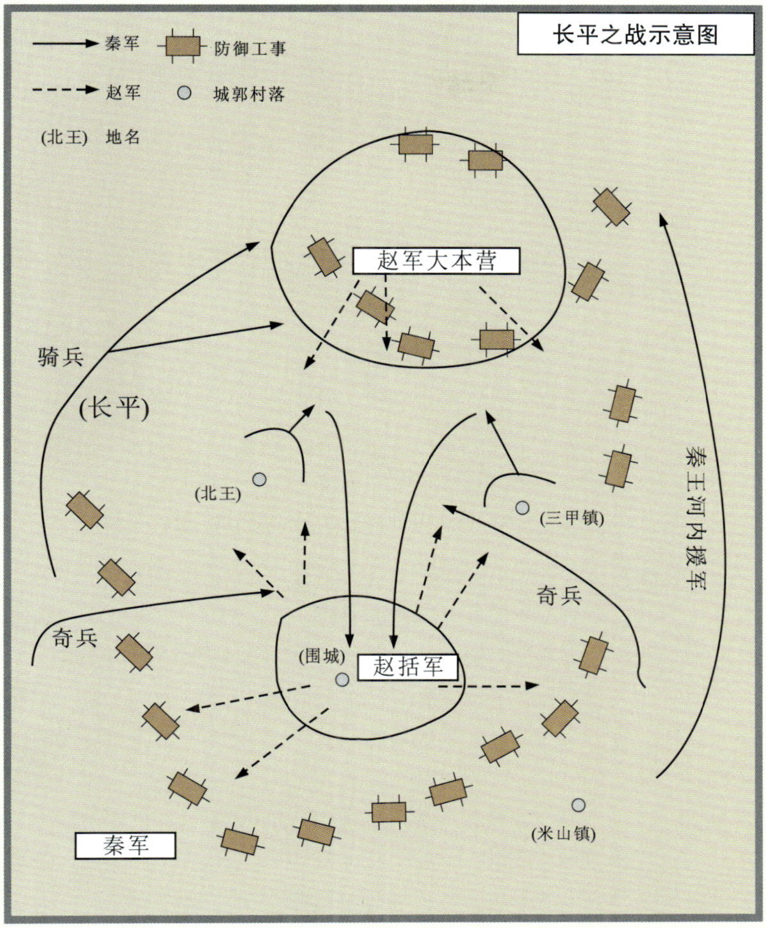

利的形势，采取坚守营垒以待秦兵进攻的战略。秦军多次挑战，赵国始终不出兵。

这时，秦相范雎派人携千金向赵国权臣行贿，并散布流言说："秦国最痛恨、最畏惧的不是廉颇，而是赵括，廉颇容易对付，他就要投降了。"赵王本就怨怒廉颇坚壁固守不肯出战，现在又听到外面散布的流言，盛怒之下，便派赵括替代廉颇为将。秦见赵王中计，暗中命白起为将军，王龁为副将，以备迎击赵军。

赵括上任后便发兵进击秦军。白起采取后退诱敌、分割围歼的战法，令军队假装战败而逃，同时布置了两支突袭部队围截赵军。当赵军追到秦军营垒时，其与后方赵军的联系被秦军切断，同时粮道也被阻隔。秦军又派骑兵不断骚扰赵军，秦昭襄王还亲自督战，并征发秦国15岁以上的男丁从军，倾全国兵力与赵作战。

赵括见战事危急，只得筑壁垒坚守，以待救兵。至九月，赵军已断粮46天，士兵饥饿不堪，甚至自相杀食。赵括走投无路，亲率精兵出战，不料被秦军射杀，赵军大败，40万士兵全部投降白起。然而白起不纳受降之卒，40万受降者中，除240多个体弱年幼的士卒被放还归家外，其余皆被坑杀。赵国上下为之震惊，从此赵国一蹶不振。

白起墓

白起，一称公孙起，郿人。秦国名将，辅佐秦昭襄王攻伐六国，连续夺得韩、赵、魏、楚地，因军功封为武安君。后因故托病不出，被罢免官爵。后又被昭襄王赐死。白起墓在今咸阳市渭城乡三姓庄村，夯筑圆丘封土，残高五米。

世界大事记

前451—前450年，罗马制定并颁布《十二铜表法》。

春秋时期吴国的将军孙武。

武安君“死非其罪”

昭襄王四十八年（前259），秦军攻下韩国的上党郡后，又兵分二路攻打赵国。

韩、赵两国惊恐万分，连忙派苏代用重金贿赂秦相应侯范雎。苏代对范雎说：“白起擒杀赵括，围攻邯郸，为秦攻拔70多城，虽周公、召公、吕望之功也不能超过他。若赵国灭亡，白起必为三公，你愿意在白起之下吗?”范雎心存私利，便请求昭襄王允许韩、赵割地求和。白起闻知此事，从此与范雎结下仇怨。

这一年十月，白起有病不能出征，昭襄王便派五大夫王陵带兵攻打赵国都城邯郸。第二年正月，昭襄王又增兵支援，结果王陵损失五个军营仍未能攻克邯郸。昭襄王想以白起代替王陵，白起借口有病推辞，并派人劝说昭襄王放弃攻打邯郸。后昭襄王又派范雎去请，结果白起仍称病不起，拒绝出征。于是昭襄王免去白起官爵，并命他迁居阴密（今甘肃灵台西）。白起因病未能成行，滞留咸阳三个月，期间诸侯不断向秦军发起进攻，秦军节节退却。昭襄王盛怒之下派人驱逐白起，令他不得留在咸阳。白起被迫启程，当行至杜邮（今咸阳东北）时，昭襄王派使者赐给白起一把宝剑，令他自杀。白起仰天叹道：“上天，我犯了什么罪而至于死啊？”思考良久，他自语道：“我确实该死。长平一战，赵国40多万士卒都投降于我，我却用欺诈之术将他们全部活埋，这足够死罪了。”说完便自杀了。

白起死后，秦国百姓感念他的战功，纷纷立庙来祭祀他。至今咸阳还有白起墓和白起祠。

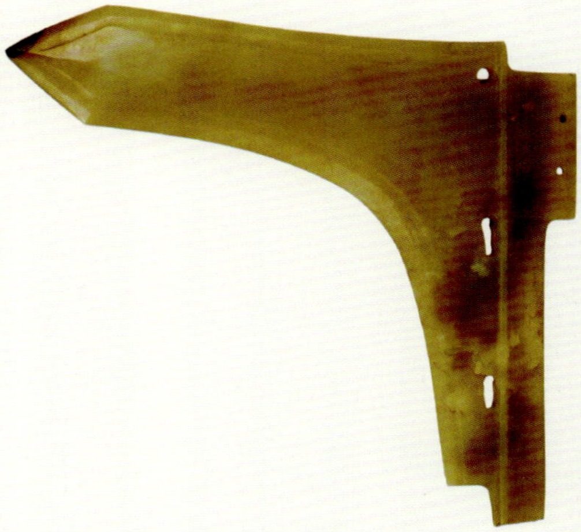

战国 玉戈（凤翔县南指挥村秦公一号大墓出土）

白起画像

知识链接

【白起渠】

白起渠是战国时期秦国著名的水利工程。秦昭襄王时，白起为攻楚而凿，故名。其址在今湖北宜城西南20公里处。当时白起命人凿渠两道，引西山长谷水“争溉鄢城”，故又名“长渠”。以后历代用以溉田，大获裨益。

应侯范雎
『远交近攻』的谋国之材

范雎本是魏国人，学纵横术。他因向秦昭襄王提出“远交近攻”的策略，得到昭襄王的重用。

客于须贾 因才受辱

由于家境贫寒，范雎年轻时就投奔魏国中大夫须贾，做了他的门客。一次，范雎跟随须贾出使齐国，一连几个月未能见到齐襄王，范雎于是施展辩才，很快得到齐襄王的召见。齐襄王佩服范雎的辩才，派使者赐给范雎十斤黄金、诸多牛肉和酒，范雎知道作为外交使节，不能接受别国礼物，于是婉辞。须贾听说此事后非常嫉妒他，回国后便诬告范雎接受齐国贿赂，里通外国。丞相魏齐得禀后，恼羞成怒，令人鞭打范雎。范雎被打断了肋骨。无奈的范雎装死，魏齐于是命令将他用席子卷起来扔进茅厕，并让宾客对着范雎小便。遭到这样的奇耻大辱，范雎反而出奇的冷静，他对看守他的小吏说：“大人如果能救我，我一定会重重报答。”于是小吏向魏齐禀告，请允许清理出厕所里的“死人”。这样，范雎才得以逃脱。逃亡途中，他改名张禄。

在朋友郑安平的帮助下，范雎见到秦国的使者王稽，一番高谈宏论之后，王稽折服，并设法将范雎偷运出魏国，送入秦国。

远交近攻 拜相封侯

昭襄王三十七年（前270），秦国军队夺取了齐国的纲、寿两个城邑，并把这两地归入穰侯魏冉的封地陶。

范雎听说这件事后，立即上书秦昭襄王，得到召见。他向昭襄王说道：“我听说大王发兵攻下了纲、寿，并将之封给了穰侯，这大概是穰侯的

战国 绹（音táo）纹敦

1979年6月西安市文物商店移交，高18厘米，口径16.7厘米。敦，是古代青铜盛食器皿，用于盛放黍、稷。器略呈圆球形。盖顶有小系带环，近缘处有三只卧虎钮，倒置可做盘用。腹两侧有铺首，下有兽蹄形矮足三个。盖面、口缘下及腹部共饰四道绹纹，这种纹饰亦称绳纹，用波线交错钮结成绳索状。

世界大事记

前449年，希腊舰队击败波斯军，希波战争结束。

湖北大冶。

前409年，魏伐秦，筑临晋、元里两城。

战国　错金银镶嵌带钩（西安市征集）

主意吧？秦国四面有天然屏障，土地肥沃，人民勤劳，将士勇敢，这些都是成就霸业的条件。但是，最近几十年为什么不见秦国有大的作为呢？我认为一方面是因相国对大王不忠，另外也是由于大王策略不当所致。”昭襄王问道：“寡人的策略有何不当？”范雎答道：“齐国远在东方，与秦国相隔数千里，中间有韩、魏两强国阻挡。要攻齐国就必须长途跋涉，如果兵力太少，难以取胜；如果出兵太多，本土又不安稳。韩、魏两国若趁秦国国内空虚进攻关中，大王将如何对付？当年齐湣王一举攻下楚国千里土地，最后却连一寸土地都没有保住，并非他不想要这些领土，而是远离本土财力匮乏，韩、魏两国却能坐享其成。”昭襄王听范雎说得很有道理，便问道：“那么，下一步该怎么办？”范雎这才说出了他的主张：“远交而近攻。”远交就是交好远处的国家，如齐、燕，使之对秦国放心；近攻就是攻击邻近的敌人，如韩、赵、魏。这样不论近攻取得多少土地，都可以和本土连成一块，易于保住战果。秦昭襄王完全被范雎说服了，即刻拜他为客卿，并决定采纳他的“远交近攻”策略。

为进一步取得昭襄王的信任，范雎又对昭襄王述说太后擅权，王室“四贵”权大势重，长此以往昭襄王的国君位置恐有危险，一席话正中昭襄王的心思。于是昭襄王于四十一年（前266）下令废掉宣太后，驱逐穰侯、高陵君、华阳君、泾阳君于关外，并拜范雎为丞相，封他于应（今河南宝丰西南），号为应侯。

荐举不慎　终获杀罪

范雎是谋才，亦是性情中人，一饭之德必偿、睚眦之仇必报。年轻时客于魏人须贾门下，须贾嫉妒，范雎因才受辱。出任秦国丞相后，一次，大宴各国使臣，范雎安排给魏使须贾桌前放一堆草料，强行让他吞吃。

对曾有恩于自己的人，范雎常散财给予报答，并侍机向秦王推荐。他的恩人郑安平和王稽就是这样，后来一个做了河东太守，一个成了将军。然而，王稽后来私通魏国，郑安平在一次战斗中投降赵国，两位恩人给范雎带来了灭顶之灾。不久，范雎因此获罪被杀。

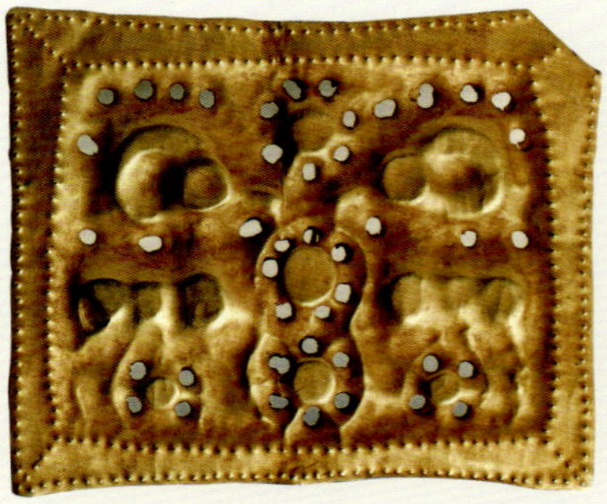

战国　镂空对兽纹金牌饰（府谷县海则乡出土）

知识链接

【范雎】

范雎（音jū）和范睢为同一人，之所以出现不同的名字，是由于《战国策》与《史记》中的记载不同。战国、秦、汉人所以多以且为名，是因为上古时，人类曾有过生殖崇拜习俗阶段。父系社会时，人们以为人是男性生殖器造出来的，故崇拜男性生殖器，而“且”实为男性生殖器的象形字。

战国中晚期 鸟盖瓠（音hù）壶

1967年绥德县出土。高37.5厘米，口径5.8厘米。壶体似瓠，颈斜长，敞口，盖为伏鸟形，鸟喙可以开合。器腹有双头龙鋬（音pàn），鋬上套链与器盖相连。器腹饰浮雕状蟠螭纹带六条。该壶造型别具特色，纹饰纤细秀丽，是战国时期的青铜器珍品。

羁旅入秦 一言成蹊

蔡泽智说应侯

蔡泽是继范雎后被任为秦相的另一位辩士，他仅凭一席引古道今、机智通达的高宏阔论就说服应侯范雎，进而得到昭襄王的重用，很快官至卿相。

唐举相面 遭厄不馁

蔡泽是燕国人，曾游学列国并向许多大小诸侯国谋求官职，但均未得重用。时燕国有一个会相面的先生叫唐举，蔡泽就请唐举给他相面。唐举仔细打量他一番后笑着说："先生长着一副朝天鼻、端肩膀、凸额头、塌鼻梁、罗圈腿，我听说圣人不在面相，大概指的就是先生您吧！"蔡泽知道唐举是在戏谑自己，便说："富贵是我本自持有的，只是我还不知道自己的寿限，请您为我卜算一下。"唐举说："先生的寿命，自此以后还有43岁。"

蔡泽辞谢唐举后便对他的车夫说："我吃着粱米肥肉，驾着马车奔驰，手持黄金大印，腰系紫色绶带，在人主面前备受礼遇，享受荣华富贵43年，我已经很满足了。"于是他去游说赵国，不料却被驱逐出境；随即他又前往韩国和魏国，但在途中他的釜、鬲等炊具又被盗贼抢走。这时蔡泽听说秦相应侯范雎所举荐的郑安平和王稽皆犯有重罪，应侯内心忧惧不已，正处于难堪之境。蔡泽深知此时正是谋取富贵的好时机，于是他西去秦国。

巧施智辩 拜相封君

蔡泽准备去拜见秦昭襄王，便先派人在应侯面前扬言一番，说："燕国来的宾客蔡泽是一个见识超群、极富辩才的智士，只要他被秦王召见，秦王一定会使您处于困境而剥夺您的相位。"应侯听后不悦，便让人宣召蔡泽。

蔡泽见到应侯后只作揖而不跪拜，应侯见他

战国 郭大夫甑

1979年6月西安市文物商店移交。高19厘米，口径26厘米。甑是古代蒸饭用的器皿。该甑体略呈半球形，直口方唇，深弧腹，高圈足。腹体一周凸棱纹，两侧有一对铺首衔环，腹底中部有箅形隔。器颈部有两处阴刻铭文，一处为"郭大夫"三字，另一处为"郭大夫其复铭也"七字。铭文的字体是战国时燕国文字的特征。

战国 龟形带甗灶（宝鸡市杨家沟出土）

态度傲慢，便训斥他说：“你就是扬言要取代我为秦相的蔡泽吗？”蔡泽回答说：“是的。”他随后讲了一番大道理：“春夏秋冬，四季更替，各有使命，天下士人没有不明白这个道理的。凡君主秉持仁义，推行正道，广施恩德，天下人人拥戴，这同样是天下明智之士所期待的。调顺万物，各得其所；名实相符，完美无缺；荣华富贵，尽享天年。这些难道不是圣人所说的吉祥善事吗？”应侯称许。

蔡泽遂切入正题：“如此说来，秦国的商鞅、楚国的吴起、越国的大夫文种，他们的悲惨下场怎么能让人羡慕呢？”应侯知道蔡泽想非难说服自己，辩说道：“公孙鞅奉事秦孝公，一生忠直无二心，设立酷刑以禁绝奸邪，严明赏罚以使国家清平，终于为秦开拓了千里疆域；吴起侍奉楚悼王，使私人不得损害公家，奸佞不得蔽塞忠臣，言行不得苟且保身，秉持大义而不躲避灾难，终使楚国成为霸主强国；文种奉事越王，即使君主遭受困辱也忠心依然，即使君主面临断嗣亡国也不骄慢懈怠。若此三位先贤，皆是道义的标准、忠节的榜样。因此君子为大义而死难，生虽受辱不如死而光荣。三位先贤的下场为什么不可让人倾慕呢？”蔡泽说：“君主圣明通达，臣子贤能正直，这是一国的福气。可是比干忠诚却不能保有殷朝，子胥多智谋却不能保全吴国，申生孝顺可是晋国大乱，这是为什么呢？因为没有贤明的国君！天下人唾弃这样的国

战国 陶囷（音qūn）（泾阳县出土）

世界大事记

前447年，雅典卫城帕特农神庙落成。

“闾”为里巷的门，穷人居左，富豪居右，故以“闾左”代指穷人。

前404年，魏、赵、韩联合伐齐，入齐长城。

战国　陶鸭蛋壶（咸阳市塔儿坡出土）

君，怜惜同情那些忠臣。商鞅、吴起、文种三位先贤建立了不朽功业却不得善终，难道让人们羡慕他们无辜受死吗？如果只有用死才可树立忠诚的美名，则微子不能称为仁人，孔子不能称为圣人，管仲也不能称为伟大的人物了。人们建立功业，难道不期望功成人在吗？性命与功名都能保全的，这是上等；名声被后世传颂而性命不能保全的，这是次等；名声被世人诟病而性命得以保全的，这是下等。”应侯被蔡泽的一番智辩宏论所折服，禁不住点头称是。

蔡泽见机又对应侯晓以利害，述说当前应侯所面临的窘境，奉劝应侯应以商君、吴起、文种等前贤的下场为鉴，功成身退，如此可长保爵位，世代称侯。应侯终于被蔡泽说服，即延请蔡泽入坐，待为上客。

过了几日，应侯上朝时便向秦昭襄王举荐蔡泽，并说此人完全可以托付秦国大政。秦昭襄王于是召蔡泽入朝，蔡泽的慧言智风让昭襄王欣喜不已。不几日蔡泽便被拜为客卿。应侯辞去相位后，昭襄王即任蔡泽为丞相。在蔡泽的谋划下，昭襄王东向灭掉了西周国。

蔡泽在秦国只当了几个月的丞相，便有人在昭襄王面前恶语中伤他。蔡泽恐被诛杀，遂借口病重辞归相印，被赐号为“纲成君”。蔡泽在秦国居住了十多年，历事昭襄王、孝文王、庄襄王、秦王政四世。

战国　铜熏炉（咸阳市出土）

知识链接

【春申君】

春申君，名黄歇，楚考烈王时，被任命为丞相，封号“春申君”。春申君以礼贤下士、招致宾客、辅佐治国而声闻于世。楚顷襄王时，秦昭王派大将白起联合韩、魏两国共同讨伐楚国。楚国形势危急，顷襄王派能言善辩的春申君出使秦国，说服秦昭王退兵。顷襄王病重，春申君设计使留在秦国作为人质的楚太子完逃回楚国即位，是为楚考烈王。

历史百科问答：战国时期百家争鸣的主要学术园地在哪里？

统一大业的奠基时期

秦昭襄王时代的辉煌业绩

秦昭襄王在位时间长达56年。在他执政期间，秦国的综合实力取得了突飞猛进的发展，为最终统一六国打下了坚实的基础。

攻交兼用的谋略

经过孝公时期的改革、惠文王和武王时期的发展，秦国不仅完全占有关中，还灭了西南的巴国和蜀国，占领楚的汉中，在东方也攻占了一些战略要地，势力已真正发展到中原地区。昭襄王初年，秦的国力与齐、楚两强相差无几，军事实力与赵并驾齐驱。

战国时期各国矛盾错综复杂，尔虞我诈，因此秦国要取得战争的胜利，必须巧妙地运用外交、军事策略，将其各个击破。以秦当时的力量，尚不可能同时与各国为敌。昭襄王在执政期间，灵活运用远交近攻和近交远攻相结合的策略，给予以齐、楚、赵为代表的东方各国以沉重打击。

各个击破的战略

昭襄王初年，秦齐两强东西遥相对峙。魏、韩连年受欺于秦，站在齐国一边；楚因汉中被秦夺去而与秦反目，采取亲齐方针。秦国想要扩张，必须在邻国楚、魏、韩中确定一个攻击对象。

为了破坏上述各国的联盟关系，昭襄王于是选择将楚国作为目标。当时楚国统治者比较腐朽昏庸，昭襄王登基后便厚赂楚国，与楚国联姻，拉拢楚背齐亲秦。昭襄王九年（前298），秦国以一纸书信诱骗楚怀王入秦，并将他扣留，要挟楚交献土地未遂，便发兵取析（今河南内乡）15城，斩首五万。

昭襄王十一年（前296），在纵横家苏代策划下，齐、韩、魏、赵、宋五国攻秦，秦采取以土地换和平手段，归还魏的封陵与韩的武遂，化解了五国的进攻。三年后，秦在伊阙之战中给韩魏联军以致命打击，斩首24万，继而攻占韩魏数城，迫使魏

秦 蟠螭纹铜甬钟

临潼区秦始皇兵马俑一号坑内的战车前出土。高27厘米。甬钟长甬（即柄）中空，中部饰一凸棱及半环，钟体饰蟠螭纹。该甬钟是秦军中指挥进退的打击乐器。

世界大事记

前443—前429年，雅典进入伯里克利时代。

稷下学宫。

前403年，周威烈王封赵、韩、魏为诸侯，战国七雄形成。

战国　兽纹带钩（西安市征集）

割让河东400里地，韩割武遂地200里。此后几年秦连续对魏、韩用兵，占魏61城，迫使魏献出旧都安邑。

随后秦将打击矛头指向最强的齐国。昭襄王二十三年（前284），秦改而奉行近交远攻的策略，利用东方各国的矛盾，使之参加燕国发动的对齐战争。此战秦出力不多，但从战略分析，获利最大，虽未占城掠地，却使齐国从此一蹶不振。

远攻之后秦再次转向近攻，公元前280年和前279年分别从水陆两路大举伐楚，楚国丧师失地，首都郢也被秦占领，楚顷襄王仓皇逃窜，被迫迁都于陈。秦在新占楚地上建立黔中郡和南郡，楚国势力由此大衰。

战国　宽骹（音qiāo）矛（西安市征集）

秦楚鄢郢之战后，秦以近20年的时间持续攻击韩魏两国，特别是着重打击势力较强的魏国，向中原纵深挺进，侵占两国大量土地，还两次兵临大梁城下。秦向东迅猛扩张，与赵发生了冲突。昭襄王四十七年（前260），秦在长平大战中活埋40余万赵国降卒，险些灭掉赵国，赵国从此衰败不振。

至此，东方三强国都受到严重创伤，韩、魏更加衰弱，秦已无一强硬对手，统一战争的重大障碍已被扫除。

清明高效的内政

昭襄王时期不但军事成就卓著，而且国内政治也廉明高效。荀况在考察过秦国社会状况后，对昭襄王治理下的秦国吏治民风给予了很高评价。他认为秦民淳朴，官吏恭俭忠信，不结党营私，官府办事效率高。可见昭襄王时国内政治清明，所以秦军才有如此辉煌的战果。

昭襄王时代是与六国决胜的时代，其后三代秦王（孝文王、庄襄王、秦王政），特别是秦王政时代，秦统一已是大势所趋。秦以破竹之势摧枯拉朽，很快扫灭六国统一天下。秦王政的时代是完成期、收获期，其胜利的坚实基础在昭襄王时期早已奠定。

知识链接

【荀子】

荀子，名况，字卿。战国时期著名思想家、文学家、政论家，儒家重要代表人物之一，提倡性恶论。其思想学说以儒家为本，兼采道、法、名、墨诸家之长。约公元前264年，应秦昭王聘，西游入秦，称秦国“百姓朴”“百吏肃然”，是“治之至也”。

商人谋国

吕不韦成功的政治投机

吕不韦本是韩国阳翟（今河南禹州）人，经商出身。在一次偶然的商业活动中，他认识了秦国王室的一位落难公子，从此他的人生发生了奇迹般的变化。

结识秦异人

吕不韦年轻时同父亲一道经商，来回奔走于韩、赵、魏、秦等诸侯国，遂成为“家累千金”的富商大贾。但致富之后的他已经不热衷于纯粹的经商，而是改弦更张，另有所谋。

自从在赵国都城邯郸结识了入赵做人质的秦公子异人后，吕不韦以商人的头脑和敏锐，顿感此人“奇货可居”，进而产生了政治投机的图谋。回到家后，他询问父亲：“农夫种地能赚多少利？”他父亲说：“最多十倍。”又问父亲：“做珠宝生意呢？”父亲答：“大概有百倍吧。”“那么拥立一个国王呢？”“当然有说不清的利益了。”父亲答道。于是吕不韦毫不犹豫的重返邯郸，思谋着如何利用异人做一次有“说不清利益”的政治生意。

散财谋君位

异人是秦太子安国君的庶子，其生母地位卑微。此时在位的秦昭襄王已年逾花甲，安国君也已40多岁了，王位更替是随时可能出现的事。然而安国君所宠幸的华阳夫人尚无儿子，其继承人便是一大问题。异人由于出身庶门，为质于赵，门庭冷落车马稀少，加之秦赵之间为了争夺领土，战争连年不断，因而异人的生命很难保证，更谈不上前途了。

吕不韦于是亲自登门拜访异人，他对异人说：“公子，我能光大你的门庭。”异人笑着对他说：“请你姑且先光大自己的门庭，然后再来光大我的门庭吧！”吕不韦说：“公子有所不知，我的门庭要等待你的门庭光大了才能光大啊！”异人顿时心有所悟，便拉着吕不韦的手坐下来推心置腹地交谈。吕不

战国 银公鹿

1957年神木县纳林高兔村出土。高8.5厘米，长10厘米。银公鹿体态匀称，四肢蜷曲作伏卧状，大鼻孔，双耳直立，眼形椭圆，昂首前视；颈与四肢细长，长蹄突出如柳叶状。双角弯曲后倾，分为五叉。银鹿的造型准确，机警的神态被刻画得惟妙惟肖。

世界大事记

前431—前404年，伯罗奔尼撒战争。

市籍。

前391年，秦攻韩宜阳，取六邑。

吕不韦与异人

助，许诺若得到王位，要与吕不韦共同分享。

富商变说客

吕不韦到咸阳后，用金银珠宝贿赂华阳夫人和她的弟弟阳泉君。吕不韦对阳泉君说道：“大人将要大难临头，难道还不知道吗？大人一家现在均居高位，家中藏有无数珍宝、美女、骏马，而太子子傒的门下却没有做高官的，这都是因为华阳夫人受宠的缘故。然而华阳夫人无子，子傒若被选为继承人，将来一旦登上王位，恐怕大人的地位和生命都要危险了。”阳泉君听后大惊，忙问吕不韦如何转危为安。吕不韦说：“现在异人在赵国做人质，他极想归秦，愿做华阳夫人的儿子。华阳夫人若能认他为子，且立为太子，将来由他继承王位，就可以继续保持华阳夫人的权势。”阳泉君听后觉得很有道理。

随后，吕不韦又如此劝说华阳夫人的姐姐。在这姐弟俩的劝说下，华阳夫人意识到，美色不终老，年老色衰，君王移爱难以避免，如果能立异人

韦说：“昭襄王已经年老，公子的父亲安国君已被立为太子。我私下里听说安国君宠幸华阳夫人，能操纵立嗣大权的只有华阳夫人一人。但华阳夫人无子，现在你们兄弟20余人，你又排行居中，不被安国君看重，且久质于赵国更无出头之日。因此即使昭襄王死了，安国君被立为王，公子的前途也很渺茫啊！”异人听后不禁黯然失色。吕不韦觉得时机成熟，就拿出经商赢利的“千金”来资助异人。其中的500金给异人，让他在赵国进行社交活动，结交宾客；另500金吕不韦用来买些珍宝玩物，到秦国去游说华阳夫人。异人非常感激吕不韦的慷慨帮

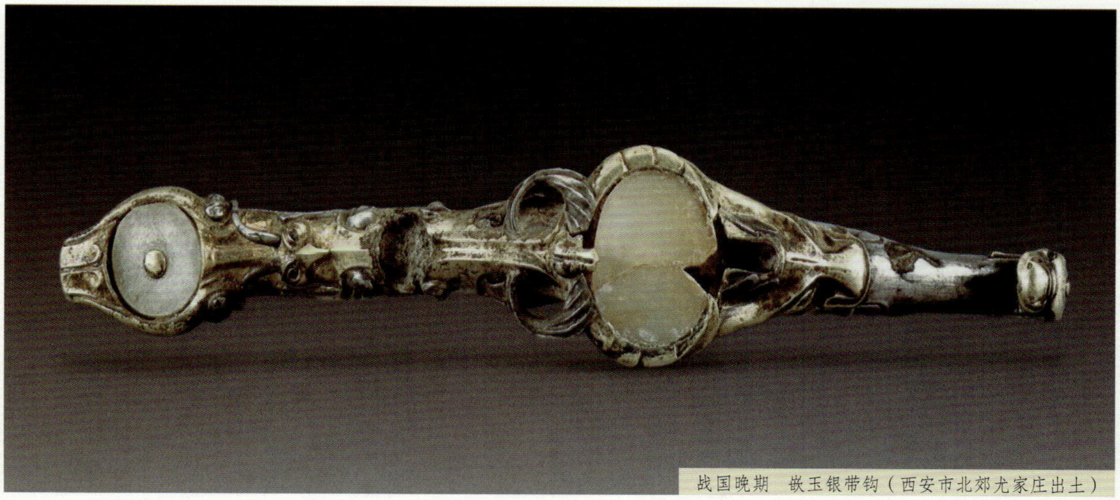
战国晚期　嵌玉银带钩（西安市北郊尤家庄出土）

历史百科问答：《吕氏春秋》中，专门介绍农业的篇目有哪些？

奇货可居

为国君继承人，就可避免失宠之后虞。

华阳夫人被说服后，多次向安国君称赞异人聪明能干，并说："妾幸得充后宫，但是不幸无子，妾想让异人为嫡嗣。"这样，在吕不韦操纵下，"奇货可居"的异人终于被安国君确立为继承人。

转身为相国

长平之战后，秦派兵进攻邯郸，赵王想杀掉公子异人，情况万分危急。吕不韦和异人急忙用黄金贿赂守城的士兵，乔装打扮逃出邯郸。异人回国后，听从吕不韦的建议，穿着楚服去见安国君和华阳夫人（因华阳夫人原为楚国人）。华阳夫人非常高兴，将异人改名为子楚。

昭襄王去世后，53岁的太子安国君即位，是为孝文王，但即位三天便死了。子楚遂继承了王位，史称庄襄王。为报答吕不韦的慷慨相助，庄襄王任命吕不韦为相国，并封他为文信侯，食邑十万户，有家僮万人。

知识链接

【重农抑商】

重农抑商政策产生于战国时期。最早在李悝变法中体现，随后商鞅变法将重农抑商政策第一次明确提出，并以此作为大力推行耕战方针的基本内容付诸实施。以后中国历代统治者都将其作为治国的典范。

不韦异人 逃回秦国

世界大事记

前410年，迦太基人进攻西西里。

《上农》《任地》《辩土》《审时》。

前390年，秦与魏战于武城，始设陕县。

备天地万物古今之事

兼合诸子之学的巨著《吕氏春秋》

吕不韦任秦相时，魏国有信陵君，楚国有春申君，赵国有平原君，齐国有孟尝君，他们都以礼贤下士、广聚宾客闻名。吕不韦羞于秦虽强国，却无养士之风气，于是招揽四方学士，给以优厚待遇。一时门客达3000人之多。

一字千金

战国时期，各国士人游学成风，学者们畅论学说，著书传布天下。为了提高自己的声望，吕不韦就让他的宾客们各抒所长，人人著述自己的所见所思，并据其整理为《八览》《六论》《十二纪》，共26卷，20余万言，以为天地万物古今之事，充备其中。吕不韦看后很满意，题名为《吕氏春秋》（后人又称其为《吕览》）。据说书成之后，吕不韦将其公布于咸阳市门，声言有能增删一字者，赏予千金。后来，人们根据这个故事引出“一字千金”这个成语，来称誉文词精妙。

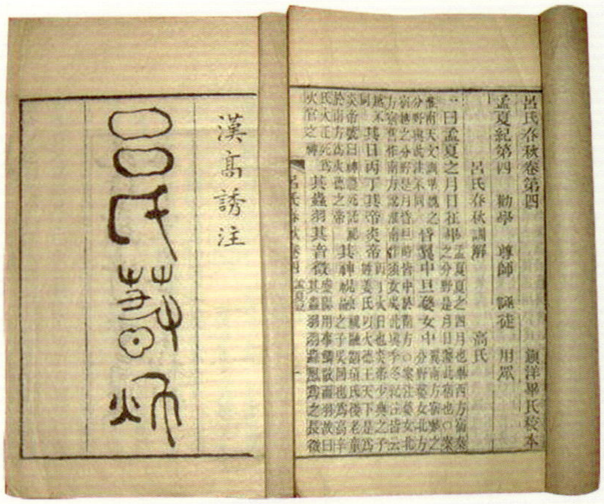

《吕氏春秋》书影

战国 涡纹回首玉龙佩

1987年旬邑县转角村战国晚期秦墓出土。长17.2厘米，宽11.2厘米，厚0.25厘米。青玉，镂空透雕，弧形扁平体。玉龙拱背回首，龙头上有角，无目，上鄂翻卷。颈、背、腹及腿均饰阴线，龙身满布涡纹。

《吕氏春秋》要旨

据《吕氏春秋·序意》记载，秦王政八年（前239），有人询问《十二纪》的思想要点，吕不韦回答说："黄帝教诲颛顼帝说，天好比大的圆规，地好比大的矩尺，效仿天地规矩之道，才可以施行成功的统治。所以古来之清世，是法天地而实现的。《十二纪》就是用来记述治乱存亡道理的。要调整天、地、人的关系使之和谐，要点在于无为而行。"《十二纪》是全书的大旨所在，于此可窥知《吕氏春秋》所表现的文化方向，是要营造一个接近道家理想的"清世"。

东汉末年，高诱为《吕氏春秋》作序说："此书所尚，以道德为标的，以无为为纲纪，以忠义为品式，以公方为检格。"即此书以道家学说为内容，以儒家学说为形式，在主观上，吕不韦是比较有意倚重于道家的。

兼儒墨，合名法

《吕氏春秋》自汉代始就被列入杂家。此书以道家思想为主干，兼采合化儒家、墨家、名家、法家、阴阳家、农家、兵家、纵横家诸说，集各家之精华，成一家之思想。

《吕氏春秋·审分览·不二》篇总结说："老聃崇尚柔，孔子崇尚仁，墨翟崇尚廉，关尹崇尚清，列子崇尚虚，陈骈崇尚齐，阳生崇尚己，孙膑崇尚势，王廖崇尚先，儿良崇尚后。"进而认为，先秦诸子这些不同的主张应当统一起来，只有统一，才能使国家安宁，人人各尽其能。

《吕氏春秋》对各家思想都进行了改造与发展。如儒家主张维护君权，但并没有强调专制，《吕氏春秋·审分览·执一》却提出天子要"执一""抟之"，即实行中央集权。墨子主张"非攻"，即反对战争，《吕氏春秋》却认为战争古来有之，若进行"攻无道而伐不义"的战争，则是百姓之福，众望所归。

在社会历史观上，《吕氏春秋》继承了法家的思想，认为历史是不断向前发展的，时代变了，相应的法规、政策也要发生变化，"世易时移，变法宜矣"，它还用"刻舟求剑"的寓言生动地阐明此观点。

《吕氏春秋》不仅融合了先秦诸子的学说，还记载了很多古史传闻、古籍佚文及一些古代科学知识，是一部先秦时期的百科全书。作为我国第一部有组织有计划编写的文集，《吕氏春秋》的出现是我国先秦时期的文化壮举，在古代陕西文化史上写下了光辉的一页。

最早为《吕氏春秋》作注的是东汉的高诱，随后有清人毕沅的《吕氏春秋新校正》，以及今人许维遹的《吕氏春秋集释》、陈奇猷的《吕氏春秋校释》，这些都是比较完备的注本。

战国　鎏金龙盘龟镇（延安市宝塔区临镇姚家坡出土）

知识链接

【《甘石星经》】

战国时齐人（一说楚人）甘德写有《天文星占》八卷，魏人石申写有《天文》八卷，后人将这两部书合称为《甘石星经》。二人精确记录了黄道附近120颗恒星的方位及其与北极的距离，这是世界上最古老的恒星表，比欧洲第一张恒星表早约200年。《甘石星经》是世界上最早的天文学著作。

世界大事记

前399年，古希腊哲学家苏格拉底去世。

《秦记》。

前384年，秦国『止从死』，宣布废除人殉制度。

自古英雄出少年

十二岁的秦国使臣甘罗

甘罗是甘茂之孙，在祖父的循循善诱下，甘罗幼时便聪明机智，能言善辩，12岁时便担任秦相吕不韦的侍从。

劝张唐赴燕

有一次，秦相吕不韦想派张唐到燕国做丞相，途中需经过赵国。由于张唐曾率军攻下赵国大片土地，赵王对他恨之入骨，并声称若有杀死张唐者，就赏赐百里之地。张唐心怯，便借故推辞不去燕国。甘罗得知后，就向吕不韦自荐去说服张唐。

甘罗见到张唐后，说道："您和武安君白起相比，谁的功劳更大啊？"张唐答道："武安君英勇善战，南面攻打强大的楚国，北面扬威于燕、赵，扩疆辟土不计其数，功绩显赫，我怎么敢和他相比啊？"甘罗又问："应侯范睢和文信侯相比，谁更专权啊？"张唐道："应侯当然不如文信侯专权！"甘罗听了笑道："既然如此，那您为何还推辞不去燕国呢？我听说，应侯想要攻打赵国时，武安君反对他，离开咸阳七里就被应侯派人赐死，像武安君这样的人尚且不能被应侯所容忍，您想文信侯会容忍您吗？"张唐听后不由得直冒冷汗。甘罗见状又说："如果您愿意去燕国，我愿意替您先去说服赵王。"张唐连忙称谢，请他回去禀报相国。

从容晋见秦王

张唐启程的日期将近，甘罗对相国吕不韦说："张唐虽然不得已答应去燕国，但经过赵国时可能还会遇到麻烦，我想先为他去赵国通报。"吕不韦于是进宫去见秦王政，对秦王说道："大王，甘茂有个孙子叫甘罗，虽然只有12岁，但他出身名门，能言善辩，诸侯都听说过他。这次张唐托病不去燕国，经甘罗一说便改变了主意，现在甘罗愿意为他

战国至汉　透雕双驼金牌饰

1974年西安市北郊龙首村出土。长7.6厘米，宽4厘米。金牌饰为长方形，背面有两个半圆状钮，正面四周有边框，中央有一株树冠繁茂、枝条下垂的大树，树干两侧各有一只骆驼相对昂首而立。骆驼口衔枝条，尾巴卷曲，四肢强健。牌饰为铸造成型，图案具有极强的立体感。

甘罗画像

先去赵国通报，请您答应他吧！”

秦王请甘罗进殿相见。过了一会儿，秦王看见殿下走进来一个眉清目秀的少年，心下不由喜欢，笑着问道：“就是你想要出使赵国吗？”甘罗答：“是的，大王。”“那你见到赵王要说什么呢？”甘罗答道：“我看他的神色，相机行事。”秦王见他口齿伶俐，对答如流，就给他十乘车、百余名侍从，让他出使赵国。

出访不辱使命

赵襄王听说秦国的使臣甘罗来访，立即去城外迎接他。甘罗问赵襄王道：“大王是否听说过燕太子丹入秦为质这件事？”赵王点了点头。甘罗又问道：“大王是否听说过张唐要到燕国为相？”赵王又点了点头。甘罗说道：“燕派太子入秦为质，说明燕国不欺骗秦国；秦国派张唐入燕为相，说明秦国不欺骗燕国。燕秦不相欺，赵国就危险了。”甘罗分析得入情入理。

赵王问道：“秦国和燕国结盟，有什么目的吗？”甘罗答道：“秦燕结盟的目的就是想攻打赵国，扩大河间的地盘。大王若给秦国五座城池，秦王自然高兴，进而可请秦王遣回燕太子，断绝秦燕之好，张唐亦不入燕，这样您就可以放心地攻打燕国了。以强大的赵国攻打小小的燕国，还愁得不到五座城池吗？”赵王听了很高兴，赏给甘罗黄金百两、白玉一双，并把送给秦国的五座城池地图让他带回给秦王。

少年拜相

甘罗凯旋回到秦国，秦王大加赞赏，说道：“你的智慧真是超出了你的年纪啊！”于是就封他为上卿（相当于丞相），并且把原先甘茂的田宅赏赐给他。赵国得知秦国与燕国绝交后，派军攻打燕国，得到30座城池，又把其中的11座送给了秦国。

甘罗年方十二，便凭自己的智慧周旋于王侯之间，并且不费一兵一卒使秦国得到多座城池，官封上卿，其声名为后世所传颂。

战国　虎噙羊形带钩（西安市征集）

知识链接

【毛遂自荐】

公元前257年，秦昭襄王发兵攻赵都邯郸，平原君赵胜奉命到楚国求助，平日不受重用的门客毛遂自荐同往。到楚国后，楚王畏秦强而左顾，此时毛遂才华显露，对楚考烈王威言相加，说服楚王，后楚国出兵解了赵国之围。

世界大事记

前396年，罗马攻陷维爱城，结束维爱战争。

前378年，秦国『初行为市』。

『无冕之王』黯然谢幕

嬴政亲政前后的吕不韦

吕不韦是中国历史上颇有争议的神秘人物。他由巨商大贾到投机政治，摇身一变而为权倾朝野的国相，不免使人对他成功的每一步穿凿附会出诸多的商人气息，甚或更多的阴暗细节。然而吕不韦终是两朝国相，辅佐庄襄王和亲政以前的嬴政，在秦国政权的最高宝座上做了十余年的“无冕之王”，在政治、经济、军事、思想文化方面为秦并六国，统一中国奠定了坚实的基础。

竭虑事秦

在吕不韦的操纵下，庄襄王即位。从庄襄王到嬴政亲政前的大约12年，吕不韦任国相辅佐朝政，少有懈怠，一方面秦王室政权稳定，吏治改善；另一方面，秦国经济、军事、文化继续发展，国力增强，维持着对东方六国的高压态势。

调整内部权力关系、稳定国内统治秩序，是吕不韦统御朝政的基本策略。他起用旧臣、元老，去戒心，少成见，使之参与朝政，委以重任，他虽权重一时，但善开门纳谏，使秦国延续了以往积极进取、勇于开拓的精神和风貌。

“招致宾客之游士，欲以并天下”是吕不韦任秦相期间的重要国策。他强调举贤人对治国平天下的重要性。门下食客数千人，家僮万人。其中有献“灭六国、成统一”计策的李斯，也有劝说赵王割五城予秦的天才少年甘罗。网罗人才在于任用，而任用的关键在于考其实绩、赏罚分明。这对整顿吏治，增强国力起了重要作用。

吕不韦主政期间，重视农业，兴修水利。《吕氏春秋》中的《任地》《辩土》《上农》《审时》，对战国以来农业耕作的经验作了总结。修建了著名的郑国渠，把韩国的“疲秦之计”变成了秦国的“强壮之策”。郑国渠修成后，“关中为沃野，无凶年”，并成为秦国攻取天下的大本营、根据地。

在政治稳定、经济发展的整个过程中，面对复杂的六国形势，秦国在连横破纵中，争城夺地，先后兼并诸侯国大片土地，立三川、太原、东郡，巩固扩大了地盘，为最后灭六国作好了准备。

在文化方面，吕不韦承前启后，总揽文明潮流，组织编定了《吕氏春秋》这部旷世经典，合化百家，成为杂家之说，集中体现了他的思想政治和文化观念，具有重要的历史传承价值，开创了秦文化的高度。

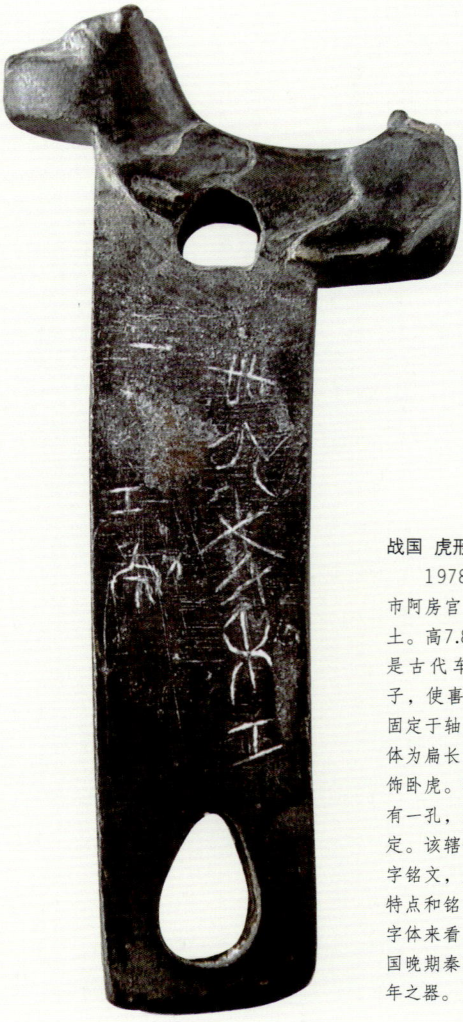

战国 虎形辖

1978年5月西安市阿房宫乡窑西村出土。高7.88厘米。辖是古代车轴上的销子，使軎（音wèi）固定于轴头上。该辖体为扁长方形，上方饰卧虎。辖上、下各有一孔，用于插销固定。该辖体上刻有八字铭文，从虎的造型特点和铭文的内容与字体来看，此辖属战国晚期秦昭王四十六年之器。

蕲年宫之灾

就大一统思想来看，吕不韦和秦王政是一致的，但其精神实质却各不相同。秦国自商鞅变法以来形成了“崇法”的传统，吕不韦却尊崇无为而治的道家思想，与刻薄寡恩的法家思想背道而驰，同秦王政填不满的欲壑相矛盾。吕不韦摄政十余年，权倾朝野。《吕氏春秋》写成后，吕不韦曾将它公布于咸阳市门，下令有能改一字者，赏赐千金，但人们都惧怕吕不韦的权势，举国上下竟无人敢改一字；在宫廷生活中，吕不韦与太后有染，特别是关于他与嬴政身世的传说。这些都让嬴政对作为“仲父”的吕不韦从内心充满愤恨。

秦王政九年（前238），嬴政长大成人，在旧都雍城蕲年宫举行冠礼。后宫宦官嫪毐仰仗太后矫宠乱为，为了阻止冠礼后嬴政亲政，发动兵变，带兵攻打蕲年宫，后因秦王嬴政早有准备，叛乱很快被平定。嫪毐是吕不韦以假宦官进献给太后的，本想讨取太后欢心，稳定权势，不料任人不善，酿成大乱。蕲年宫之变给愤懑抑郁已久的嬴政找到了情绪宣泄的出口，也加快了吕不韦厄运的到来。

罢相遭逐

因蕲年宫之变，嬴政先是罢了吕不韦的国相，并令其迁居食邑河南。雄才大略、英气凌人的嬴政

秦　吕布韦戟（临潼区秦俑一号坑出土）

开始亲理政务，施展作为，在吕不韦问题的处理上，他更是容不得半点含糊。然而，吕不韦虽离宫罢相，但未失势，在食邑河南仍有不少故知臣僚时常拜见，门前车马往来不绝，更有众多门下食客前呼后拥。这让高傲、刚愎自用的秦王嬴政无法容忍，于是秦王政又令“其与家属徙处蜀”，并冷酷地责问道：“君何功于秦？秦封君河南，食十万户。君何亲于秦？号称仲父！”话语之间尽显鄙视和轻蔑，嬴政心里深埋的愤恨一览无余。其冷酷和残忍，让作为仲父的吕不韦背心透凉。

百感交集之下，一个月朗星稀的夜晚，吕不韦看着手中斟满了毒酒的杯子，一饮而尽。门下宾客悄悄安葬了他。一代权谋枭雄吕不韦，在做了十余年的“无冕之王”后，悄然谢幕。

秦　“蕲年宫当”瓦当（凤翔县出土）

知识链接

【男子行冠礼】

冠礼是古代贵族男子20岁时举行的一种成年礼。《礼记·冠义》曰：“冠者，礼之始也。”即冠礼是一切礼仪的开始。虽然男子行冠礼以示成年，但身体还未发育强壮，所以又称“弱冠”。冠礼始自周朝，直至清末民初才逐渐消失。

世界大事记

前387年，科林斯战争结束，斯巴达称霸希腊。

战国 金怪兽

1957年神木县纳林高兔村出土。高11.5厘米，长11厘米。鹿形金怪兽，可能是匈奴某王或部落长冠冕上的顶饰。圆雕躯体，兽身鹰嘴，大耳直立，环眼突出，头生双角如鹿，前肢直挺前倾，后肢前跨，弯颈低头作角抵状。兽身及四肢上端满饰凸云纹，弧形双角以立耳环眼鹰嘴怪兽头像为造型。这件金怪兽造型奇特，综合运用了多种工艺，制作精湛。它不但是艺术的结晶，更是权力的象征，堪称匈奴艺术的瑰宝。

口不能道其辞的思想家

法家代表韩非子

韩非（前280—前233）是战国末期韩国人，韩王室的公子，曾与李斯师从于大学问家荀子。韩非口吃，不擅言语，但精于“刑名法术之学”，文采出众。其才华为秦王赏识，然命运不济，终为李斯妒杀。

才华出众 遭忌被杀

韩非目睹韩国积贫积弱的现状，多次上书韩王，希望改变治国不务法治、养非所用、用非所养的境况，但其主张始终得不到采纳。于是他潜心著书，写出了《孤愤》《五蠹》《内外储》《说林》《说难》等著作，洋洋十万余言。

韩非子画像

韩非的书流传到秦国后，被秦王嬴政看到，嬴政在读完《孤愤》《五蠹》后，情不自禁地说：“寡人如果能见到此人，与他结为好友，图谋国之大事，就是死了也没有什么可遗憾的了！”李斯就对秦王说：“大王，著书的人叫韩非，是韩国的公子。”于是秦王以派兵攻打韩国相威胁，迫使韩王交出韩非，让韩非为秦王效力。韩非到秦国后，得到秦王赏识，却引起了同窗李斯的妒忌。李斯生怕韩非得势会危及他的地位，于是联合姚贾以韩非写过《存韩》为理由，在秦王面前说韩非的坏话。秦王听信李斯之言，将韩非下狱治罪。韩非在狱中要求面见秦王，没有得到允许。李斯暗中派人送毒药给韩非，迫其自杀。不久，秦王悔悟，下诏赦免韩非罪过，当派人去召见时，韩非已被毒死。

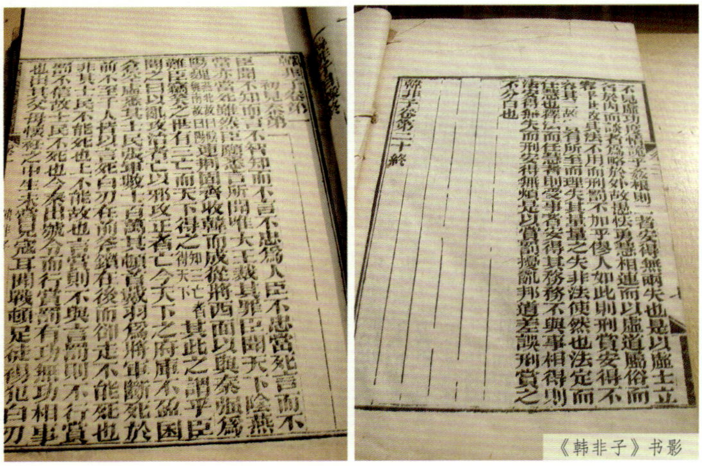

《韩非子》书影

法家思想的集大成者

韩非虽死，但其思想却被秦王、李斯运用实践。韩非吸收了儒、墨、道诸家的一些观点，总结前期法家治国的经验，形成了以法为中心的法、术、势相结合的政治思想体系，被称为“法家思想的集大成者”。

韩非把商鞅的“法”、申不害

世界大事记

前367年，罗马颁布李锡尼和绥克斯图法案。

前364年，秦破魏于石门，秦对东方列国的战争首次大捷。

的“术”和慎到的“势”融为一体。他主张“事在四方，要在中央；圣人执要，四方来效”。国家大权，必须集中在君主一人手里，君主有权有势，才能治理天下。同时君主要“术以知奸”，对臣下不能太信任。他还主张实行法治，“以法为教”，除君主外，人人都要严守法律，真正做到“法不阿贵”，“刑过不避大臣，赏善不遗匹夫”。在赏罚方面，韩非提倡“厚赏重罚”。

战国　羊头车饰（三桥镇后围寨村出土）

韩非的政治主张与其伦理思想紧密相连。他继承并发展了荀子的性恶论，认为好利是人的本性，人际关系唯有物质利益是真实的，儒家所推崇的仁义道德都是虚伪有害的东西。“君不仁，臣不忠，则可以王霸矣！”将性恶论在政治伦理方面发挥到极致。

战国 龙钮镎（音chún）于

1978年咸阳市塔儿坡出土。高69.6厘米。镎于为打击乐器，始于春秋，盛行于战国至秦汉。龙钮镎于为圆腹束腰，矮圈冠。钮为顾首吻背的龙形。通体饰变形夔龙纹，肩部和底部配三角纹一周。

富国强兵是韩非子法治思想追求的目标，为此他提倡人人要从事“耕战”，而把不从事耕战的人斥之为“蠹”（社会害虫）。在《五蠹》篇中，韩非子把“学者”“言古者”“带剑者”“患御者”（逃兵役的人）和“工商之民”称为“邦之五蠹”。他还主张禁止法家以外的一切学派活动。

韩非子继承了商鞅的历史进化观，认为社会是不断向前发展的。他把此前的历史划分为上古、中世、当今，主张“厚今薄古”。他还认为古人的品质并不比今人高尚，上古时的禅让与高尚无关。尧做天子时，吃、穿、住都很简陋；禹做天子时非常辛苦，跟一个奴隶差不多。他们让位给别人，丢掉的只是简陋的供养和奴隶般的劳苦，不需要高尚的品质就能做到。而今的一个县令却有财有势，死后子孙还可继续享用，当然不想把官位让给别人。

韩非的著作大多收集在《韩非子》一书中，书中丰富的寓言故事在先秦诸子散文中独树一帜。其中的“自相矛盾”“守株待兔”“郑人买履”“滥竽充数”等故事成语至今百代相传，经久不衰。

知识链接

【后期墨家】

战国时墨子创立了墨家学派，分前期墨家和后期墨家。后期墨家又称“墨家后学”，墨家后学对认识论、逻辑学、几何学、几何光学、静力学等方面都有研究，其逻辑学是中国古代第一个比较完整的逻辑体系。

历史百科问答：“白马非马”是战国时诸子百家中谁的观点？

章台宫中的斗智斗勇

和氏璧引出的故事

战国后期，秦国日渐强大，为得到赵国的和氏璧，秦国挑起了一场外交战，赵虽弱，但当时赵之名士蔺相如请缨出使，在斗智斗勇中不辱使命，完璧归赵，最终赢得了这场外交战。

传奇和氏璧

春秋时，楚国人卞和在山中偶得一块璞玉，献给楚王，然几代楚王均不识宝。楚文王时使人剖璞，果得宝玉，因称和氏璧。

楚威王时，相国昭阳灭越有功，威王遂将和氏璧赏赐予他。不久，昭阳在水渊畔宴请宾客，席间赏璧，忽有人报称渊中有大鱼，于是众人离席观鱼，不久回席后，和氏璧失踪。楚王怀疑是门人张仪偷了和氏璧，于是拘审张仪。张仪拒不认罪，一气之下，离楚入魏，后又到秦国做了国相。

50余年后，赵国的宦官缪贤从市集购得该玉璧，并将之献于赵惠文王。

以城换璧出难题

秦昭襄王得知赵国有和氏璧的消息后，派使者带着国书去见赵惠文王，说愿意用15座城池来换取和氏璧。赵王看完信后，知强秦之用心，遂召集大臣们商议以城换璧之事。宦官缪贤说道："大王，臣有个门客叫蔺相如，有勇有谋，若派他携璧出使秦国，可以完成王命。"

赵王连忙把蔺相如召来，问道："秦王要用15座城来换我们的和氏璧，我们该怎么回应啊？"蔺相如说："秦强赵弱，我们不能不答应。"赵王又问道："若秦国拿了玉璧，却不把15座城交给我们，我们又该怎么办？"蔺相如答道："秦王用15座城来换取和氏璧，大王若不答应，是大王理亏；大王把

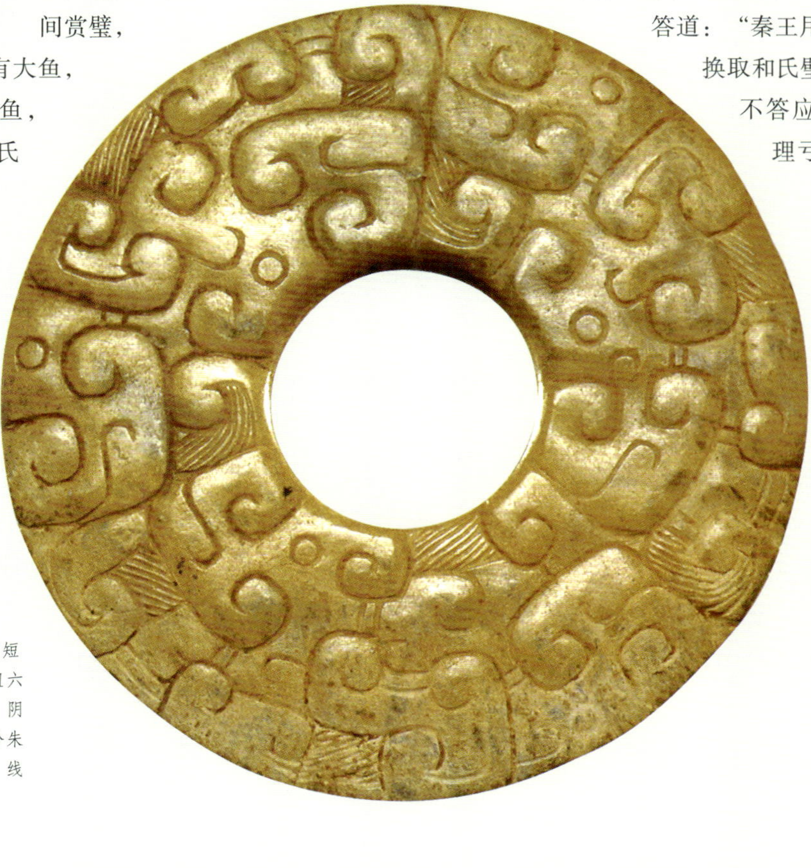

春秋 蟠虺纹玉璧

1992年宝鸡市益门村二号春秋晚期墓出土。直径4.5厘米，孔径1.6厘米，厚0.3厘米。青玉质，表面呈灰黑色斑点，圆度规整，薄厚一致，中孔较小，两面均饰卷云纹、斜线纹、扭丝纹、双阴短线纹、目纹等浮雕三组六条互相纠结的蟠虺纹。阴线勾槽内仍残留有部分朱砂。该玉璧纹饰精细，线条流畅，制作精良。

世界大事记

前364—前324年，印度难陀王朝统一恒河流域。

名家代表公孙龙。

前358年，秦败韩于西山，魏筑长城。

和氏璧送给秦国，而秦王不给赵国15座城，那是秦王不守信用。臣愿出使秦国送玉璧。如果秦王把15座城给赵国，臣就把和氏璧留在秦国；如若不然，臣就把玉璧送回。”于是蔺相如奉赵王之命带着玉璧出使秦国。

完璧归赵

秦昭襄王在章台宫接见蔺相如，蔺相如把和氏璧捧上。秦王接过和氏璧，爱不释手，非常得意，随后又把和氏璧传给文武大臣们观赏，顿时朝堂里一片啧啧赞赏之声，却无人提及换城一事。

蔺相如看出了秦王的贪心，他灵机一动，走上前去对秦王说：“大王，璧有点小毛病，让我指给大王看。”秦王正在得意之时，哪里知道是计，便顺手把璧交给了蔺相如。蔺相如接了和氏璧，后退几步，靠着宫中的大柱子，怒发冲冠。只听他说道：“大王想得到这块和氏璧，派人送信给赵王。赵王召集群臣商议，人人都说秦国贪婪，仗着国力强大，想用一句空话就把和氏璧夺走，所以大家都不愿意以璧换城。经过我一番努力才说服赵王同意

战国　雁足灯（咸阳市塔儿坡出土）

完璧归赵

送玉璧来见大王。赵王十分珍爱和氏璧，先斋戒了五天，在朝堂上行过叩拜礼后，才让我捧着玉璧出国门。今天我来到贵国，大王却在普通的章台宫接见我，态度傲慢，又毫无诚意把15座城邑交给赵国，所以我才把和氏璧收回来。如果大王一定要逼迫我交出玉璧，今天我的脑袋将与这块玉璧一起在柱子上撞个粉碎。”说完便要去撞柱子。

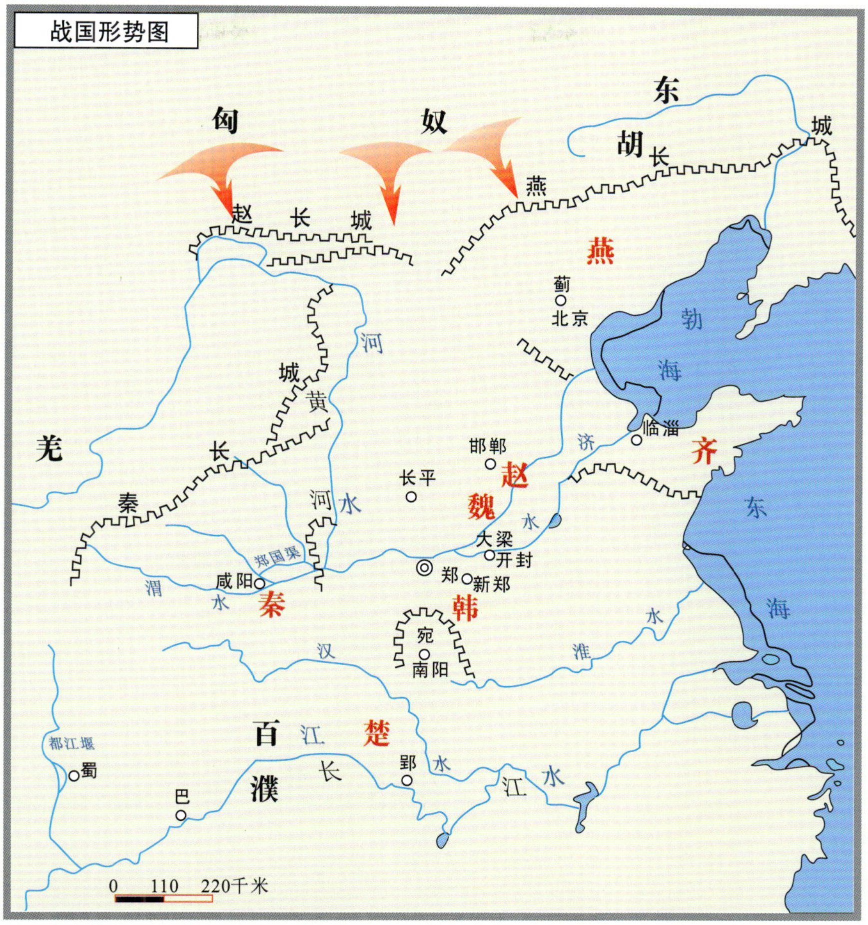

秦王生怕蔺相如碰碎了和氏璧，连忙向他道歉，同时假意吩咐把地图取来，指着地图上的15座城，说要划给赵国。蔺相如心知秦王的阴谋，便对秦王说：“和氏璧是天下的宝物，大王也应该斋戒五天，然后举行隆重的仪式，我才能把玉璧献给大王。”秦王见蔺相如临危不惧，知道强夺不行，只好答应下来。

蔺相如料定秦王一定会背约，所以就在当天晚上，让自己的侍从连夜抄小路悄悄地把璧送回赵国了。

五天后，秦王在朝堂上举行隆重的接受和氏璧仪式。只见蔺相如上前对秦王说：“大王，五天前我已让人把和氏璧送回赵国了。不过，秦强赵弱，只要大王有诚意，先把城割给赵国，赵国得了城，不敢不送上和氏璧。我知道自己骗了大王，就请大王治罪吧。”

秦王和大臣们正等着接受和氏璧呢，听完此话，众臣面面相觑，这时有人提出把蔺相如拉出去斩首。秦王说道：“我们即使杀了蔺相如也得不到和氏璧，反而断绝了两国的关系。不如好好款待他，然后送他回去。”蔺相如就这样出色地完成了出使秦国的任务。

后来，秦始皇灭掉赵国后得到了这块和氏璧，并把它做成传国玉玺，正面刻李斯所写篆文“受命于天，既寿永昌”。这块传国玉玺贯穿中国历史长达1500多年，历代帝王皆以得到此玺为夙愿。

知识链接

【负荆请罪】

赵国名将廉颇自恃功高，对官封上卿的蔺相如心中不服，时时发难。但相如以国事为重，处处避让廉颇。廉颇深愧不已，背负荆条，袒肤登门谢罪。从此将相和，国运兴。

世界大事记

前359—前336年，马其顿国王腓力二世在位，进行改革。

秦始皇时。

前356年，秦商鞅开始变法。

并六国、谋划策的国尉

军事理论家尉缭子

尉缭，魏国大梁（今河南开封）人，名缭，姓已失传，因在秦国当过国尉，故称“尉缭”。传说他曾师从奇人鬼谷子。

拜为国尉

尉缭不为魏惠王所用，便从大梁来到秦国，游说秦王政道：“大王，虽然现在秦国非常强大，六国的实力不过相当于秦国的郡县地区。但如果六国联合起来，对秦国进行出其不意的袭击，大王将如何对付？以前智伯、夫差、湣王就是这样亡国的！希望大王不要爱惜财物，派能言善辩的大臣去贿赂各国权臣，打乱他们联合抗秦的计划，不过花费30万黄金，就可除掉六国诸侯的祸患。”这对工于心计、讲求谋略、不打无把握之仗的秦王政来说，终于找到了攻谋六国的策略。于是秦王不仅采纳了他的计谋策略，为了显示恩宠，还与之同衣、同食，以平等的礼节对待他。

尽管尉缭受到秦王厚遇，但时间不久，他对秦王政有了更深刻的评价：鼻梁太高，很丑；眼睛太长，阴险；胸膛太尖，是个鸡胸；声音难听，说话像狼嚎；缺乏仁德，心地如虎狼。这种人，在他处于困境时，还能礼贤下士，一旦拥有天下，人人都将成为他的奴隶。

战国 错金银云纹鼎

1966年咸阳市出土。高14厘米，口径12.1厘米。附双耳，三细蹄足，通体错金银。盖有三环钮，饰四瓣花纹，绕以云纹带两周。器口沿下饰云纹，腹体饰弦纹与垂叶纹，足饰云纹。该鼎制作精细，纹饰华美。

战国 龙形玉佩

1991年咸阳市渭城湾村出土。长15厘米。龙形玉佩为青玉质。两面以阴线刻蝌蚪纹。

尉缭失去与秦王谋事的信心，决意离去。尉缭刚离开，就被秦王发现。秦王爱才、识才，善用人才之长，很快追回尉缭，并任其为国尉，掌管全国军队，主持军事。

心有余悸的尉缭为秦王的真诚所感动，就此开始为秦王谋划实施兼并六国的战争方略，对秦统一中国作出了巨大贡献。

杰出的军事理论

尉缭著有《尉缭子》一书，今本《尉缭子》载有兵法五卷24篇。《尉缭子》反对迷信鬼神，认为求神鬼不如重“人事”，具有朴素的唯物主义思想。

在战争观上，《尉缭子》将战争分为“挟义而战”和“争私结怨”两种，支持“诛暴乱，禁不义”的战争，反对“杀人之父兄，利人之财货，臣妾人之子女”的战争。同时提倡战争要“以武为植，以文为种，武为表，文为里”，只有以耕、织为本，富国强兵，才能攻必克、战必胜。

在治军思想上，认为军队必须首先制定严密的制度，“凡兵，制必先定，制先定则士不乱，士不乱则形乃明。”军中还要严明赏罚。同时法制要与教化相结合，“先礼信而后爵禄，先廉耻而后刑罚，先亲爱而后律其身”，这样才能达到“治”的目的。在将帅的选拔上，主张“举贤用能”，将帅必须身先士卒，有牺牲精神，“为将忘家，逾垠忘亲，指敌忘身。”他还认为军队要裁减冗员，训练精兵。

在作战指导思想上，认为战争有三种胜利：不战服人的“道胜”，威慑屈人的“威胜”，战场交锋的“力胜”。兴师用兵时，认为“战在于治气，攻在于意表，守在于外饰”，要先准确掌握敌我情况，先发制敌，运用“有无”（“有者无之，无者有之”）策略、“奇正”（“正兵贵先，奇兵贵后，或先或后，制敌者也”）手段克敌制胜。

《尉缭子》杂取法、儒、墨、道诸家思想而论兵，在先秦兵书中独具一格。过去有人认为《尉缭子》是伪书，1972年在山东临沂银雀山汉墓中发现了《尉缭子》残简六篇，与今存《尉缭子》相合，伪书一说不攻自破。

战国 鸟纹长牌形带钩（西安市征集）

知识链接

【奇正】

奇正为中国古代军事术语。以对阵交锋为正，伏击奇袭为奇；常规战法为正，特殊战法为奇。作战时互相配合，参而用之，则曰“奇正”。《孙子兵法·势篇》：“三军之众，可使必受敌而无败者，奇正是也。”在《孙膑兵法·奇正》篇中，还着重阐述了奇正之相互关系和变化，以及如何运用奇正之原则，以克敌制胜。

世界大事记

前350年，罗马开始出现铸币。

司马穰苴。

中国大事记

前353年，魏师破赵都邯郸。齐师救赵，败魏师于桂陵。

秦杜虎符 调兵遣将的信物

在陕西历史博物馆众多珍藏中，有一件藏品格外令人瞩目。这件藏品长不足一握，高不过二寸，走到它面前的游人透过放大镜观赏，可见其传神的造型和精美的工艺，它就是战国时代的秦杜县虎符。

虎符的发明

虎符，亦称兵符，是古代帝王授予臣属兵权和调发军队的信物。传说是西周时期的姜太公所发明，其外形呈虎状，所以称为“虎符”，也称作“兵符”。符身为铜质，有铭文，分左右两半，右半留存朝廷或君王，左半发给统兵的将帅。调发军队时，两半符合拢表示命令验证可信，方有权调动军队。虎符盛行于战国、秦、汉。

现存最早的虎符是战国时期的“辟大夫虎节”和“韩将庶虎节”。“韩将庶虎节”存半符，呈伏虎状，符身阴刻铭文“韩将庶虎节”等十字。表明战国时期，各诸侯国建立了统一的军队，国君掌握军队的征调大权，实行凭“虎符”发兵的制度，且管理制度严密。若调动军队50人以上，就要有君王符命。

解读秦杜虎符

我国至今发现和保存的战国秦虎符共三枚。新郪（音qī）虎符现存法国，阳陵虎符现藏国家博物馆，另一枚便是秦杜虎符。

秦杜虎符出土于西安市南郊，经过专家对刻在上面40多个文字的破译，印证和诠释了以下问题：一是通过对虎符上“兵甲之符，右在君，左在杜。凡兴士被甲，用兵五十人以上，必会君符，乃敢行之……”一段文字的研究，证明该枚虎符为战国时秦国杜县军事首领所有。二是它客观而真实地反映了战国时期用虎符调兵遣将制度的历史。即调动军

战国 杜虎符

1957年西安市南郊沈家桥村东出土。高4.4厘米，长9.5厘米。符，是古代朝廷用于传达命令、调动军队的一种特殊凭证。通常作虎形，分为左右两半，右半符留存朝廷或君王，左半符颁发给屯驻在外的军队。需调兵时，由朝廷使者持右半符前往，军队长官将右半符与左半符验合后，军队即按使者传达的命令行动。杜虎符有错金铭文40字：“兵甲之符，右才（在）君，左才杜。凡兴士被甲，用兵五十人以上，必会君符，乃敢行之。燔燧之事，虽毋（毋）会符，行殹（也）。”错金铭文文字清秀俊美。

历史百科问答：什么是“深衣”？

队时，由君主派出的使臣将符相合，方能调兵。

距少陵原不远的西安市雁塔区杜城村曾是西周杜伯封地杜伯国，秦国曾在此设立杜县，秦杜虎符的出土地北沈家桥村距杜城村仅1.3公里。虽然我们已经无法考证数千年前是何人在何种情况下将这枚虎符遗失在这块土地上，但可以想象，昔日曾有不少惊心动魄的历史活剧就是在少陵原畔的这块土地上上演的。

战国晚期秦的新郪虎符，其错金铭文也是40个字，其内容反映的同是调兵遣将制度。

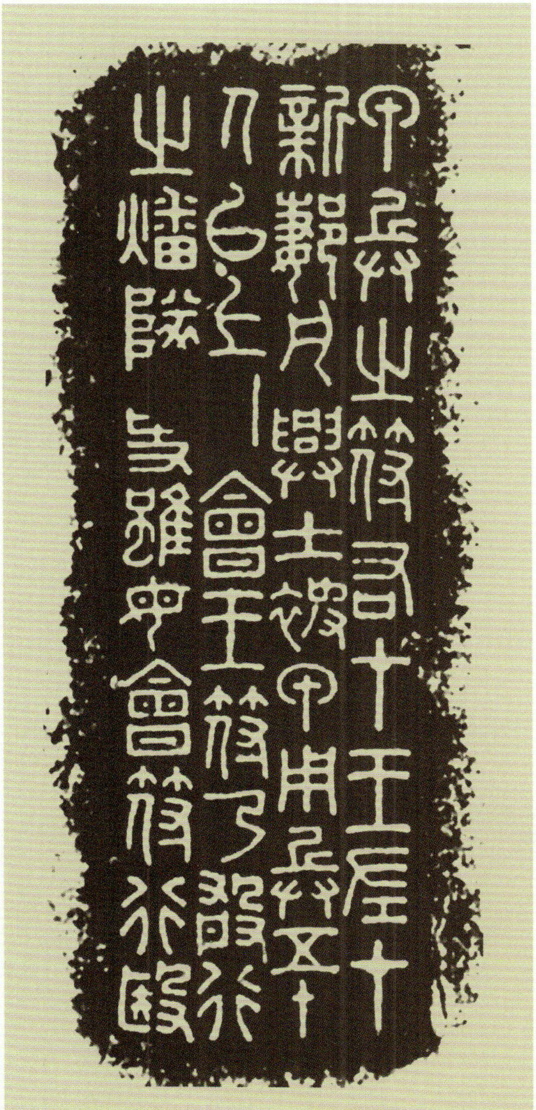

新郪虎符铭文拓片

战国　镶嵌射宴纹青铜壶（凤翔县高王寺出土）

从这两枚虎符的铭文我们还知，如果军情非常紧急，发出烽火的警讯，统兵的将领则不必等待虎符的两半相合，就可立即调兵采取军事行动。

因虎符一般是左右两半合拢才能征调军队，我们今天所说的“符合”二字就是由此而来的。

知识链接

【封泥】

封泥，又称“泥封”，是印章按于泥上作为门户和包裹封口的凭记。秦汉时，公私文书大都写在简牍上，封发时用绳捆缚，在绳端或交叉处加以检木，封以粘土，上盖印章，以防私拆。这种钤（音qián）有印章的土块就称为“封泥”。20世纪末，在西安北郊出土了一大批秦封泥，内容涉及秦的政治、经济、文化等方面，为秦史研究提供了非常珍贵的实物资料。

世界大事记

前348年，罗马与迦太基订立贸易协定。

把著于上身的“衣”和服于下身的“裳”（即裙）缝合在一起的衣服。

中国大事记

前352年，商鞅攻克安邑，魏国扩建北洛水堤防为长城。

公元前770—公元前206 秦

郑国修渠 疲秦之计反强秦

秦国向东方扩张，三晋首当其冲。自商鞅变法以来，秦国长期奉行远交近攻、蚕食三晋的政策，逐步攻占了三晋大片领土。战国中后期，三晋与秦国之间的战争负多胜少。在三晋中，韩国的国势最弱，地理位置最为不利，所以率先成为被秦国灭亡的大国。

战国 “频亭”陶釜（铜川市柳湾出土）

为韩延数岁之命

在战国七雄中，韩国的疆域最小，政治改革成效不大，又处于各个强国之间，所以从来不曾强大到足以独自抗衡其他大国的地步。随着大国之间关系的变化和兼并战争的激化，韩国不断受到周边国家的蚕食。在地理位置上，韩国处在秦国向东方发展的要津，也因此成为秦首先攻取和兼并的对象。出于对秦国的畏惧和防范，韩国曾多次参加合纵攻秦的战争，然而收效甚微。公元前254年，韩桓惠王向秦国称臣纳贡。秦王政即位后，韩国已经势如累卵。

为了令秦国无暇东顾，韩国能有救亡图存之机，韩国君臣想出了一个“疲秦之计”。公元前246年，韩王派遣间谍郑国来到秦国。郑国是一位著名的水利专家，他经过实地考察，建议秦国在洛水和泾水之间开凿一条大型灌溉渠道。秦王政亦想发展秦国的水利事业，便采纳了郑国的建议。郑国渠修建前后十年，工程将要结束时，郑国的身份和使命被发觉。此时亲理朝政的秦王政勃然大怒，想杀掉郑国。郑国坦然相告：“我国国君派我来秦国充当间谍，修建水渠虽然只是想消耗秦国的国力，但水渠修成之后，大王的子民将会受益无穷！”郑国的话很有些道理，秦王遂盛怒渐消，便命令他修

郑国渠渠首大坝（泾阳县）

历史百科问答：中国的远海航运最早兴起于什么地方？

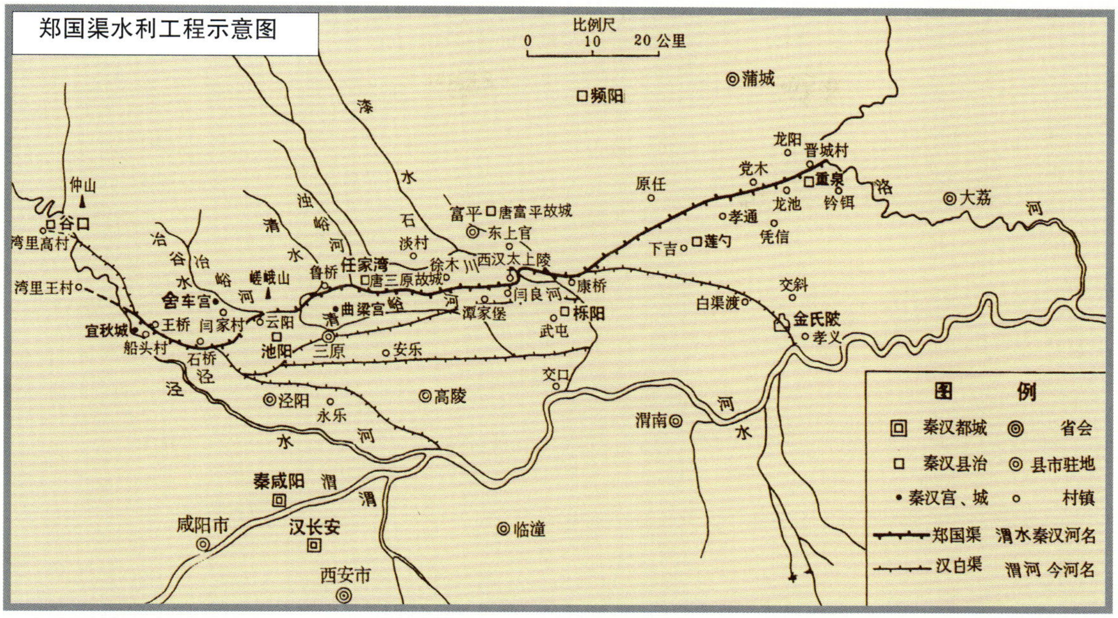

完水渠，并命名此渠为“郑国渠”。

为秦建万代之功

郑国渠渠首起于泾阳瓠口（今陕西泾阳境内），西引泾水东注洛水，长达300余里。泾河从今陕西北部群山中冲出，流至礼泉，后进入关中平原。郑国充分利用关中平原西北略高、东南略低的有利地形，在礼泉县东北的谷口开始修干渠，使干渠沿北面山脚向东伸展，很自然地把干渠分布在灌溉区最高地带，不仅最大限度地扩大了灌溉面积，而且形成了全部自流灌溉系统。

郑国渠由西向东横跨渭北高原，可灌溉关中东部泽卤之地四万余顷。因渠水中含有大量泥沙，不仅可以用来抗旱，还有改造盐碱地之效，关中平原遂成为沃野千里、旱涝保收的“天府之国”。

自郑国渠开凿以来，由于泥沙淤积，干渠首部逐渐填高，水流不能入渠，历代以来在谷口地方不断改变河水入渠处，但谷口以下的干渠渠道始终未变。

知识链接

【李冰修建都江堰】

秦昭襄王时，蜀郡太守李冰带领民众治理当地水患，修筑了一条大型灌溉水渠——都江堰。都江堰利用分水工程将泯江水流分为内江和外江，不仅能有效地抵御洪水灾患，还可灌溉成都平原大片良田。它是迄今为止世界上留存年代最久的以无坝引水为特征的宏大水利工程。

战国　错银青铜灯（华阴市出土）

世界大事记

前347年，古希腊哲学家柏拉图去世。

秦代的齐地。

中国大事记

前350年，秦徙都咸阳，并推行县制，废井田，开阡陌。

公元前770 秦 公元前206

秦吞并韩国
奏响统一的进军号

在战国七雄中，韩国离秦最近，是最弱小的国家，同时也是曾数十年向秦称臣纳贡的国家。在攻灭六国的总体战略中，第一个攻击的目标如何锁定对兼并统一的进程至关重要。

攻击策略之争

一种主张是首先集中兵力吞并韩国，这种主张以李斯为代表。他认为韩国处于秦国东进的要冲，严重牵制秦军行动，如果不先灭掉韩国而专注于齐、赵，那么这块腹心之病随时可能发作。灭韩也符合先弱后强、由近及远的战略。

另一种意见以韩非为代表，主张首先击溃或灭亡赵国。韩非认为，韩国虽多次参与合纵抗秦，是因为它与秦国毗邻接壤，身后的五国施加压力，迫不得已而为。历史的看，韩国向秦国称臣纳贡30余年，也常出兵协助秦国攻击各国，现在其弱小，政治地位"与郡县无异"；而赵国联络诸侯，秣马厉兵，与秦抗衡，才真正是秦国的大患。秦国"成霸主之名"的方略应当是：首先把进攻的矛头对准赵国，并以各种手段破坏六国合纵，以迫使楚、魏向秦国称臣，齐、燕与秦国交好。赵国衰败，韩国必

战国 编钟

1971年西安市雁塔区沙坡出土。一组五件：
口径7.1厘米×5.2厘米，高14.9厘米
口径7.6厘米×5.6厘米，高15.8厘米
口径7.5厘米×5.6厘米，高15.2厘米
口径6.8厘米×5厘米，高14.1厘米
口径6.8厘米×5厘米，高14厘米。

钟从西周中期出现，直到春秋战国一直是祭祀和宴乐中的重要乐器。编钟通常按一定顺序悬挂在木架上，用木槌击奏。这套编钟由五件组成，体量小巧，形制相同。

历史百科问答：目前最完整的战国乐器出土于哪个墓葬？

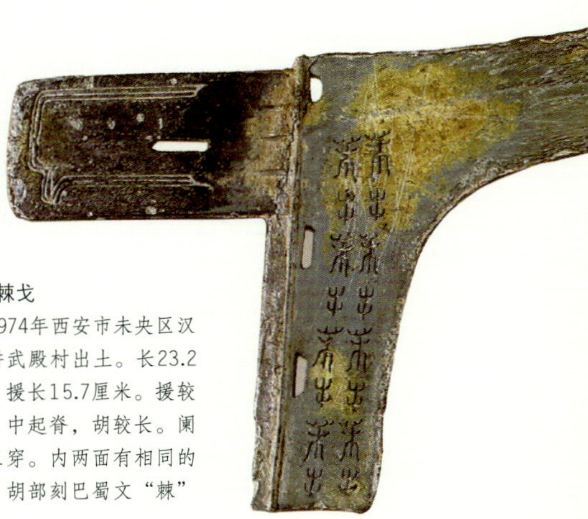

战国 棘戈

1974年西安市未央区汉城乡讲武殿村出土。长23.2厘米，援长15.7厘米。援较内窄，中起脊，胡较长。阑侧有三穿。内两面有相同的纹饰。胡部刻巴蜀文“棘”字。

铜戈头各部位示意图

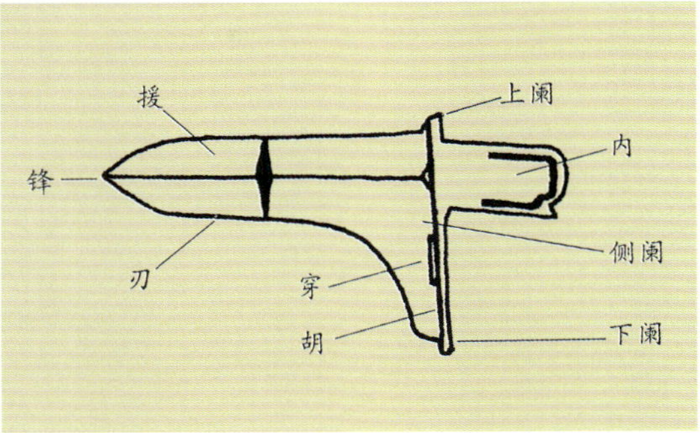

亡。待败赵、亡韩之后，再逐个击灭各国。

作为出谋划策者，李斯与韩非的政治立场和心态明显不同。但是从战争策略来看，何者更优呢？它取决于秦王的决策和权衡。不过韩非的主张引来了李斯的谗言，也因此遭致囚禁之灾，最终为李斯毒杀，秦王失去一位能“与之为友，死而无憾”的谋士。

秦王弱赵灭韩

秦王政采纳了先削弱赵国、后灭韩国的策略。六国犹如一条龙蛇，赵国犹如其首，斩蛇先斩首。战国后期几次合纵攻秦，赵国都是主要发起者。自秦王政十一年（前236）起，秦军连续大举攻赵。秦王政动用数十万之众，选派得力战将，还曾两度亲临战场督战，虽遇到赵国名将李牧的殊死抵抗，却极大地削弱了赵国的实力。待赵军丧失了救援韩魏的能力后，秦军立即转移战略目标，发动了扫灭六国的战争。

自秦王政十六年（前231）开始，秦王政将战争目标锁定于灭韩。这一年的九月，秦军大兵压境，韩国为了延续一线生机，被迫再次割地求和，献出了南阳全境。占领南阳后，秦王政没有给韩王留下喘息的机会，第二年就命令内史腾去攻灭韩国。这时的韩国已经毫无抵抗力，一战即溃，韩王安被俘。秦王把新占领的韩地设置为颍川郡。

知识链接

【秦内史腾】

腾是秦王政时的大将。公元前231年，腾任南阳郡太守，不久被提升为秦内史。公元前230年，腾带兵伐韩，俘虏韩王安，韩国遂亡。公元前227年，腾为南郡太守，在任期间整顿吏治，发展生产，推行秦律，移风易俗。《云梦秦简·大事记》中就载有腾的事迹。

世界大事记

前343—前341年，罗马发动第一次萨莫奈战争

曾侯乙墓。

前348年，秦『初为赋』，按户丁征收军赋。

攻克强大的赵国

『离间计』灭赵

在秦所灭六国中，赵国最为顽强，战争酷烈，两国接连发生恶战，伤亡动辄十余万乃至数十万。

强赵挫秦 秦勇不减

赵武灵王“胡服骑射”后，赵国有了一支精锐的骑兵部队，军事实力大为增强。战国后期，赵国成为秦国的主要对手。赵国的顽强抗击延缓了秦国的统一进程。阏与之战，秦军遭受严重挫折；长平之战，秦军伤亡过半；邯郸之战，秦军损失惨重。赵国还组织或参与了多次合纵攻秦行动。

秦国于公元前249年灭掉东周后，又于公元前247年趁魏、赵与燕大战之机，攻夺魏、赵大片土地。由于魏信陵君率五国联军救赵，合纵攻秦，秦军败退。

秦王政即位后，秦军重新发动攻势，攻占韩国的上党郡，又平定赵国的晋阳（山西太原西南）。秦王政三年（前244），秦将蒙骜攻取韩国十三城。秦王政五年（前242），秦军兵分两路攻击魏国。秦国通过攻夺三晋的城池，不断向中原发展。自秦在魏地设立东郡后，秦国国土向东大大延伸，已与齐国接壤，基本上将六国分割于南北，并对韩、魏形成三面包围之势。

秦军大兵压境，促使形成了新的合纵。在赵国将领庞煖（音xuān）的组织下，韩、魏、赵、卫、楚五国发动了战国时期最后一次合纵攻秦。秦王政六年（前241），秦军击退五国联军的进攻。此后，被分割南北的六国再也没有能力合纵攻秦了。

巧施离间 将亡国灭

赵国多良将，但秦国善施离间之计，以致赵国良将或逃或亡，军心涣散，加速了灭亡的进程。

廉颇在大国纷争中，曾率赵军多次击败齐、魏、韩等国，“有攻城野战之大功”，官居上卿。秦赵长平一战，秦施离间计，赵孝成王听信谗言，用赵括代替廉颇为将，致使40万将士惨遭坑杀。后来廉颇因不被重用而投奔魏国。

秦王政十八年（前229），赵国大旱，四处饥

战国 玛瑙环

1983年西安市灞桥区灞桥镇出土。直径7.5厘米，厚1厘米。环为璧类佩玉，较璧孔大，用于系衣、系物或用在组佩中。此环以玛瑙雕琢，淡乳色微泛红，玻璃光强，莹润透亮。

战国 双兽耳罍（音léi）（西安市征集）

馑，人心浮动，谣言四起。秦王政抓住战机，在灭韩后立即派精锐部队兴兵伐赵。他命令王翦率领上党秦军直下井陉，杨端和率领河内秦军围攻邯郸城。赵王派大将李牧、司马尚统帅赵军抵御秦军。名将王翦与李牧对阵疆场，真可谓“棋逢对手，将遇良才”。两军对垒，相持不下达一年之久。

秦王政再次实施反间计，派人以重金贿赂赵王的宠臣郭开，令其离间赵王君臣关系。郭开向赵王诬告李牧、司马尚作战不力，图谋叛降。赵王听信谗言，派遣赵葱和齐将颜聚取代李牧。李牧认为这二人都不是王翦的对手，害怕贻误战机，便违抗王命，拒绝交出军权。昏庸的赵王竟派人秘密逮捕了李牧，并处以死刑。司马尚也被免职。

王翦等人趁机进兵，破赵军，杀赵葱，攻克邯郸，随后虏赵王迁及其将领颜聚，赵国灭亡。赵公子嘉逃亡代郡，自立为代王，为赵国宗室延一线之脉。数年后，秦军灭代，至此赵国彻底灭亡。

知识链接

【胡服骑射】

战国后期，赵武灵王推行军事改革措施，采用北方游牧民族的服饰，教国人学习骑马、射箭等武艺，史称“胡服骑射”。胡服的形制为：上褶下袴，头戴有貂、蝉为饰的武冠，腰间系有金钩为饰的具带，足上穿靴，以便骑射。实行胡服骑射后，赵国的国力逐渐强大起来，并向北方开辟了千里疆域。这个典故告诉人们不要固步自封，应学习别人的长处，勇于改革。

世界大事记

前338年，喀罗尼亚战役，马其顿征服希腊。

秦惠文王十三年。

前344年，魏惠王会诸侯于逢泽，率诸侯朝见周天子。

秦灭魏国

御除东进之阻

秦灭掉的第三个国家是东临的魏国。魏国是一个大国，而且一直是秦的劲敌。秦灭魏，迈出了吞并天下的关键一步。

收复河西 魏王称臣

战国初年，魏国国势强盛，一度居于首强地位，成为秦国东向中原的直接威胁。秦简公时，秦洛河以东，南至临晋、华阴以东的地区都被魏国占领，魏国在此地还设置了河西郡。秦国被迫于洛河西岸修筑“堑洛”长城以为屏蔽。秦献公继位后，锐意革新，国力增强。为收复河西地，秦主动出击魏国，数挫魏军。商鞅变法后，秦国的军事力量大大增强，进入强国之列。而魏国在马陵大战中，其主力部队十余万人被齐军消灭，从此国势大衰。秦孝公二十三年（前339），商鞅率军攻魏，迫使魏国交还一部分河西地，魏国还被迫将政治重心从旧都安邑撤至大梁。

秦惠文王时，秦国集中全力为收复河西之地而同魏国开战。时魏国已无力抵挡秦国的强大攻势，不仅献出了河西之地，还将河西北段的上郡15县献与秦国。秦国从此完全据有了河西之地，实现了历代国君的夙愿。时秦东线控制了黄河天险，摒诸侯于函谷关外；南隔秦岭，同楚、巴、蜀为邻，已实有“关中”。

此后，秦国不断蚕食魏国。到秦昭襄王时期，魏国已向秦国俯首称臣。庄襄王时，秦国已占有魏河东、上郡、河内等地，秦的东界已推进至魏都大梁附近。秦王嬴政继立后，便开始了削平六国的战争。

魏王昏庸 妒贤误国

得人才者得天下，失人才者失天下。魏国之败首先应归咎于内政不修，其中人才的流失最为严重。秦孝公时的商鞅、秦昭襄王时的范雎、秦王政时的尉缭等都是由于不得志于魏国而流亡到秦国的。就连王室宗亲信陵君也无法为魏国大展宏才。信陵君是魏安釐王的异母弟，他不仅礼贤下士、广揽人才，而且通晓兵法，颇富韬略，并多次率各国联军与

战国 绹纹瑗

1976年西安市雁塔区金滹沱村出土。直径7.6厘米，孔径4.5厘米，厚0.5厘米。瑗是大孔之璧，先秦时期，凡天子召见诸侯或诸侯召见卿大夫、士的时候，都要使人持瑗作为物证。该瑗为大理石质，通体雕琢绹纹（绹纹即绳纹），绹纹的弧线粗细相等，曲率一致，流畅自然，富有韵律感。

战国 “半斗”铭文鼎（咸阳市塔儿坡出土）

秦军对垒，击败秦军，威震天下。魏王嫉妒他的贤能，唯恐重用他会危及自己的国君地位，迫使信陵君长期流亡在外。

秦王政还使用离间计离间魏国君臣。信陵君曾一度统率魏军，为了除掉这个敌国的大将，秦王政令人携带大量黄金赴魏，以收买信陵君的仇家，让他们在魏王面前诋毁信陵君。秦国还故意多次派遣使者，无中生有地祝贺信陵君为魏王。魏王心中生疑，于是剥夺了信陵君的军权。

秦王政四年（前243），信陵君、魏安釐王先后死去。次年，秦军便兵分两路攻击魏国，攻占20城，并在占领区设置了东郡（今河南濮阳一带）。秦王政六年（前241），秦国又击退五国联军，攻取魏国的朝歌（今河南淇县）及其附庸卫国。秦王政九年（前238），杨端和率军攻占了魏国大批城池，并逼进魏都大梁。

秦王政二十二年（前225），秦将王贲率军击魏。秦军掘开黄河大堤，引水灌入魏都大梁城。水淹三月，城墙崩塌，魏王假被迫投降，魏国就这样灭亡了。

战国 青铜提链钫（音fāng）（咸阳市塔儿坡出土）

知识链接

【《法经》】

魏李悝著。它是中国历史上第一部比较系统的成文法典。《法经》共有六篇，即盗、贼、囚、捕、杂、具。李悝认为“盗”是对统治者的最大威胁，所以置于首篇。“贼”指伤害人和反叛。“囚”是关于审判和断狱的法律。“捕”是关于追捕犯人的法律。“杂”指盗、贼之外的各种犯罪行为。“具”类似于现代刑法中的总则部分，规定定罪量刑的原则。

世界大事记

前336年，马其顿国王腓力二世遇刺身亡，亚历山大继位。

布币。

秦 高足杯

1976年9月，西安市西郊车刘村秦阿房宫遗址出土。高14.5厘米，口径6.4厘米。玉杯由杯体和杯座上下两部分组成，杯身三道双勾弦纹将腹部纹饰分为四层，近口沿的第一层为四蒂叶子与连云纹；第二层为谷丁勾云纹；第三层为几何形勾云纹；近足处第四层为云头纹。这件玉杯造型大气、秀雅，色青泛黄，晶莹润泽，研磨抛光极为精细。从其硕大的体量和高超的工艺看，应属御用品。

风萧萧兮易水寒 壮士一去兮不复还

荆轲刺秦王

春秋以前的燕国国势较弱，战国以来逐渐强盛。特别是燕昭王即位后，变法图强，国力大增，后几乎将齐国灭掉。公元前236年，秦军连克赵国九座城池。燕赵相接，唇亡齿寒，这时在秦国做质子的燕太子丹逃亡回到燕国，为救燕国，他派荆轲去行刺秦王嬴政，于是有了历史上“荆轲刺秦王”的故事。

旷达不羁 侠肝义胆

荆轲，魏之附属国卫国人，燕人称他为荆卿。他自幼喜好读书、击剑，有勇有谋。他常常周游各诸侯国，结交一些社会贤达、豪爽信义之士。荆轲嗜酒，每日与两位至交好友高渐离和狗屠在燕国街市上畅饮。当酒酣耳热时，高渐离击筑，荆轲唱和，情之所至，两人或豪情欢歌，或怅然悲泣。燕国的处士田光觉得荆轲是不同凡响之人，便与之结为好友。

燕国情势紧迫，太子丹逃亡回国后，向田光请教对策。田光认为，燕国弱小，不是秦国的对手，而诸侯畏惧强秦，也不敢联手抗秦，燕国不妨派遣一位勇士出使秦国，设法胁迫秦王归还侵占的燕国土地，若秦王不答应，就刺杀他。田光还把荆轲推荐给太子丹。太子丹亲自去请荆轲，荆轲起初推辞，但见太子丹一片赤诚，便慨然允诺。于是太子丹尊荆轲为上卿，并为他提供最好的住房、食品和奇珍异物，还挑选了才貌俱佳的美女送给他。凡荆轲出行，太子丹都为他备好车马等所需用具，可谓优礼备至。

壮士出行 易水送别

秦王政十九年（前228），王翦攻破赵国，俘虏了赵王。接着大军又到达燕国南界，准备渡易水进攻燕国，燕国上下震动。太子丹敦促荆轲尽快赴

战国 窄格剑

1978年长安区杜曲废品收购站移交。长42.5厘米，柄长8.7厘米。剑是我国古代诸侯、大夫和将士随身佩带的近体护卫兵器，用于斩杀和刺杀。

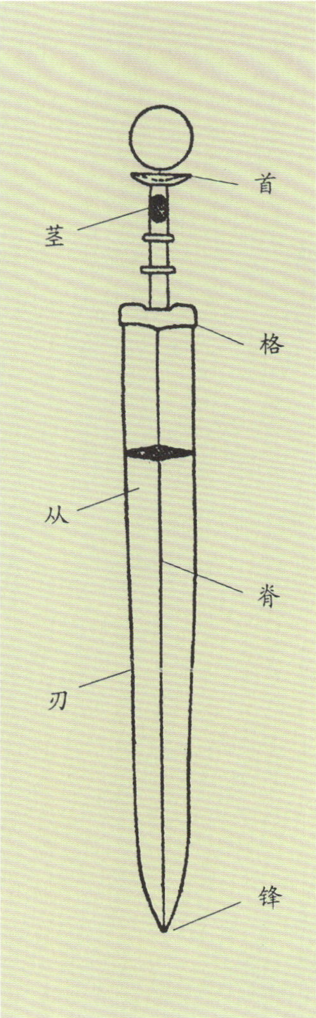

世界大事记

前334年，亚历山大率军东征波斯帝国。

前341年，齐魏马陵之战，齐胜。

秦。荆轲痛快答应，但请求两样东西：一是燕国督亢的地图，二是秦之叛将樊於期的头颅。太子丹当即答应提供地图，但对于献出樊於期的人头则不忍心。于是荆轲亲自面见樊於期，樊於期原为秦将，因得罪秦王而投奔燕国，“父母宗族皆为戮没”。听荆轲一说，樊於期报仇心切，当即自刎而死。太子丹又为荆轲准备了赵国工匠徐夫人锻造的匕首。这种匕首价值百金，锋利无比，又以毒药淬之，可以见血封喉。匕首藏在地图之中，以便携入秦宫。随行的有燕国勇士秦舞阳以及敢死之士20余人，另有价值千金的财物，供荆轲打通关节使用。

太子丹及其亲信宾客都身穿白色衣冠在易水边为荆轲送行。众人为他敬酒，并唱道：“风萧萧兮易水寒，壮士一去兮不复还。”歌声悲怆苍凉，令人泣下。

行刺未果 身死秦殿

荆轲到了秦国，贿赂秦王宠臣中庶子蒙嘉。蒙嘉于是对秦王说：“大王，燕国君臣愿意做大王的子民，供大王驱使，为表诚心，还派人送来了樊於期的人头。”秦王听后，十分欢喜，决定身着朝服，摆设九宾之礼，在咸阳宫接见燕国使者。

荆轲等人奉命晋见。荆轲捧着樊於期头匣，秦舞阳捧着地图匣，顺次入殿。当走到秦宫殿王位的台阶下时，秦舞阳被威严的朝仪吓得脸变成了土灰色，身体不停地颤抖，左右群臣对他产生了怀疑。这时荆轲回顾秦舞阳，微微一笑，走上前去向秦王谢罪，请秦王宽恕身后这个没有见过大世面而有失礼节的随从。嬴政点点头，下令献上地图。荆轲从容展开地图，当快展到尽头时，突然地图中出现了一把锋利的匕首。这时荆轲急忙左手抓住秦王衣袖，右手持匕首猛刺，结果未刺中秦王。秦王惊恐异常，急忙起身，荆轲又拿匕首向秦王胸口直刺过去。秦王向后一转身，把那只袖子挣断了。他跳过旁边的屏风，刚要往外跑，荆轲拿着匕首追了上来，秦王绕着朝堂上的大铜柱子跑，荆轲则紧追不舍。

周围的大臣手无寸铁，按照秦国的规矩，台下的武士没有秦王命令是不准上殿的。危机时刻，御医夏无且急中生智，拿起手里的药包对准荆轲砸了过去，荆轲用手一扬，那只药包就飞到一边去了。就在这时，秦王拔出宝剑，转身挥向荆轲，砍断其左腿。荆轲倒在地上，仍拿匕首直向秦王扔过去。秦王往右一闪，那把匕首就从他耳边飞过，刺向朝堂上的铜柱。

荆轲为秦王剑刃所砍，剑锋所刺，已无还手之力，苦笑着说：“我没有早下手，本来是想先逼大王退还燕国的土地的。” 这时候，侍从武士一起赶上殿来，乱剑砍死了荆轲。台阶下的那个秦舞阳，也早被武士们杀死了。

荆轲刺秦王画像砖拓片

历史百科问答：战国时期秦国使用的是哪种货币？

荆轲持匕首向秦王刺去

增兵伐燕　燕国灭亡

荆轲刺秦王加速了燕国的灭亡。秦王政动怒，下令增兵伐燕。燕、代也合兵抗秦，但两国之兵难以抵御秦国强大的攻势。秦军在易水西岸大破燕代联军，乘胜进逼燕都蓟城（今北京西南）。秦王政二十一年（前226），蓟城失陷，燕王喜与太子丹退守辽东。李信率数千精锐追击，再破燕军。燕王喜被迫采纳代王嘉的计策，主动将太子丹的首级献给秦国，希望能获得一线生机。但秦王不会因为得到了太子丹的人头而停止进攻辽东的步伐。秦王政二十五年（前222），又派大将王贲统率重兵，挥师北进，先后攻下辽东和代，俘虏了燕王喜和代王嘉。为庆祝这次胜利，这年五月，秦王政下令天下臣民摆宴欢庆。

战国晚期　谷纹玉剑璲（音suì）

2003年长安区潘家庄秦墓出土。长5.5厘米，宽2厘米。剑鞘中部用以穿剑带的钮称“璲”。该玉剑璲为白色微泛黄，面饰浮雕谷纹。

知识链接

【放马滩秦地图】

1986年6月，在今甘肃天水放马滩秦一号墓中出土了七幅地图，年代为秦王政八年（前239），这是我国目前发现的时代最早的地图。七幅地图均用墨线制在四块大小相同的松木板上（其中三块为两面绘制）。拼接后的完整地图，以“邽丘”为中心，描绘了秦统一前邽县的主要河流、山脉、乡里名及木材分布状况。放马滩地图已具备了后世地图制作的一些基本原则，如它有方位、距离、高下、迂直及统一的图例等，为秦史和地图绘制技术史的研究提供了珍贵资料。

世界大事记

前333年，伊苏斯战役，大流士三世败北。

圆形方孔钱和圆形圆孔钱。

前336年，秦国『初行钱』。

空国甲士 专委于我

秦宿将王翦

王翦，秦国频阳县（今陕西富平）人，自幼喜好兵法，与其子王贲都是秦始皇统一六国时的著名将领。

父子力战 功勋赫赫

秦王政十一年（前236），王翦率军攻打赵国的阏与（今山西和顺）。这时，他领军只有18天，但他治军有道，根据军吏的实际情况，大胆革新，将官职在斗食以下的小吏精简到只有20%，其余80%被遣散回家。王翦就用这支精简后士气高、战斗力强的精锐部队攻下了阏与。这是他指挥的第一次战争。

秦王政十八年（前229），王翦与杨端和领兵攻打赵国，秦、赵相持一年多后，赵国灭亡。赵公子嘉逃到北面的代，自称代王，后被秦国攻灭。

秦王政二十年（前227），王翦、李信等领军攻打燕国，在易水河边击败燕代联军。燕王喜逃至辽东，数年后为秦所灭。王翦在攻取了燕国都城蓟后，便称病告老还乡了。

秦王政二十二年（前225），秦王派王翦的儿子王贲带兵攻楚，大败楚兵。王贲又率军迅速进攻魏国，最后用黄河水淹魏都城大梁，大梁城毁，魏王投降，魏国灭亡。

王翦画像

灭魏后，三晋之地已全部被秦占领。秦王准备灭楚，但灭楚究竟需要多少兵力，秦王政对此拿不

王翦墓

位于富平县到贤乡永和村，墓为长方形，南北较长，东西稍窄，高约9米，周长136米，墓顶部平坦。王翦，频阳东乡人，战国时期秦大将军。在秦统一战争中，率兵拔赵、破燕、定蓟、灭楚，功封武成侯，约卒于秦朝初年。

秦始皇送行王翦

定主意，于是征求众将的意见。年轻气盛的李信认为只要20万兵力就可以，老成持重的王翦提出需要60万兵力，不加思考的秦王政同意了李信的方案。结果李信军被楚国打败，楚军还一直向西进发，大有反攻秦国之势。

消息传来，秦王政大为震怒，他立即亲自赶往王翦老家频阳，请王翦率领大军攻楚。王翦起先推辞，经秦王政再三劝说，王翦便说道：“如果大王一定要我带兵，非60万人不可。”秦王政答应了王翦的这一要求，并表示愿意听从王翦的谋划。

乞田讨宅 消君疑心

王翦带兵出征那天，秦王政在灞桥为王翦设宴饯别。席上，王翦请求秦王赏赐给他咸阳附近最好的几处田产。秦王虽然答应了，但心里却讥笑王翦，怎么越老越小气贪财呢！

王翦带领60万大军，浩浩荡荡开赴秦楚边境，一路上连续五次派人向秦王提出要求，一会儿要田地，再一会儿要住宅，一会儿要修花园，过一阵还要添个鱼池。副将蒙武很不理解，就问他：“将军，您没完没了地向大王提出要求，难道不怕大王见怪吗？攻灭楚国后难道还愁不封侯吗？”王翦就悄悄地对他解释道：“做君王的哪个不疑神疑鬼呢？秦王把60万大军交给你我二人，国内已空虚无兵，他能安下心吗？我这样左乞右讨，让大王以为我所在意的不过是这些小东西，以免除猜疑。”蒙武听后连连点头，佩服老将军的远见。

以逸待劳 攻灭楚国

楚王得知王翦代替李信领兵攻楚的消息后，就尽数调集全国的军力来抗击秦军。王翦的军队在赶赴战场后，采取构筑坚固营垒、只守不攻的办法。楚军每每挑战，王翦始终不应战。王翦与士兵每日照常休息沐浴，并与士兵一起进食，士卒们精力充沛，聚在一起比赛投石和跳远。秦军以逸待劳，楚军却以为秦军只是防守边境，便开始撤军。王翦见状，号令将士发起进攻，秦军士气旺盛，趁楚军撤退之机，乘胜追击，势如破竹，击杀了楚将项燕。大将一死，楚兵立刻溃散，秦军一路攻下了楚国的多座城邑。

一年后，王翦攻破楚都寿春（今安徽寿县西南），俘虏了楚王负刍，楚国灭亡。秦国在楚地设立郡县进行管理。在灭楚后第二年，王翦又率军平定了江南，降服了百越，秦国在江南设立会稽郡（今江苏苏州）。

王翦灭赵、楚，降百越，受封武成侯；王贲灭魏、燕、代、齐，受封通武侯。父子二人在秦统一全国的战争中立下了赫赫战功。

知识链接

【汨罗之流】

汨罗之流相传为秦始皇整治过的水利工程。《六砚斋二笔》记载：“始皇通汨罗之流。”汨罗在今湖南东北部，上游称汨水，流至湘阴县分作二支，南流者仍称汨水，经古罗城者称罗水，至屈原潭后两水复合而为一，故合称汨罗。秦灭楚后，即开始疏通该水系，既利航行，又利灌溉。

世界大事记

前332年，马其顿军进入埃及，亚历山大里亚始建立。

致仕。

前334年，魏惠王与齐威王会于徐州，承认彼此为「王」。

统一大业的最终完成

秦灭齐国

秦将王贲攻灭燕、代后，便挥戈南下，准备消灭齐国。在关东六国中，齐国的强国地位确立最早，维持时间也最久。

春秋首霸 日渐衰落

齐国地处“海岱之间”，物产丰富，交通便利，自西周以来就是一个举足轻重的大国。春秋时期，齐桓公成为第一位诸侯霸主。到战国时，齐国的综合实力仍很雄厚。特别是齐威王时，齐国“最强于诸侯”，使诸侯“莫敢致兵于齐二十余年”。而秦国在孝公之前一直偏居西部边陲，被中原诸国视为“夷翟”之邦，不与之通使会盟。商鞅变法后，秦国国势蒸蒸日上，疆域不断拓展，令关东诸国刮目相看。秦昭襄王时，秦国成为与齐国对峙的西方强国。

秦国的日益强大使东方诸国深为不安，各国曾多次组织合纵攻秦。秦昭襄王九年（前298），齐国联合魏国和韩国共同攻秦，与秦军相持三年，终于攻破函谷关。当此之时，齐国威震诸侯。秦昭襄王十九年（前288），昭襄王自称“西帝”，尊齐湣王为“东帝”。

秦昭襄王二十一年（前286），齐国与魏、楚“灭宋而三分其地”。齐湣王还图谋南侵楚国淮北之地，西侵三晋，胁迫邹国、鲁国称臣，进而吞并周王室。齐湣王的扩张野心招致各国联合攻齐。秦派都尉斯离参加了燕将乐毅指挥的五国（燕、秦、赵、韩、魏）伐齐联军。联军攻占齐国70余城，齐湣王逃奔到莒，不久被杀死。后来齐将田单利用燕军中途换将，连施妙计，以火牛阵攻杀燕将骑劫，加上各地齐人也纷纷起兵响应，齐国很快收复失地。经历了一场浩劫的齐国虽得以光复，却从此一蹶不振。

收买齐相 诱降齐王

秦王政用兵六国之时，担心齐、赵联合，特派荆苏等人出使齐国，以计谋使齐赵之交断绝。后胜为齐相后，秦国间谍以重金贿赂后胜，唆使他派

秦 修武府耳杯与温酒炉

1966年咸阳市塔儿坡出土。炉长15厘米，宽11.5厘米；耳杯长15厘米，宽12.9厘米。炉口呈圆角矩形，四只矮蹄足。耳杯四足，两端有铺首衔环。耳杯一侧的耳下及炉腹外均刻有“修武府”三字铭文。“修武”战国时属魏地，后并于秦。带环、足的耳杯极为罕见，与温炉配套的耳杯目前以此为最早。

遣众多宾客出使秦国。秦国又以重金收买这些齐国使者，让他们劝说齐王奉行与秦和善的政策。在这些宾客的影响下，齐国长期奉行“朝秦”政策，不仅不援助遭受秦军攻击的其他五国，而且也不做抵抗秦国入侵的任何准备。当其他国家相继灭亡之后，齐王建与相国后胜始觉大势不妙，遂仓促备战；同时派重兵把守齐国西界，以防秦兵攻入。

当初王翦灭燕后，秦王政曾与众将商议：“齐国和楚国，先灭掉哪个为好？”李信说道：“楚地广阔，齐地偏狭；楚人勇猛，齐人胆怯。请大王先攻下容易对付的齐国。”李信看到了齐国外强中干的实质。

秦王政二十六年（前221），秦将王贲率大军向齐国进发，就在秦国大兵压境之时，齐国君臣仍在争论：究竟是拼死一战还是献城投降？可见五国伐齐之后齐已衰败至极。秦王政恩威并施，一方面强兵压境，一方面诱齐降秦。秦使陈驰劝说齐王建降秦称臣，答应以500里之地作为他的封邑。齐王建终于被说动，投降了秦军，齐国灭亡，秦在齐地置齐郡和琅邪郡。后来秦王为不留后患，未守诺言，而把齐王建安置在边远的共邑。齐王最终饿死在共邑荒僻的松柏之间。

齐王建任用奸佞，苟且偷安，终于招致杀身亡国之祸。

知识链接

【火牛阵】

火牛阵是战国后期齐将田单击败燕军时所采用的战术。公元前284年，乐毅率五国联军破齐70余城，唯莒县和即墨久攻不下。时田单固守即墨，趁燕军松懈之机，他在城中挑选了1000多头牛，并将其打扮起来：牛背上披有大红绢，身画五彩龙纹，角上绑有兵刃，尾端还系有浸过油脂的芦苇。一天夜里，田单令人凿开十几处城墙，并将牛队赶出城外，点燃牛尾，牛队便向敌营方向猛冲，齐5000壮士持兵刃随其后。牛所触者非死即伤，壮士乘机攻杀，城中鼓噪之声震天，燕军大败。

世界大事记

前331年，亚历山大在高加米拉彻底击败大流士三世。

赵国、燕国、齐国。

前328年，秦设相国，以张仪为相。

千古一帝 天下一统

秦始皇开创皇帝制度

公元前221年，秦王政灭掉六国，结束了500多年混战分裂的社会状态，中国历史进入了一个新的时代。

皇帝的由来

统一中国后，秦王嬴政自认为“既有三皇之德，又有五帝之功”，不应再称王。他让群臣讨论自己的称号，大臣们意见不一，他听后都不满意。于是嬴政选取古代“三皇”之“皇”和“五帝”之“帝”，合而为一，自称为“皇帝”。从此，“皇帝”一词就成为后世两千多年封建君主的尊号。

皇帝地位尊崇，至高无上，大臣们对他的名字也要避讳，因为秦始皇名政，所以他将地方官的“里正”改称“里典”，在文书中遇到皇帝字样或与之同义的词，要另行顶格书写。这些规定后来都为历代封建皇朝所沿用，成为定式。

秦始皇还认为，皇帝生前的贡献不应被后世议论。历史上的“子议父，臣议君”的“谥法”违背伦理，不足取。于是，他追尊父亲庄襄王为太上皇，并下令说：“从今以后，废弃谥法。我为始皇帝，后继者为二世、三世，直到万世，代代相传，无穷无尽。”

创制尊号

秦始皇还创立了与皇帝名号相一致的一些名物制度，以显示皇帝的独尊地位。

他规定：皇帝自称“朕”。“朕”本是“我”的意思，至秦始皇开始用作皇帝的专称。

皇帝的“命为‘制’，令为‘诏’”。这样皇帝的命令分为两类，一类是涉及制度的，叫“制”；一类是诏告臣民的令文，叫做“诏”。

秦始皇批准臣下的奏议，用一个“可”字。“可”字也成为皇帝的专用语。另外，他还规定只有皇帝的大印才能称作“玺”，此后一般人的印章不能再称“玺”。

秦始皇所创非仅“皇帝”之名号，而是作为一种制度规定了皇帝拥有至高无上的权力。从中央到地方的主要官吏，都由皇帝任免，都按照皇帝的律令或意志办事。军权也集中到皇帝手中，调动军队

秦始皇画像

秦 骑兵俑

1977年临潼区秦始皇兵马俑坑出土。俑高180厘米；鞍马高172厘米，长203厘米。骑兵俑头戴圆形介帻，两侧带子结于颏下，右手作牵辔状。鞍马昂首站立，马背雕有鞍垫，马头套衔辔，辔绳用铜丝串连的方形、圆形石饰组成。

需经过皇帝的批准，否则就是违法。秦始皇集中了政治、军事、财政等一切大权，建立了一套以皇帝为核心的金字塔式的官僚政治制度。

推五德之传

秦始皇尊崇战国时阴阳家邹衍创立的五德终始说。按照五德之传，西周得火德，水能克火，所以秦属水德，并改黄河为“德水”。水德开始之年，改十月为岁首。因水德属北方，所以衣服、符节、旗帜都以黑色为尊。同时水德又属阴，因此数字以六为纪，规定符节、法冠皆以六寸为标准，车宽为六尺，一步为六尺，一辆车要驾六匹马。因水德崇尚杀伐，所以治国应采用严刑峻法。秦王朝后来的暴政，与此有很大关系。

勤政不怠

秦始皇大权独揽，为了维持刚刚建立的统治秩序，他勤于政事。《史记·秦始皇本纪》记载：凡大臣禀奏的事情，无论大事小事，都取决于秦始皇一人，始皇每天要看巨量的简牍文书，他甚至用秤称量大臣们的奏章，不足规定的重量要受处罚，而且他看不完这些文件，也不能休息。秦始皇不愧为中国历史上第一个大有作为的皇帝，清代李贽称赞他为“千古一帝”。

皇帝制度从秦始皇开创以来，一直贯穿于中国封建社会的始终，直到最后一个皇帝溥仪退位，皇帝制度才寿终正寝。

知识链接

【谥号】

古代帝王、诸侯、卿大夫、高官大臣等死后，朝廷根据他们的生平行为给予一种称号以褒贬善恶（如“文”“武”“德”等），称为“谥”或“谥号”。帝王的谥号一般由礼官议上；臣下的谥号由朝廷赐予。一般文人学士或隐士的谥号，则由其亲友、门生或故吏所加，称为“私谥”，与朝廷颁赐的不同。

世界大事记

前336—前330年，波斯帝国末代国王大流士三世在位。

通天冠。

前318年，五国合纵攻秦，秦迎战于函谷关，秦胜。

秦中央官僚机构

三公九卿制

秦始皇不仅首创皇帝制度，还在皇帝之下创设了三公九卿制，从而建立起一套金字塔式的中央官僚机构，以实现对封建帝国进行有效的管理。

解义“三公”

丞相、太尉、御史大夫称为三公。

丞相是皇帝之下最大的官员，辅佐皇帝处理国家大事，负责管理文武百官。其印章用黄金制成，印钮上系紫色绶带。

秦始皇沿袭旧制设立了左右两个丞相，以右丞相为尊。秦二世二年（前208）废左右丞相，另立中丞相，以赵高充任。但这仅为特例，而且时间很短。

丞相虽为百官之长，但还必须听从皇帝的号令，重大国事的最终决策权都掌握在皇帝手中。皇帝和丞相也因权力的分割而经常发生矛盾，丞相制度为后世所沿用，直到明太祖洪武十三年（1380）时才废止丞相这一官职。

太尉主要掌管军事。印章也用黄金制成，上系紫色绶带。太尉辅助皇帝以参理武事，负责各级军官的任免与考核，但军政大权都掌握在皇帝手中。

御史大夫的地位仅次于丞相，主要负责监察、律令、文书、档案等事。印章为白银质地，印钮上系青色绶带。郡国上交给中央的“上计簿”为御史府所藏。御史府还派人监察郡国官吏，称监御史。

释义“九卿”

三公之下，还有“九卿”等官吏，相当于今天中央的各部部长。九卿名称及职掌如下：

奉常——掌管宗庙礼仪祭祀；

郎中令——掌管宫殿门户的安全；

卫尉——掌管宫门卫屯兵；

太仆——掌管皇室车马；

廷尉——掌管刑狱，是全国最高司法官；

典客——掌管诸侯及四方归附蛮夷礼仪；

治粟内史——掌管国家财政；

宗正——掌管宗室亲属事务；

少府——掌管皇室财政。

除九卿外，还有以下官员：

中尉——掌管京师防卫；

将作少府——掌管宫室营造；

詹事——掌管皇后太子家中事务；

典属国——职掌少数民族归降、朝贡之事；

主爵中尉——掌管列侯。

上述公卿均可参与“廷议”，有时还有博士官参加。在廷议中，群臣各抒己见，最后由皇帝裁

战国“私府”铜印

黄龙县圪台乡曹窑村出土。高1.8厘米，长2.3厘米，宽1.3厘米。该印为鼻钮，长方形半通印。印文为阴刻白文篆书“私府”二字。“私府”是战国时秦国所设的皇后、太子和诸侯王家主管钱财之物的官署。

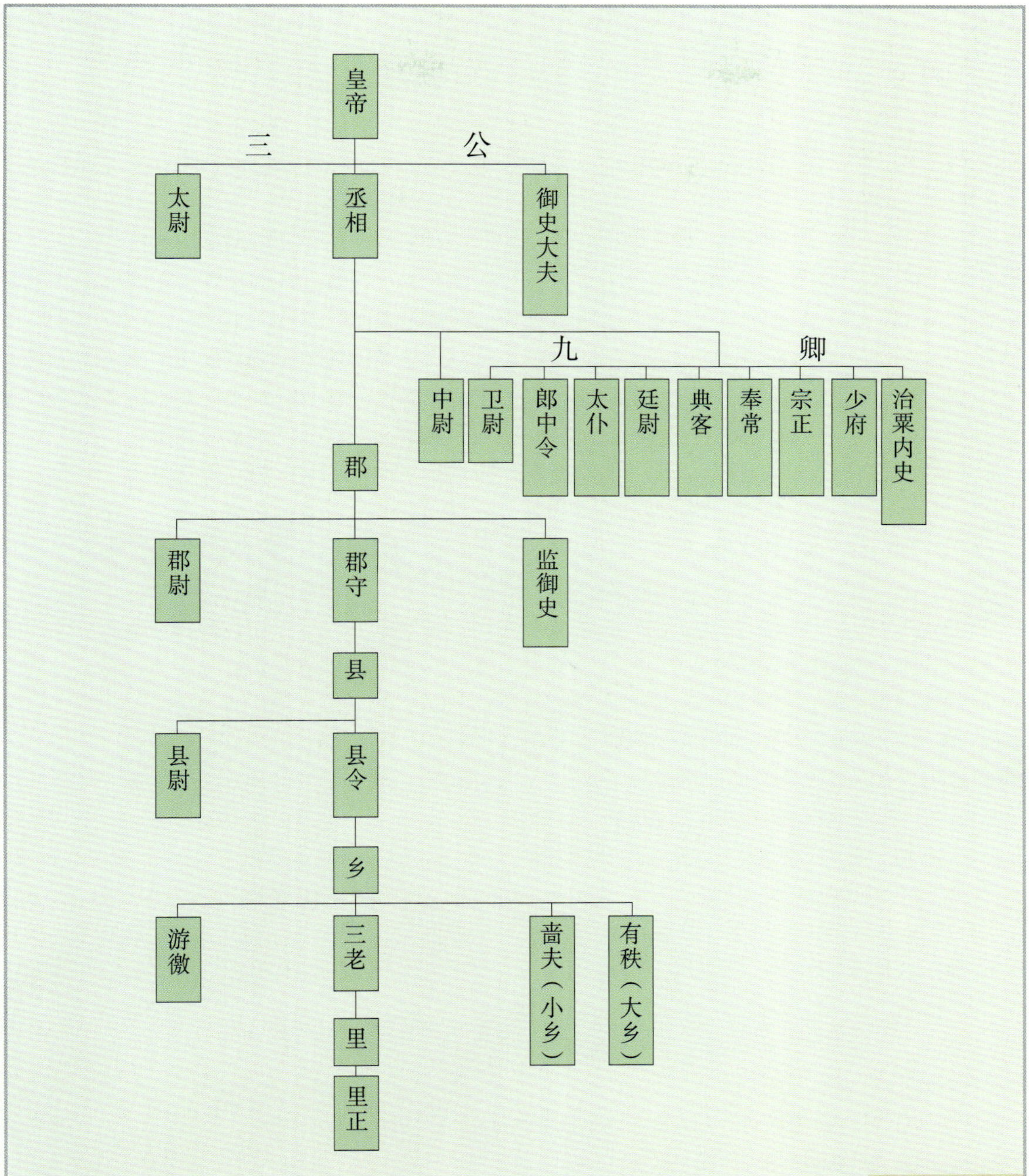

秦朝政权机构表

决，颁布诏令，分头执行。后来秦始皇独断专行，“廷议”就失去了应有的作用。

秦朝所设立的三公九卿制一直延续到魏晋南北朝时期，自隋唐开始才正式用三省六部制取代了三公九卿制。

知识链接

【庙号】

庙号是中国古代帝王死后在太庙受祀时追尊的名号，一般认为，庙号起源于商朝。庙号最初非常严格，按照“祖有功而宗有德”的标准，开国君主一般是祖，继嗣君主有治国才能者为宗。

世界大事记

前330年，亚历山大焚毁波斯王宫，波斯帝国灭亡。

《春秋》。

前317年，秦败韩、赵、魏师于修鱼。

百代皆行秦政事
废分封 行郡县

秦始皇统一六国后，关于帝国的治理，在地方上到底是实行郡县制还是分封制，大臣们意见不一，在朝堂上展开了激烈的争论。

“廷议”论说治国方略

丞相王绾说：“陛下刚刚平定天下，燕、齐、楚地距离关中遥远，如果不分置诸侯王，则无法镇抚管理。请封立各位皇子为王，恳请陛下恩准。”秦始皇就其建议让群臣展开讨论。群臣大都赞同王绾此议。廷尉李斯却反驳道：“当初周文王、周武王分封了众多子弟和同姓亲属为诸侯，但是后来这些诸侯国与周王朝的关系却越来越疏远，诸侯之间如仇敌一样互相攻伐，连周天子也无力禁止。现在，依赖陛下的神威，四海之内归于一统，各地都成为直属朝廷的郡县。对于皇子功臣，陛下可用朝廷的赋税重重赏赐，不可使其拥有土地。只有使天下人没有异心，才是实现海内承平的安宁之术，因此分置诸侯不宜。”

秦始皇采纳了李斯的意见，并说：“以前，天下人都苦于连年征战不休，就是因为诸侯割据、相互争夺的缘故。如今幸有祖先神灵保佑，朕才终于平定了天下。如果重新分封诸侯，岂不又要埋下战争的隐患？而后想求得安宁太平，不是更困难了吗？”于是秦始皇宣布实行郡县制，他把全国划分为36郡，后来又增至40多个郡，郡下设县。

地方行政机构设置

郡是地方最高一级行政机构，最高行政长官为郡守，又称郡太守。郡守下设郡丞、郡尉，协助郡守处理军政事务。朝廷还派有监御史负责监察郡内官员和事务。

郡下辖若干县。县级最高行政长官称“令”或称“长”。按规定，满万户的县称“令”，不足万户者称为“长”。令或长下设丞、尉以为佐助。县丞辅佐县令或县长处理内政与司法，县尉管理戍守徭役，兼地方治安事务。中央在与县平级的偏远地区设“道”进行管理。

郡守和县令作为地方最高行政长官，由皇帝直

战国 蟠螭纹方壶

1972年西安市雁塔区三爻村出土。高45厘米，口沿边长13.5厘米。壶为方形体，口微敞，颈略收，肩部较鼓，方圈足斜撇。盖呈四方盝（音lù）顶式，顶面有四个扁体变形龙钮，倒置可作高足盘。壶颈部倒三角纹内饰蟠螭纹；腹部与圈足饰四方连续蟠螭纹；肩部四面中间各有一铺首衔环，环上加饰尖云纹三朵，环的一面饰云纹，另一面饰雷纹。该壶造型灵巧，通体纹饰纤细精密，富丽华美。

接任命，完全听从于中央，不称职者随时撤换。

县下分辖若干乡。每乡设三老一人，掌管教化；设啬夫一人掌管赋役和听讼，有时设乡佐作为助理；设游徼（音jiào）掌管循禁盗贼，维持社会治安。

乡下设里，里有里典来管理。里中又设伍，五家为一伍，有伍老监管，里、伍互相监督，互为担保。

秦 错银鸠杖首（西安市出土）

另外，在城市和交通要道设亭，每十里设一亭，亭由亭长掌交通治安。

这样，秦朝就在地方上建立起一套自郡、县至乡、里、伍的严密的权力组织机构，不过皇权至于郡、县，县以下民众自治，乡之三老、啬夫、游徼皆百姓选举产生。秦之郡县制为后世所沿用。

知识链接

【县的设置】

春秋初期，楚武王灭掉权国，将其改为县，是为设县之始。春秋后期，县制开始推行于内地。战国时期，县的设置已较广泛，并转变为作为地方政权而实行官僚制度的县制，郡的设置要较县为晚。

世界大事记

前327年，亚历山大转战印度河流域。

十月。

一法度衡石丈尺

秦巩固统一的重要措施

秦始皇二十六年（前221），秦始皇下令“一法度衡石丈尺”，即废除原东方六国的度制，全国以秦朝的货币及度、量、衡为标准。

统一货币

货币是人们进行交换的媒介，早在史前时期，人们已经开始使用贝作为交换媒介，故而现在很多与钱有关的字均带有偏旁“贝”字。

春秋战国时期，铜币已成为人们进行商品交换时使用的主要货币，但各国的铜币在形状、大小、轻重以及计算单位上有很大差异。从形状上看，可分为布币、刀币、圆钱、铜贝等。布币的形状类似金属农具铲，主要在赵、魏、韩等国使用。刀币的形状像刀，主要在齐、燕、赵流通。圆钱分为方孔圆钱和圆孔圆钱两种，主要在秦以及赵、魏的黄河沿岸地区使用。铜贝形状类似海贝，俗称“蚁鼻钱”，主要是在楚国使用。货币的混乱，给各地商品交换与贸易带来了很多不便。

秦始皇统一全国后，下令废除六国时使用的各种货币，且禁止以龟贝、珠玉、银锡等充当货币，规定法定货币为黄金和铜钱。黄金为上币，单位为镒（合20两，一说24两）；圆形方孔铜钱为下币，以半两为单位，钱上铸有“半两”的字样，每钱重十二铢。中央掌握着铸造货币的权力，禁止地方和私人铸币，对于私自铸币者，不仅没收其所铸钱币，还要拘捕和严惩。

圆形方孔秦半两钱在全国的通行，结束了我国古代货币形状各异、重量悬殊的杂乱状态。这种圆形方孔的形制，一直沿续到民国初期。

秦统一六国货币示意图

秦 "北私府"椭量

1982年礼泉县药王洞出土。高7厘米，长26.7厘米。器呈椭圆状，短柄中空。量柄正面刻字三行，为"右" "北私府" "半斗" "一"；量柄左侧刻一"私"字。"北私府"是秦官中的收藏机构。"半斗"是指该量器的自容量，折合980毫升。"一"是器物的编号数字。量器的外壁两侧刻秦始皇廿六年诏文，外底刻二世元年诏文，均为小篆。

统一度量衡

秦统一前，各国的度、量、衡也很混乱，计量单位不统一。单以长度而论就有数种传世铜尺可以为证，如长沙楚国铜尺两边长度分别为22.7厘米和22.3厘米；安徽寿县楚铜尺长为22.5厘米；洛阳金村铜尺长23.1厘米。在量制方面，各国的差异也很大，如秦国以升、斗、斛为单位。齐国以升、豆、釜、区、钟为单位，而魏国则以半斗、斗、钟为单位。至于衡制方面则更加混乱，单位名称差别更大。楚国的衡器以铢、两、斤为单位；赵国则以镒为单位。

秦始皇在统一货币的同时，下令全国以秦的度量衡为标准，统一其他六国的度量衡器。他将统一度量衡的诏书全文刻在新制作的度量衡标准器上。其度制以寸、尺、丈、引为单位，以十为进位制度，秦一尺约合今23.1厘米；量制方面以龠（音yuè）、合、升、斗、桶（斛）为单位，除二龠等于一合外，余皆十进制，秦一升约合今200毫升；衡制方面以铢、两、斤、钧、石为单位，进位是二十四铢为一两，十六两为一斤，三十斤为一钧，四钧为一石，秦一铢约合今0.66克。

秦 高奴禾铜石权（西安市西郊出土）

知识链接

【贝币】

中国古代以海贝充当原始货币。商周时期的很多墓葬中都出土有海贝。贝币以"朋"为计算单位，五贝为一串，两串为一朋。贝产于海，流通不方便，就用仿制品来代替，于是出现了珧（音yáo）贝、蚌制贝、骨贝、石贝、陶贝等，直至出现向金属货币形态过渡的铜贝。

世界大事记

前327—前304年，罗马发动第二次萨莫奈战争。

指以时日推断吉凶祸福的占卜者。

秦 跪射武士俑

1977年临潼区秦始皇兵马俑二号坑出土。高122厘米。头束发挽髻，用朱红带束扎。身披铠甲，右膝着地，左腿蹲曲，右足登地，足着方口齐头鞋，鞋底外露，布满整齐的麻点纹。两手在右侧作上下握弓状。双目机警，薄唇紧闭，如引弓待发状。

书同文

小篆、隶书的规范与推广

为了统一公务、通信、契约书面文字，便于政令通达、信息传递和民间交往，秦始皇二十六年（前221），在下令全国统一度、量、衡的同时，宣布“书同文”，即统一文字。

文字的演变

汉字的产生、发展和演变经历了漫长的过程。早在五六千年以前，我们的先民就开始用一种最简单的符号来传达某种情意。在西安东郊半坡遗址出土的陶器上刻有20多个符号，这些符号可能就是我国文字的萌芽。到距今5000年左右的黄帝时代，史官仓颉“仰观苍穹之变”，在先民已有刻划符号的基础上，综合整理出最早的汉字，汉字的推广，出现了“始作书契，以代结绳”的文明气象。

20世纪在河南安阳殷墟出土的商代甲骨文是目前公认发现最早、最成熟的文字。商周时期的青铜器上还刻有不少文字，我们称这些文字为“金文”或“钟鼎文”。

秦　铜诏版（咸阳市长陵车站出土）

春秋战国时期，诸侯林立，文字混乱，各国字形、字体结构差异很大。这一时期的文字统称大篆，也称为籀（音zhòu）文。铜器（或陶器）上的铭刻、玺印上的文字、铜币上的铭文以及出土的帛书和竹简上，同一字往往有多种写法，即使在同一

秦统一文字前后对照

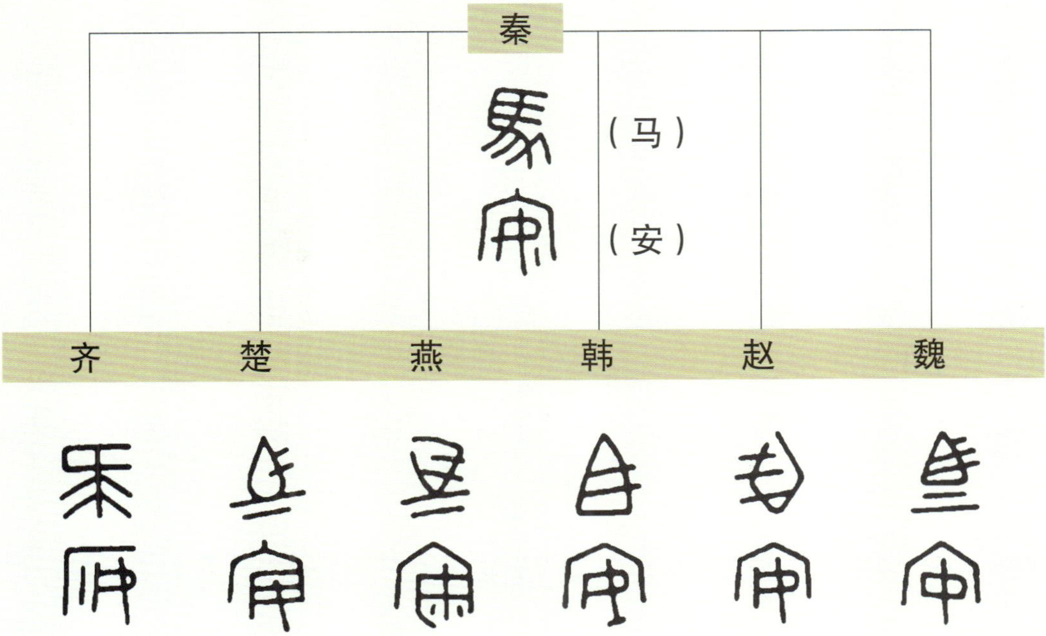

世界大事记

前326年，罗马通过彼提利阿法案，废除债务奴隶制。

前307年，赵武灵王始实行胡服骑射。

诸侯国内，也有不同的写法。例如“马”字，在齐国有三种写法，在楚国有两种写法，在燕国有两种写法，在三晋也有两种写法。文字的混乱与分歧，严重影响了各国之间的交流。战国中晚期，秦国还出现了较大篆更为简化的字体——小篆和隶书。

文字混乱使政令文书上传下达无法进行，因此，秦始皇统一天下后，即开始清理各国文字、统一规范字体的书写，这也是一项亘古未有的文化基础工程。

小篆的推广与隶书的修订

秦始皇下令废除原六国文字，由丞相李斯等人把秦国流行的小篆字体加以整理，使其更加规范化。李斯撰写了《仓颉篇》，赵高、胡毋敬分别撰写了《爰历篇》和《博学篇》，这三书就作为向全国推广小篆的范本。秦始皇于是宣布小篆为全国统一书体。他经常出巡各地，随从为他刻石立功，据说这些石刻大多是李斯的手笔。留传到今天的《泰山刻石》尚存九字、《琅邪刻石》存有86字。这些石刻字体整齐划一，布局紧凑，笔画匀称，纠正了六国文字结构繁杂、难写难认的缺点。

虽然在战国晚期就出现了较小篆更为简化的字体——隶书，但直到秦朝经程邈的改造后才被纳入到统一的字体之中。隶书遂成为当时流行的字体。程邈本是秦朝下杜（今陕西长安南古杜县西）人，曾做过县狱吏，对文字颇有研究，后来因为得罪秦始皇，被关押在云阳监狱。他深感当时官狱公牍繁多，篆书结构繁复，书写不便，于是就参照当时使用的各种字体，将以前的隶书删繁就简，加工整理，拟定出一批日常应用的标准字体。秦始皇看了很欣赏，结果不但赦免了他的罪行，而且任用他为御史，并将隶书刊为八种字体之一（八体书是：大篆、小篆、刻符、虫书、摹印、署书、殳书、隶书），命令狱吏使用。

统一文字是保证中央政令顺利下达的关键。20世纪出土的云梦秦简就是用隶书写成的。隶书的出现是我国文字由古体变为今体的重要里程碑。

知识链接

【石鼓文】

石鼓文是我国最早的石刻文字。因为文字是刻在十个鼓形的石头上，故称“石鼓文”。石鼓文的字体，上承西周金文，下启秦代小篆，被历代书家视为习篆书的重要范本，故有“书家第一法则”之称誉。十个石鼓分别刻有四言诗一首，径约三尺余，内容记述的是秦国君游猎的情况，故又称“猎碣”。因被弃于宝鸡陈仓，也称“陈仓十碣”。

峄山刻石拓本

秦始皇翦灭六国一匡天下之后，命李斯删减大篆而创小篆。公元前219年，秦始皇曾多次出巡，上峄山、泰山、琅邪等地，每到一处均有刻石昭示统一之文字。峄山刻石，传为丞相李斯所书。原在山东峄县，唐时毁于野火。宋淳化四年（993），郑文宝根据五代南唐徐铉的摹本重刻于西安碑林。李斯小篆书法特点是：用笔圆转，结体匀称，点划粗细均匀。唐张怀瓘《书断》列李斯小篆为“神品”。

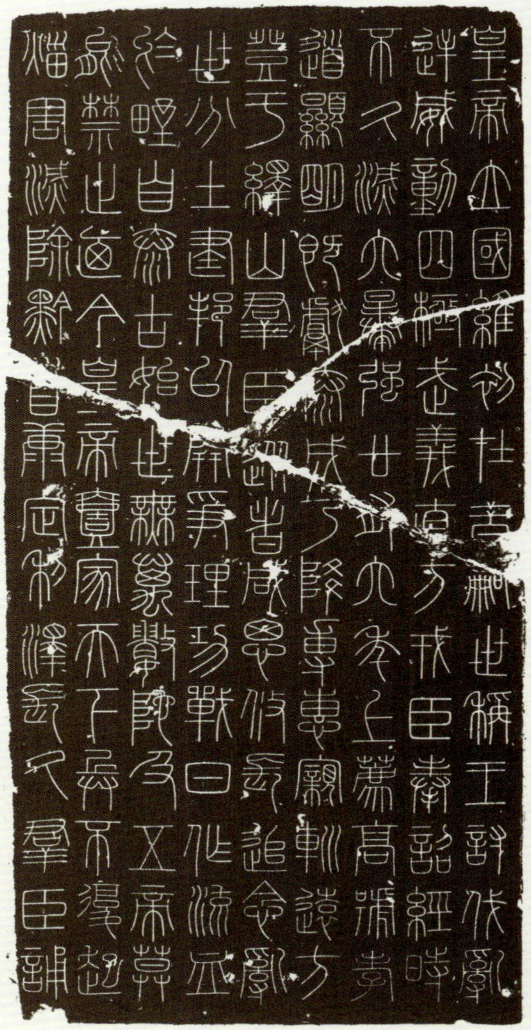

文明的南播

秦越战争及秦对岭南的开发

先秦时期，在荒远苍茫的五岭（南岭山脉之间的越岭、萌诸岭、骑田岭、大庾岭、都庞岭）以南，有一片广袤的地区，史称“岭南”（今两广、越南北部一带）。在这山青林密、河谷纵横的地带，生活着上百个原始部落。他们“断发文身”，各有种姓，互不统属，史书上泛称为“百越”。见诸史籍的岭南越族有：南越、杨越、西瓯、骆越等。秦始皇统一六国后，便用兵岭南，将岭南首次正式纳入中国的版图。从此，岭南便成为中原王朝的一个组成部分。

岭南与内地的联系

岭南虽地处偏南一隅，但与内地的联系却由来已久。据史籍记载，早在传说时代，舜和禹便都曾经“南抚交趾（今越南北部一带）”；殷商时，西瓯人曾向商王进献珠玑、玳瑁、象齿、文犀、翠羽等珍宝；周公摄政期间，交趾以南的越裳国不远数千里来到中原朝贡，并向周公进献白雉；周宣王时，派召伯虎率军向南拓疆，曾“至于南海”；春秋战国时期，楚国也不断向南方越族地区扩展地域，楚悼王就曾派吴起“南平百越”，占领“洞庭”“苍梧”（今湖南南部、广西东部）等地。据20世纪50年代出土于安徽寿县的鄂君启节铭文亦可知，当时楚国从事商业活动的船队曾通过长江、湘水抵达郴阳（今广西全州）。

虽然自远古以来岭南就与内地有着相互间的联系，但这种联系在三代时始终没有越出“荒服”（属于“五服”中最远者）的范围。当中原从原始社会迈入阶级社会后，所创造的优秀文明成果并未泽及这块幽远之地。因此当秦军来到岭南时，越人仍停留在原始的酋长割据状态。

旷日持久的秦越战争

秦始皇平定六国后不久，为建造一个史无前例的大帝国，便开始着手制定南征百越、北击匈奴的方略。大约在公元前218年，秦始皇派大将屠睢率领50万大军浩浩荡荡地向百越之地进发，其中不少士卒是来自江淮地区熟知水战的楼船军。但战争的进展却极不顺利。越人英勇强悍，并利用天时、地利等有利条件多次击败秦军。秦军经过三年“不解甲弛弩”的艰难战斗，仍没有使越人降服，而此时秦军的粮饷已匮乏到十分严峻的境地。为解决物资和粮食运输的困难，秦始皇派监御史史禄在今广西兴安县境内主持开凿了一条全长34公里的水渠——

秦 灵渠

位于今广西桂林兴安县境内，它沟通了湘水和漓水。灵渠设计灵巧、技术复杂，是我国古代运河建筑史上的奇迹。两千多年来，灵渠一直作为南北水路的重要通道，在维护统一上起着重要作用。

世界大事记

前325年，亚历山大结束东征，定都巴比伦。

乌氏倮。

灵渠。灵渠的开凿沟通了兴安县境内北入长江的湘水和南入珠江的漓水，使长江水系和珠江水系连结起来，保证了秦军源源不断的粮饷供应。

粮道开通后，秦军士气大振，屡次击败越人，并在与西瓯的一次战斗中斩其首领译吁宋。后来越人逃入山林，秦军只好屯守空地。数年旷日持久的战争使秦军士卒大为劳倦，而逃入山林的越人此时却又重整军纪方略，以等待时机反攻。他们趁夜间秦军不备之时偷袭，秦军大溃，“伏尸流血数十万”，大将屠睢也在这次激战中被杀。

徙民开发岭南

秦始皇得知岭南大军惨败的消息后，于公元前214年又派主将任嚣、副将赵佗率军攻打岭南，此次征发的士卒多为逃亡者、赘婿和商人。这次军事行动进展异常顺利，秦军很快便平定了岭南地区，秦始皇遂在此地设置了桂林、象、南海三郡，并以任嚣为南海尉，赵佗为龙川县令。岭南三郡的设立，使其由原始的部落酋长制一举而跨入郡县制时代，在行政体制上与中原的文明差距大大缩小。

秦　环形错银铜车马饰（西安市阿房宫遗址出土）

公元前213年，秦始皇又将一批因办案不公而被判有罪的狱吏迁往岭南筑路修城。约在公元前210年，应龙川县令赵佗之请，秦始皇将内地15000名“无夫家”的女子遣送至岭南，与当地秦卒通婚并世居岭南。这些先后被征发来到岭南的移民中，既有会建造船只的楼船之士，又有具备一定文化知识的犯罪官吏，还有善于沟通物品交换的商人，亦不乏掌握中原先进生产技术的手工业者。他们的到来不仅改变了岭南地区的人口结构，而且带来了先进的文化和技术，为改变岭南地区的落后面貌作出了开创性贡献。

而今在岭南地区尚存的灵渠、秦城古城垣（在今广西兴安县西南）、赵佗城（在今广东乐昌泷口附近）等遗迹似乎还在诉说着当年秦人开发岭南的功绩。

秦　“丽山园”青铜钟（临潼区出土）

知识链接

【秦闽中郡的设立】

战国时期，在今浙江、福建一带生活着东越族，据说他们是越王勾践的后裔，其首领自称“王”。秦始皇统一六国后，在这里设立了闽中郡，并废除“闽越王”和“东越王”的称号，而改称“君长”，实行以越治越的特殊政策。

拓展北方疆域

北击匈奴

就在秦帝国崛起的同时，北方也出现了一个强大的少数民族——匈奴族。匈奴族是一个游牧民族，在欧亚大陆古代诸游牧民族中是最强悍的。

马背上的民族

匈奴首先崛起于北部中国，长期雄踞北方，其活动范围广大，在世界史上扮演过重要角色。

趁中原各国战事方酣、无暇外顾之机，匈奴不断向四方扩张，并攻占河套地区，控制了南至河套、北至贝加尔湖的广大地区。

秦王朝建立后，匈奴首领为头曼单于。此时一个军政合一、游牧骑射的匈奴国家已具雏形。匈奴族是马背上的民族，逐水草而居，剽悍骁勇，经常侵扰内地，掠夺人口、财物，动辄屠戮民众，视生命如草芥，对中原构成了重大威胁。

因谶言而击匈奴

当秦始皇灭掉六国、南平百越后，解除北方威胁、防范匈奴侵扰便成为秦朝边防的首要任务。据说，燕人卢生曾给秦始皇献了一本谶（音chèn）

前324年，印度孔雀王朝建立，定都华氏城。

右丞相为尊。

战国 龙首玉带钩

2001—2002年长安区茅坡村15号秦墓出土。长13.7厘米，宽1.3厘米，厚1.3厘米。白色玉质，钩头为龙首形，钩体呈四棱曲棒形，长方形钮位于中部偏后，钩面有纵向凹槽三道，横向凹槽两道。龙首仅具外形大轮廓，未作细部刻画。

书，书中有一条“亡秦者胡也”的谶语。秦始皇看到后，认为“胡”就是指匈奴，这条谶语预言秦朝将被匈奴灭掉，于是始皇决定用兵匈奴。但李斯反对北伐匈奴，他认为：匈奴游牧而居，迁徙不定，不易一举攻灭；而北方不生五谷，即使占领了匈奴的地盘，也不会给秦朝带来多大益处；如若秦军轻兵深入，路途崎岖遥远，转运粮食辎重不仅劳民伤财，还会招来人民的怨怒。

秦始皇三十三年（前214），秦始皇巡视北部边疆，在分析政治军事态势之后，派将军蒙恬率领30万军队北进击灭匈奴。蒙恬不负重托，很快夺回被匈奴占领的河套地区。第二年，秦军越过黄河，迫使匈奴放弃头曼城（今内蒙古五原地区），向北退却300多公里。

开发边疆

为经营河套地区，秦始皇采取了一系列方略，如：设立郡县、驻扎重兵、修建道路、构筑城池、安置移民等。秦朝在河套以北、阴山一带地区还设置了九原郡，并派遣蒙恬率数十万大军屯驻北部边疆。秦始皇三十六年（前211），迁徙内地三万户，屯垦北河（今内蒙古伊金霍洛旗以北）、榆中（今陕西榆林）。蒙恬又在北部边疆修筑了长城。长城的军事作用至关重要，如果没有长城的屏蔽，秦朝无法仅凭30万军队来防范人数大体相当且机动性极强的匈奴骑兵。蒙恬威震匈奴，终秦始皇之世，边境没有大的战事。当此之时，秦朝的版图空前广大，其疆域“东至海暨朝鲜，西至临洮、羌中，南至北向户，北据河为塞，并阴山至辽东”。

秦 玉璋

1971年西安市未央区大明宫联志村出土。长21.3厘米，宽6.6厘米，厚2.3厘米。璋呈扁平长方体，青玉质，上端为斜锐角，似玉圭之半型。通体素面无纹，抛光精细。据《周礼》载，璋为祭祀南方之神的礼器，也用于天子巡狩、祭祀山川、婚聘及殓葬等。

知识链接

【匈奴婚俗】

匈奴有娶前王之妻的习俗。《史记·匈奴列传》记载：“其（匈奴）俗，父死，妻其后母；兄弟死，皆取其妻妻之。”

四通八达的交通

修建驰道与直道

秦统一全国后，下令拆毁原六国之间的长城、堡垒、关塞等障碍物，决通战国时期各国修造的以邻为壑的堤防，修建了由咸阳通往全国各地的道路。

修驰道

秦始皇灭六国后的第二年，便下令大修驰道，驰道的修筑工作一直持续到秦亡。驰道是供车马行驶的宽广的道路，类似于现在的高等级公路，路中央专设“御道”供皇帝通行。据史书记载，驰道通行天下，向东可达燕、齐地区，向南通至吴、楚地区。路面宽为50步（约合今69.3米），路的两旁前后各十米左右就栽一棵青松，可以想象那一路绿影婆娑的优美环境。

各条驰道都以咸阳为出发点，伸向四方。秦始皇五次出巡，就是沿驰道往返于全国各地的。

从秦都咸阳通往全国各地的驰道如下：

东南驰道。从咸阳沿渭河东行，出函谷关到关东。这条道路历史悠久，从都城咸阳出发，经芷阳（今临潼斜口西）、丽邑（今临潼新丰西）、郑县（今华县）、宁秦（今华阴东），过黄巷坂、桃林塞，至函谷关，向东经崤坂，到达洛阳。汉以后与东方和东南地区的联系基本上使用这条道路。

回中道。由咸阳向西行的道路叫“回中道”，因途中建有回中宫而得名。这条驰道从咸阳出发，沿泾水，过今陕西淳化县向北至今甘肃宁县、合水、庆阳，然后向西南方向折至今渭源、陇西、天水，再向东北翻过陇山，沿洮河经今陇县、千阳、凤翔，向东回到首都咸阳。秦始皇第一次出巡，就是沿着这条路行进的。

蓝武道。从咸阳出发，向东南下韩之宛城（今河南南阳）和楚之荆襄地区，远达岭南。因途经蓝田谷和武关，所以称“蓝武道”或“武关道”。这条经丹江和汉江流域的交通道路曾在对楚国的战争中发挥过重要作用。

秦晋道。由咸阳向东北，经高陵、栎阳故都，过沮水、洛水，经临晋，东抵黄河，渡蒲津，过蒲坂，至河东郡（今山西夏县北）、上党郡。这条道路在秦与晋、秦与魏的争夺战中发挥了重要作用。

西南驰道。由咸阳到西南的巴蜀地区，修建

秦直道遗址（富县张家湾）

秦始皇统一六国后，为北御匈奴，从始皇三十五年（前212）开始修建直道，到三十七年（前210）基本完工。直道从云阳开始，经甘泉山子午岭北上，过旬邑、黄陵、富县、甘泉、志丹、安塞、靖边，穿过毛乌素沙漠，经榆林西（高奴官）、内蒙古东胜西，到昭君墓过黄河，直抵今包头市西麻池乡（九原宫）。全程800多公里。直道的基本宽度为30米，最宽处约50余米。今在其沿途发现多处秦建筑遗址。秦直道是由秦大将蒙恬监修的，它既有重要的军事意义，又有不可忽视的政治和经济意义。

世界大事记

前323年，亚历山大病逝，帝国趋于瓦解。

崤山或华山以东地区。

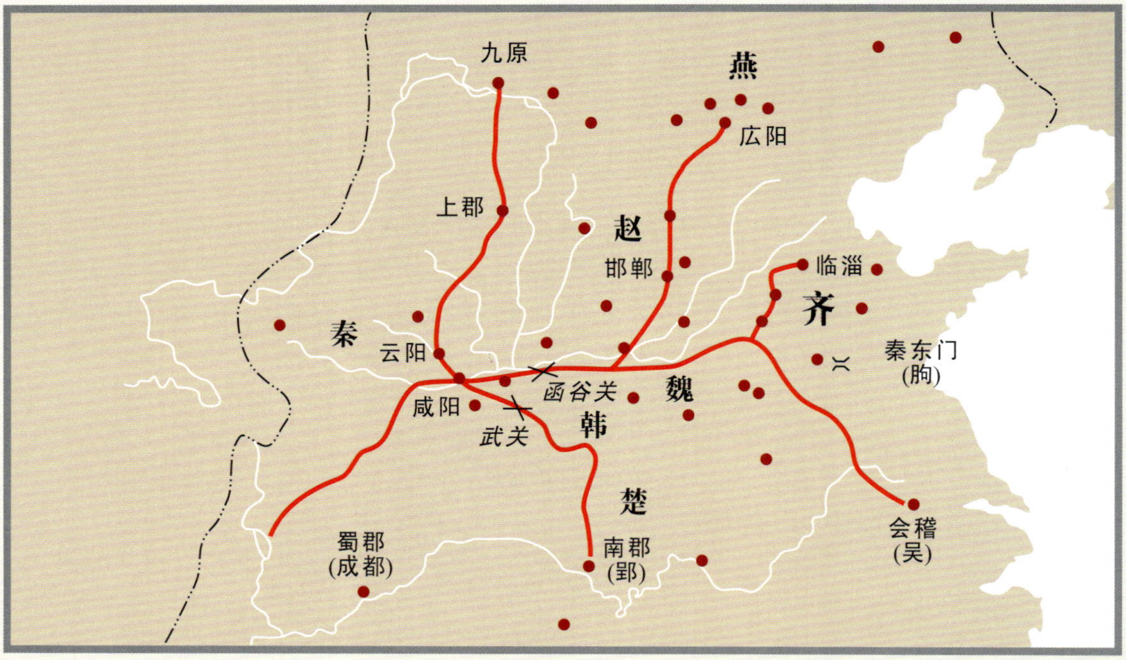

秦驰道示意图

了子午道、褒斜道、陈仓道。秦在通向南方及西南的交通要道口上均设有县，如杜县、盩厔（今为周至）县、鄠（今为户）县、眉县、陈仓县等。

建直道

除驰道外，秦还修了直道。直道类似于我们现在的“高速公路”，始建于秦始皇三十五年（前212）。监修这条道路的是镇守长城沿线的将军蒙恬。直道北起九原郡（今内蒙古包头西），南抵甘泉宫（今陕西淳化以北），全长700余公里，贯通中原和北方地区。直道的修建，加强了南北贸易和文化交流，推动了经济发展。

据考古勘测，直道的起点在今淳化县的凉武帝村，这里正是秦林光宫遗址所在地。林光宫既是行宫别墅，供皇帝避暑时用，又是北方防御匈奴的指挥部，由这里行军，快马加鞭，三天三夜就可直至阴山脚下。据勘察情况看，直道在修建时充分利用了各种有利地形，以尽可能取直。考古学家已测出当年直道最宽处约为50米，转弯处宽至60米，路基全部是夯打结实的坚硬层面。

当年秦始皇出巡时曾出动大小华贵车辆80余辆，官员兵卒1000余人，在此大道上浩浩荡荡行进，足见路面的宽阔平坦。考古人员近年曾在今陕西旬邑县子午岭发现一处秦朝直道建筑遗址，它是一座面积约40亩左右的大平台，应该是当时既作防卫又作信息传递的驿站。

战国　筒形軎（西安市征集）

知识链接

【五尺道】

公元前221年，秦始皇统一中国，在今云南设置郡县，开凿了从今四川宜宾至云南曲靖附近的道路，因路宽仅五尺，故称“五尺道”。道路开通后，秦始皇还委派官吏进行管理。

文化史上的悲剧

焚书坑儒

秦朝刚建立时，秦始皇勤于朝政，纳谏礼贤，广开言路。但秦始皇晚年，一改常态，性情暴戾，独裁专制。禁言、焚书以至坑儒，造成了文化史上空前的悲剧。

焚毁典籍

秦始皇三十四年（前213），秦始皇在咸阳宫举行宴会宴请博士官，仆射（博士长官）周青臣乘机吹捧秦始皇，称赞说：“以前秦地不过方圆千里，陛下英明圣武，在神灵的保佑下，终于灭掉六国，驱除四方蛮夷，凡日月所能照到的地方，无不归附服从陛下。陛下废分封，行郡县，使人人安然自乐，不再遭受战争的苦难。自上古以来，没有人能比得上陛下的威武和功德。”秦始皇听后喜形于色。

博士淳于越却说道：“我听说殷朝和西周之所以绵延存在了近千年，是因为分封子弟功臣为四方诸侯。如今陛下富有海内，而子弟功臣却是普通百姓，如果突然有像齐国田常、晋国六卿这样的大臣在国内发动叛乱，而陛下却没有外援，靠谁来相救呢？凡事不效法古人而能永保平安的，我还从来没有听说过呢！青臣当面如此奉承陛下，不是忠臣的本色。”

这时丞相李斯蓄意扩大事态，把矛头直接指向了所有的“诸生”及私学。李斯说道：“五帝的治国方法不相重复，夏商周三代的制度也不相沿袭，时代不同，治国方法也应随之改变。如今天下已定，法令统一，儒生却效法古世而指责当世，惑乱百姓，以‘私学’诋毁‘法教’，不仅在朝堂上表露心中的不满，而且还在外面互相谈论是非，甚至造谣诽谤。这种现象如不禁止，陛下的权威也会逐渐丧失啊！” 于是李斯建议除《秦纪》以及博士

焚书图

世界大事记

前317年，马其顿军队撤离印度，孔雀王朝统一北印度。

《尚书·禹贡》。

前286年，齐灭宋。

焚书坑儒图

官署所藏书外，凡私人所藏《诗》《书》及诸子百家之书，一律限令30日交官府烧毁，逾期不交者，在脸上刻字并罚作修筑城墙；同时规定谈论《诗》《书》者处死，称赞古代、诋毁当世者灭族，官吏见知而不举报的和犯者同罪论处；严禁私人讲学，若要学习法令，就请律吏来讲解。

秦始皇接受了李斯的建议。于是在都城咸阳首先燃起了焚书的熊熊烈火，接着蔓延全国。在这场遍及全国的大火中，秦以前的中国古典文献，除医药、卜筮、种植类之外，几乎全都化为灰烬。

秦坑儒谷遗址

坑儒谷，是秦始皇镇压不同政见的儒生的地方。位于临潼西南10公里的韩峪乡洪庆堡。洪庆堡曾叫洪坑堡，又叫灭文堡等。

坑埋方士儒生

“焚书”事件发生后的第二年，有两个替秦始皇寻求长生不老仙药的方士侯生和卢生，因无法觅到仙药，自忖难逃一死（按照秦法规定，所献验方不灵的就要被处死），就在咸阳城散布秦始皇专制独裁的言论，并借口不再给他寻找仙药而逃走。

秦始皇听说这件事后，大怒道：“我对这些方士恩宠有加，他们却在背后议论我，又背叛我逃跑，现在咸阳的很多儒生也一定经常妖言惑众，扰乱民心。”于是下令御史大夫把咸阳的儒生都抓起来盘问。这些儒生为求活命，也都互相揭发，牵连到的有460多人。秦始皇下令把这些儒生全部赶到一个深谷中活埋，并诏告天下人，以此为戒。始皇长子扶苏进谏说：“天下刚刚平定，远方百姓还没有归附，儒生们都在诵读诗书，效法孔子，现在陛下却用重法惩治他们，我担心天下将会因此而不安定，希望陛下明察。”秦始皇听后动怒，将扶苏贬到上郡去监督蒙恬的军队。

据说秦始皇坑杀了咸阳的460多个儒生后，犹不甘心，暗想着要把天下的儒生全部杀掉，但又怕儒生逃跑，于是就想了个计策。他命令地方官员访求各地有名的儒生，然后送到咸阳。不久，先后就有700多个儒生被送到咸阳，秦始皇任命他们为郎官。

这年冬天，有人报告骊山的马谷中有鲜瓜滋生，累累成实。秦始皇召来郎官以问吉凶。儒生们从未见过如此奇异之事，虽然人人说法不一，但皆言祥瑞。秦始皇就让他们去马谷观赏景观。这些儒生一起到了马谷，果然看到谷内有累累鲜瓜滋生。马谷地下有温泉，温泉流出，谷内四季如春。众生正在议论时，只听一声巨响，随后石头像雨点一样从两面山顶上砸落下来，顷刻间这700多个儒生全部惨死在马谷。

焚书坑儒是秦朝统治者为统一思想文化而采取的暴力措施，它产生了极其严重的后果，不仅使中国传统文化遭到巨大损失，许多重要的先秦典籍从此失传；同时也严重摧残了士人的心灵，自春秋末叶以来蓬蓬勃勃的自由思索的精神因此而遭受了一次致命打击。

秦 夔凤纹大瓦当（兴平市黄山宫遗址出土）

知识链接

【博士】

博士，顾名思义，指博学通达者。始见于战国初期，当时仅是对学者的一种泛称，尚未置官。至战国后期，齐、魏、秦等国先后设置了博士官，“博士”从此变成了官职名称。秦始皇统一六国后，征召大批儒生充任博士，共有博士官70人，从官职性质上看，属议政官和礼官。

世界大事记

前310—前230年，古希腊天文学家阿利斯塔克在世，提出日心说。

《道德经》。

中国大事记

前284年，乐毅率燕、赵、秦、韩、魏五国破齐，攻入临淄。

公元前770 秦 公元前206

【话说陕西】

十二翁仲今何在

销毁兵器 铸造金人

秦始皇统一六国后，虽然自以为功德超过了三皇五帝，但心中仍惊疑不定，生怕天下又起变乱。为此，他下令收缴全国兵器，并将其铸成十二座金人，名曰“翁仲”，立于咸阳宫殿门前。

金人铸造之因

十二座金人（又称“铜人”），每一座都重达一千石，相当于今天的三万多公斤。如此重量、高七米多的十二座大铜人像，其铸造技术难度相当巨大，就是在科技高度发达的今天，冶铸十二铜人也不是一件容易的事情。十二铜人铸成后，被安放在咸阳宫司马门的两侧。铜像闪闪发光，威风凛凛，那浑阔雄壮的气势透露着四夷宾服的霸气。

秦始皇为什么要铸造这十二座铜像呢？传说有一天晚上，秦始皇在睡梦中梦见天象大变、昏暗无光，鬼神也在天上作怪，他心中十分恐惧，颤抖不已，忽见一个道人前来，指点他说只有制作十二金人，方可稳坐天下。秦始皇梦醒后，心中很是惊恐不安。

有一次，秦始皇在群臣陪同下，观看舞水火流星和百戏杂耍，正在兴高采烈之时，忽见一队杀气腾腾、手执刀剑干戈的武士上场表演。这个场面又触发了秦始皇的心病，他想起曾经做过的那个恶梦，于是日思夜想，寝食难安。一天，有人来报告说看见了十二个巨人。这让将信将疑、身心不宁的秦始皇坚信神谕梦托之事，于是下令收缴民间所有的兵器，集中销毁于咸阳，铸成了十二座铜人像。

金人下落之谜

两千多年后的今天，我们已见不到这十二座金人的踪影了。它们究竟到哪里去了呢？后世说法各

秦 铜武士头

咸阳市渭城区窑店出土。高10.4厘米。铜武士头为浇铸成型，头戴卷涡纹冠，头发整齐、细密，面颊丰满，细眉大眼，闭嘴略带微笑。鄂、鼻、下嘴唇及耳、颊部留有鎏金残痕。武士头造型准确，铸造精良。

异。

有人说，十二座铜人毁于董卓、苻坚之手。秦亡后，咸阳城内许多宫殿被火烧毁，十二金人也被埋进废墟。西汉建立后，汉高祖刘邦定都长安，十二金人被运送到长乐宫的大夏殿。东汉末年，董卓率兵攻入长安，便将其中的十座铜人销毁，铸成铜钱，另外两座铜人被他迁到长安城清门里。三国时，魏明帝曹睿下令把这两座铜人运往洛阳。当工匠运到霸城（今陕西西安以东）时，由于铜人太重难以搬动而不得不终止运行。到十六国时，后赵的石季龙又把这两座铜人运到邺城。前秦苻坚统一北方后，又从邺城将这两座铜人运回长安销毁。至此，前后经历了约600年的铜人全部被销毁了。

春秋　人骑象带钩

1982年凤翔县马家村出土。长7.2厘米，高4.5厘米。

也有人说这十二座铜人并未被毁掉。由于十二座铜人是秦始皇生前的喜爱之物，所以在秦始皇陵墓修完后，这十二座铜人和其他随葬品一起被葬于陵墓之中。

还有人说楚霸王项羽在攻克秦都咸阳、火烧阿房宫时，连同这十二座铜人也一起烧毁了。

不管怎么说，十二座铜人总是去无踪影。秦始皇收缴天下兵器铸成十二铜人，梦想江山能传之万世，终是不能改变二世而亡的命运。

螺髻女俑

圆髻女俑

骑马俑

戴帽男侍俑

知 识 链 接

【秦汉时期的发髻】

秦汉时期大多流行平髻。日常生活中，髻上不梳裹加饰，以顶发向左右平分式较为普遍。高髻只是见诸少数贵族女子的一种发式。秦女子发式有望仙九鬟髻、凌云髻、垂云髻等。

世界大事记

约前308年，亚历山大城图书馆建成，藏书约120万册。

秦始皇焚书时。

巍峨壮观的宫殿

秦阿房宫之谜

传说秦始皇有一位貌若天仙的宠妃，名叫阿房。为了讨得这位爱妃的欢喜，始皇特为她建造了一座宏伟壮丽的宫殿，取名阿房宫。

蜀山兀，阿房出

千百年来，多少文人墨客吟诗作赋，赞叹这座世间罕有的华美宫殿。唐朝诗人杜牧在《阿房宫赋》中叹道："六王毕，四海一。蜀山兀，阿房出。覆压三百余里，隔离天日。骊山北构而西折，直走咸阳。二川溶溶，流入宫墙。五步一楼，十步一阁。廊腰缦回，檐牙高啄。各抱地势，钩心斗角。" 这首脍炙人口的赋让后人对阿房宫的修建耗费和它的巍峨壮观充满感慨和向往。

空前宏伟的规模

历史上的阿房宫到底是什么样子呢？司马迁在《史记·秦始皇本纪》中记载："阿房宫的前殿，东西长五百步，南北宽五十丈，宫殿里面可容纳万人，殿下能树立起五丈高的大旗。四周有阁道相通，从宫殿下面直通南山，殿阁相连不断。在南山的巅峰建有阿房宫门阙，同时还修建了复道，从阿房宫过渭水横桥，和都城咸阳连接起来，以象征天上的北极星、阁道星跨过银河抵达营室星。"

或许，秦始皇是想以阿房宫为中心，把咸阳及其周围300里的离宫别馆用辇道、阁道连起来，使咸阳成为一个规模空前的帝都。秦始皇三十五年（前212）开始修建阿房宫，当时参与这项工程和修秦始皇陵的人数共计达70万人，尽管如此，到秦始皇死时，工程还未竣工。胡亥继位后继续营建，未完工就因农民起义而被迫停止。

阿房宫遗址

阿房宫有复道、阁道通往咸阳宫和临潼的骊山。秦始皇及二世时，经常在阿房宫处理国家大

事，这里又有环境幽雅的上林苑，因而阿房宫几乎代替了咸阳宫成为施政中心。秦末农民起义时，项

清 《阿房宫图》（袁江绘）

阿房宫遗址

位于西安西郊约15公里的阿房村附近。据《三辅黄图》云："阿房宫亦曰阿城，惠文王造，宫未成而亡，始皇广其宫。"秦始皇完成统一大业后，于始皇三十五年（前212）动工再修建阿房宫。公元前209年，二世胡亥嗣位后继续修建。秦阿房宫的范围，南自和平村，北抵渭水，东至滈河，西达王寺村，共10.89平方公里。阿房宫遗址内，历年出土了大量的板瓦、筒瓦、瓦当、五角形陶水道、铜建筑构件及著名的"高奴禾石铜权"等文物。

羽焚烧秦宫室，大火三月不熄，据说阿房宫在这场劫难中也被焚烧殆尽。后世于是留下了"楚人一炬，可怜焦土"的感叹唏嘘。但考古发掘表明，阿房宫遗址内未发现火烧痕迹。或许当年那场熊熊烈焰并没有波及到阿房宫。

知识链接

【兰池宫】

兰池原是一个呈簸箕形的大湾。据《三秦记》记载，兰池是秦始皇引渭河水而造，东西200里，南北20里。湖面常常云烟雾绕，仙乐飘飞。湖中有蓬莱山、鲸鱼石等景观，后毁于战火。秦汉时在池旁建有兰池宫。

世界大事记

前306年，安提柯建立马其顿安提柯王国。

阁道、复道、甬道。

中国大事记

前278年，秦将白起攻下楚都郢，楚顷襄王退保陈城。

徙民实边疆

开发边疆与强干弱支

经过春秋战国500多年的攻伐战争，全国的人口大为减少。到秦始皇统一六国时，全国人口只有2000多万，且大多集中在七国活动的地区。而在遥远的边疆地区，土地荒芜，人烟稀少，为了边境地区的经济发展和安全，秦始皇于是下令迁徙人民，开发边疆地区。

秦 蟠虺纹玉环（咸阳市窑店出土）

数次徙民 多实边疆

据司马迁在《史记》中的记载，秦始皇下令移民的次数达十余次之多。其中一次迁徙在三万户以上的大规模移民至少有六七次。

秦始皇二十八年（前219），始皇东巡到达琅邪（今山东胶南），看到那里荒无人烟，便下令三万户“黔首”（即平民百姓）迁至琅邪台附近。

秦始皇三十三年（前214），在南部边疆设立桂林、象、南海三郡，并徙50万人戍守和开发这些地区。同年，秦始皇在河套地区设立了一些郡县，大批罪犯也被赶到这里筑城定居。

秦始皇三十四年（前213），把一批执法不公的狱吏迁居边疆，一部分被罚作去修筑长城，还有一部分被赶往南越地区。

秦始皇三十五年（前212），因在骊山一带修

战国 铜鹿饰件

1981年吴起县吴仓堡乡赵老沟村出土。高9.1厘米，长9.8厘米，宽1.1厘米。铜鹿长颈，昂首，卷尾，四肢弯曲，作跪伏状。整体扁平。鹿身有阴刻线条纹饰。造型简洁、古朴。

筑陵墓、离宫，于是迁徙三万家到丽邑（今陕西临潼地区），五万家到云阳（今陕西淳化西北），并且十年不缴纳赋税。

秦始皇三十六年（前211），迁徙内地三万户去戍守北河、榆中。

根据上述记载估算，秦始皇下令迁徙的人口数量可达100万以上。

除了边疆地区，始皇还下令迁徙六国贵族和豪强12万户于咸阳，以每户五口计算，约有60万人口。这些人都是六国的旧贵族和富商大贾。他们称霸一方，武断乡曲，有些人还图谋推翻新兴的秦王朝。秦始皇将他们迁徙到国都附近，既可以割断这些富豪原有的社会、政治、经济基础和联系，使之失去昔日的威势，又可以加强中央政府对他们的直接控制。这种迁徙将大量的财富、人口向关中汇集，充实了京畿地区。

安定边疆 广大影响

秦始皇下令大规模移民的主要方向是边疆地区，移民路线指向北部边疆以及巴蜀、东越、南越地区，其中向北方边地迁徙的人口数量最多。

移民在边疆地区定居、生产，保证了对外用兵时的兵员和后勤补给。这些地区以前在经济、文化方面都比较落后，大批移民迁入以后，秦朝在这里设置郡县进行管理。移民带去了先进的农耕技术和礼乐文化：在北方牧区，移民的到来改变了居民的民族成分，使落后的游牧经济变为先进的农耕经济；在南方地区，移民与当地土著杂居，相互影响，共同生活，促进了本地区的开发。由于当时中原的华夏文化是优势文化，所以向边疆移民的总体效果是扩大了中华文化圈，促进了汉族的形成。

在多次强制性的移民中，为缓解人民的不满情绪，朝廷对历次移民都有所照顾，赐给大量钱财，迁徙到边疆的移民还可以得到晋升爵位和免除赋役等优待。

秦　陶马（临潼区秦俑一号坑出土）

战国　蒜头形扁壶（咸阳市塔儿坡出土）

知识链接

【丽邑】

丽邑建于始皇陵旁，位于今秦始皇陵北刘寨村一带。它是为修建秦始皇陵和祭祀的方便而设立的，开创了中国古代陵旁建邑的先例。丽邑和当时的县行政级别相同，但其地位要高于县。西汉时期在帝王陵旁设置了更多的邑。

世界大事记

前305—前30年，古埃及处于托勒密王朝时期。

古代一种剃去胡须和鬓毛的刑法。

秦 错金银“乐府”钟

1976年临潼区秦始皇陵园出土。高12.8厘米，钮高3.8厘米。通体用错金银工艺装饰花纹，小巧玲珑。钲间和鼓部饰蟠螭纹，篆间饰流云纹，舞部饰云雷纹和蟠虺纹。纹饰富丽，工艺精湛。特别是钟钮上篆刻有“乐府”二字，解决了秦代是否设有乐府的问题。

万里长城

人类历史上的建筑奇迹

万里长城东西方向横亘在我国北方辽阔的土地上，蜿蜒起伏，气势雄伟，像一条巨龙延伸长达万里。它是我国古代一项伟大的防御工程，凝结着古代劳动人民的高度智慧，体现了我国古代非凡的工程技术成就，从而被视为世界建筑史上一项伟大奇迹。

春秋战国时期的长城

春秋时期，由于战争的频繁和不断扩大，军事筑城技术广泛发展起来。各诸侯国为了防御邻国的突然袭击，常常在自己的边境上修筑一些关、塞、亭、障等守备设施，后来又进一步把关、塞、亭、障用城墙连接起来，便出现了所谓的“长城”。到战国时，各主要诸侯国都纷纷筑起互防长城。

战国初期的秦国，经济落后，国力不强，不断遭受魏国军队的进攻。为此，秦厉共公和秦简公先后在黄河和洛水西岸修筑长城，用以自守，史称“堑洛长城”。它是利用堤岸和岸边山崖改修而成。据考证，这段长城南起于今陕西华阴市西南华山脚下，沿长涧河西岸直达渭河之滨，又沿洛河南岸向西入今蒲城境，再沿洛河西岸向北延伸至今白水县黄龙山麓。

秦国的另一条长城，是秦昭襄王时期修建的西北边地长城。西起今甘肃临洮，向东南至渭源境，然后转向东北经通渭、静宁等县进入今宁夏南境，过葫芦河、六盘山，入固原县境，再由固原县境折为东北方向，入甘肃环县，经陕西吴起、靖边、志丹、安塞等县的横山山脉向东北行至靖边县天赐湾与安塞县镰刀湾之间分为二支。一支沿大理河与淮宁河之间的分水岭东行至陕西绥德县城西，傍无定河西岸转向北行至榆林市南鱼河镇；另一支转向北，经靖边县东、横山、榆林至神木县入今内蒙古南境，直达黄河西岸。

秦始皇时期的万里长城

秦始皇三十三年（前214），将军蒙恬率领30万军大败匈奴，收复河南地（今河套地区），控制了高阙（今阴山山脉一带）、阳山（今阴山）、北

秦昭襄王时期长城遗址（神木段）

据史载，战国秦昭襄王“筑长城，以拒胡”。秦昭襄王长城遗址在神木县境内共发现三段，总体略呈南北向分布。北段北接内蒙古自治区伊金霍洛旗，沿大柳塔乡东部向南延伸，止于店塔乡边墙梁村，南北走向，全长约40公里。中段位于神木镇，南北向，长约400米。南段位于高家堡镇明长城内侧，东北至西南向分布，长约4公里。长城的构筑分为夯土、土石混夯、石砌数种。地面上墙体残段一般高0.1米—3米，最高5米，基宽0.7米—5米，部分墙段存有城墩和障城。北段长城内侧2公里—3公里一线，还发现烽燧四座。

世界大事记

前305年，塞琉古建立叙利亚塞琉古王国。

前273年，赵、魏攻韩，秦救之，败赵、魏之师于华阳。

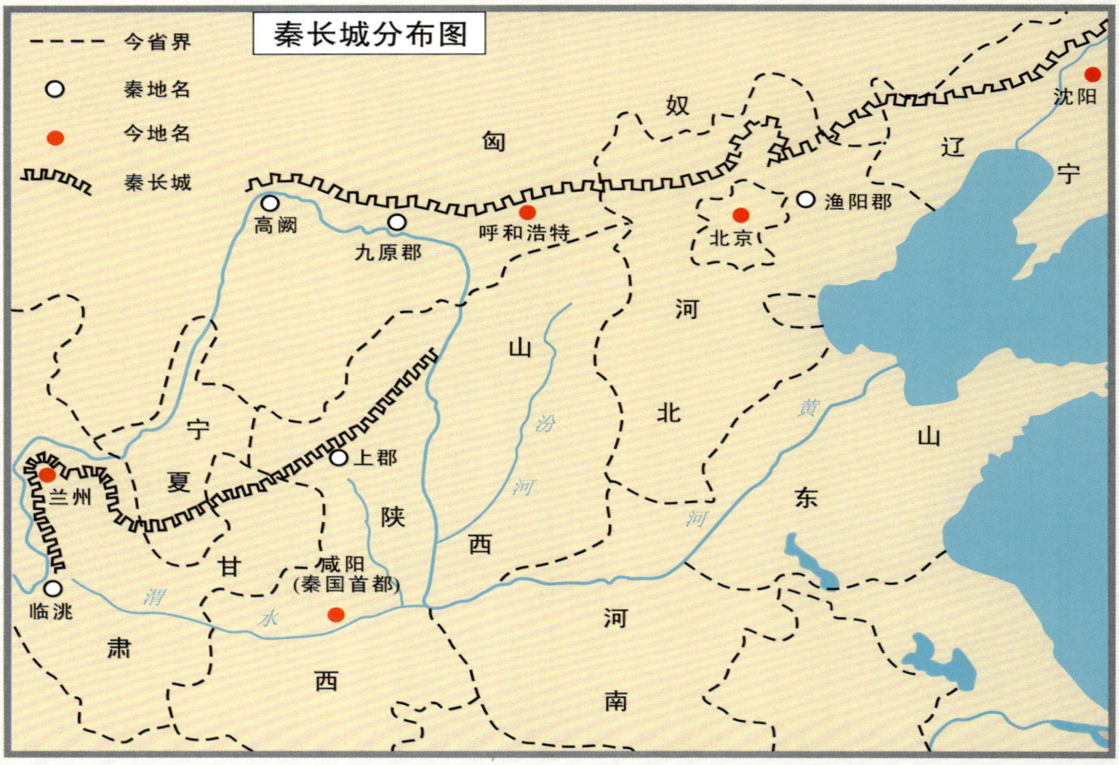

假（今内蒙古包头西）一带。秦始皇下令大规模地修筑长城，并把从前秦、赵、燕三国的长城连接起来，西起临洮（今甘肃岷县），东至辽东，筑成一条绵延一万多里的城防。从此，这一古代世界的伟大建筑工程——万里长城，便巍然雄峙在中国大地上。

万里长城大致可分为西段和北段。西段起于今甘肃临洮，经今定西市向东北至宁夏固原、甘肃环县、陕西靖边、横山、榆林、神木，然后向北折至今内蒙古托克托南，抵黄河南岸。北段即黄河以北的长城，沿阴山西段的狼山，向东至大青山北麓，再向东经今内蒙古集宁、兴和至河北尚义，再向东北经今河北张北、围场，再向东经抚顺、本溪后向东南，终于朝鲜清川江入海处。

秦长城对于抵御匈奴的侵扰，保障中原生产和生活的安定，促进边疆地区的开发和建设起了重要作用，秦始皇为了修筑长城动用了上百万人，创造了人类建筑史上的奇迹。

自秦代以后，“万里长城”经过后世一些王朝的不断修缮和扩筑，规模越来越宏伟壮观，至明朝时，其接续修建已近两千年，终于形成了今天我们所看到的西起嘉峪关、东到山海关的万里长城。

秦　龙纹空心砖（咸阳市秦咸阳宫二号建筑遗址出土）

知识链接

【孟姜女哭长城】

据《左传》等史书记载，齐庄公四年（前791）秋，齐国将军杞梁率兵攻打莒国，不幸战亡。其妻孟姜悲痛万分，赴淄水而死。经过后世朝代的补续和演义，尤其是从唐代开始，孟姜哭夫变成了哭长城，哭齐长城变成了哭秦长城。

铭功会稽岭 骋望琅邪台

威加海内 始皇出巡

秦始皇不但勤于政事，还经常出巡各地，威服海内。他风尘仆仆，五巡天下，从北国到江南，几乎走遍了他统治的国土。他每到一处就让随从刻石记功，宣扬自己统一中国的功业。他在各地祭祀名山大川，表明自己是山河的主人，受命于天，理应统治全国。

出巡西北 树立雄威

秦始皇二十七年（前220），秦始皇第一次出巡，到达陇西郡、北地郡等地。这些地区在经济和文化上比较落后，而且是羌、狄杂处之地，秦始皇在统一全国后就去这里视察，意想树立征服者的权威。同时秦人是从今甘肃东部发展起来的，秦始皇西北巡视带有祭祀先祖、衣锦还乡之意。秦始皇还视察了北部边境，确定了反击匈奴的方针。

巡视东南 歌功颂德

秦始皇二十八年（前219），秦始皇出巡东南。他首先到达峄山(今山东邹县)，并让随从在峄山上刻石立碑，歌颂他统一天下的功绩。随行的许多儒生认为人间的帝王应当到泰山山顶去祭祀上帝（称为“封禅”），于是秦始皇又来到泰山，在泰山顶上积土筑坛，举行了封禅典礼，并树立了刻石，即“泰山刻石”，歌颂他勤于政事、人人安居乐业的清平风貌。

随后，秦始皇来到东海，登之罘山（今山东福山），又在琅邪筑台立石，即“琅邪台刻石”，全面歌颂其统一六国的伟业。秦始皇到海边还有一个心愿，就是寻求长生不老的仙药，但却一无所获。他失望地从海滨回来，经彭城（今江苏徐州），渡淮水，沿长江来到洞庭湖，恰巧遇到大风，湖水汹涌，无法渡过。秦始皇认为这是山神作祟，一怒之下命人将湖边山上的树木全部砍去，随后便从南郡经武关回到咸阳。秦始皇这次出巡，路经今山东、

秦始皇出巡图

世界大事记

前290年，第三次萨莫奈战争，罗马最终取得胜利。

楚国。

中国大事记

前269年，秦上郡大饥，山木尽死。

秦 琅邪刻石

江苏、安徽、湖南、湖北等省，这些地区曾是齐、楚等国的领土。显然，他是要在东方地区树立声威，巩固对这一地区的统治。

东巡途中 遭遇刺客

秦始皇二十九年（前218）和三十二年（前215），秦始皇又两次去东方巡视。结果在第三次出巡时，未料途中却遇到了刺客。

那是一个阳光和煦的日子，秦始皇出巡的队伍，浩浩荡荡地到了阳武（今河南原阳）。81辆出巡车好不威风，将士诸官前呼后拥，仪仗华贵无比。而此时一个叫张良的少年和刺客早已埋伏在阳武城西南的博浪沙中。驰道两旁蒿草丛生，只见远处尘土飞扬，车队慢慢驶近。忽然，刺客猛然跃起，将百余斤重的大铁椎朝车队扔去。大铁椎从秦始皇的安车前擦过，落在旁边的副车上。趁混乱之际，张良和刺客迅速逃得无影无踪。秦始皇虚惊一场，下令在当地搜查了十天，还是没有抓到行凶的刺客，结果只得不了了之。

卜筮巡游 病死沙丘

秦始皇三十六年（前211），在东郡发生了一桩咒骂秦始皇的事件。这一年，有一颗陨石落到了东郡，有人在上面偷偷地刻了七个字："始皇帝死而地分。"这件事传到咸阳，秦始皇暴怒异常，马上派御史大夫去追查是谁在陨石上刻的字，结果无人承认。秦始皇于是下令把陨石附近的百姓全都抓起来杀了。

自从这件事后，秦始皇更加疑神疑鬼，整日坐卧不安。后来，他找了一个方士给自己算了一卦。方士对他说："陛下今年行事不太吉利，只有徙居或者到外边去巡游，才能消灾免祸。"秦始皇听了方士的话，就决定再去东方巡游。

秦始皇三十七年（前210），秦始皇开始了他的第五次出巡。他从都城咸阳出发，直奔南方的云梦，并在九疑山祭祀了舜。接着乘船东进，在丹阳（今安徽当涂东北）上岸，经钱塘（今浙江杭州），登会稽山，祭祀了治水的大禹，并刻石立碑。后从吴中（今江苏吴县）北上，为了能见到神仙，秦始皇一直沿海边北行，但还是一无所获。

由于旅途劳顿，加上高温难耐，当行至平原津（今山东平原）时，秦始皇便一病不起。随行的赵高、李斯和胡亥等人知道秦始皇时日不多，但因为秦始皇忌讳说"死"字，所以没有人敢询问他身后之事。随着病情越来越重，秦始皇也意识到生命到了极限，便留下遗诏，要长子扶苏奔赴咸阳主办丧礼，并继承皇位。诏书放在中车府令赵高那里，还没有等诏书送出，秦始皇便于七月暑热季节在沙丘平台（今河北广宗西北大平台）病死了。

知识链接

【泗水捞鼎】

秦国灭周后，九鼎入秦。据方士们说，当年秦国人把周的九鼎运往关中的途中，一只鼎腾空而起，向东飞去，落入彭城附近的泗水中。

秦始皇第二次出巡经过彭城时，便派1000多人于泗水中打捞传说中的周鼎，但费了九牛二虎之力，也没有找到。其实，没入泗水的鼎并非周鼎，而是宋人用以祭社神的鼎。

尚采不死药 茫然使心哀

秦始皇寻仙求药

秦始皇晚年，死亡的恐惧时时缠绕着他，因而变得更加暴戾，喜怒无常，不时派人去大海中寻访长生不老的仙药。而齐、燕一带的方士所宣扬的寻仙求药说正迎合了秦始皇的愿望和要求。这些方士觉得为始皇寻仙药可获得丰厚的资财，便一批批从东方来到咸阳，向始皇宣扬人可以长生不死、得道成仙的秘诀。

东游寻访仙药

燕、齐一带的方士们宣扬说大海中有三座仙山，这三座仙山为蓬莱、方丈、瀛洲。在仙山上，有金宫银阙，有不死之药，还有长生不死飞来飘去的仙人，这些仙人还会制造不死的仙药。这确实是一个美妙的、令人向往的神仙世界。战国时期的一些君王受其影响，纷纷派人到东海中求仙求药。仙山、仙人、长生不死之药，也对晚年的秦始皇产生了极大的吸引力。

秦始皇认为自己的功德超过了三皇五帝，相信只要自己所想，便没有得不到的东西。统一后的短短十几年内，他五次出巡，其中四次都是到东南沿海，与寻求长生不老药有关。

公元前215年，秦始皇第四次出巡到碣石（今秦皇岛境内）时，还派方士卢生去访求古仙人羡门、高誓。秦始皇回到咸阳后，卢生因未寻到仙人，便假托鬼神上奏了一册宣扬符命占验的图录之书，书中写有“亡秦者胡也”的谶言，据说这个“胡”是指胡亥，但秦始皇却以为是指匈奴，便派兵去攻打匈奴。

后来，秦始皇又命令方士徐福出海寻仙，但徐福回来后说：“陛下，海里有大鲛鱼出没，阻拦我

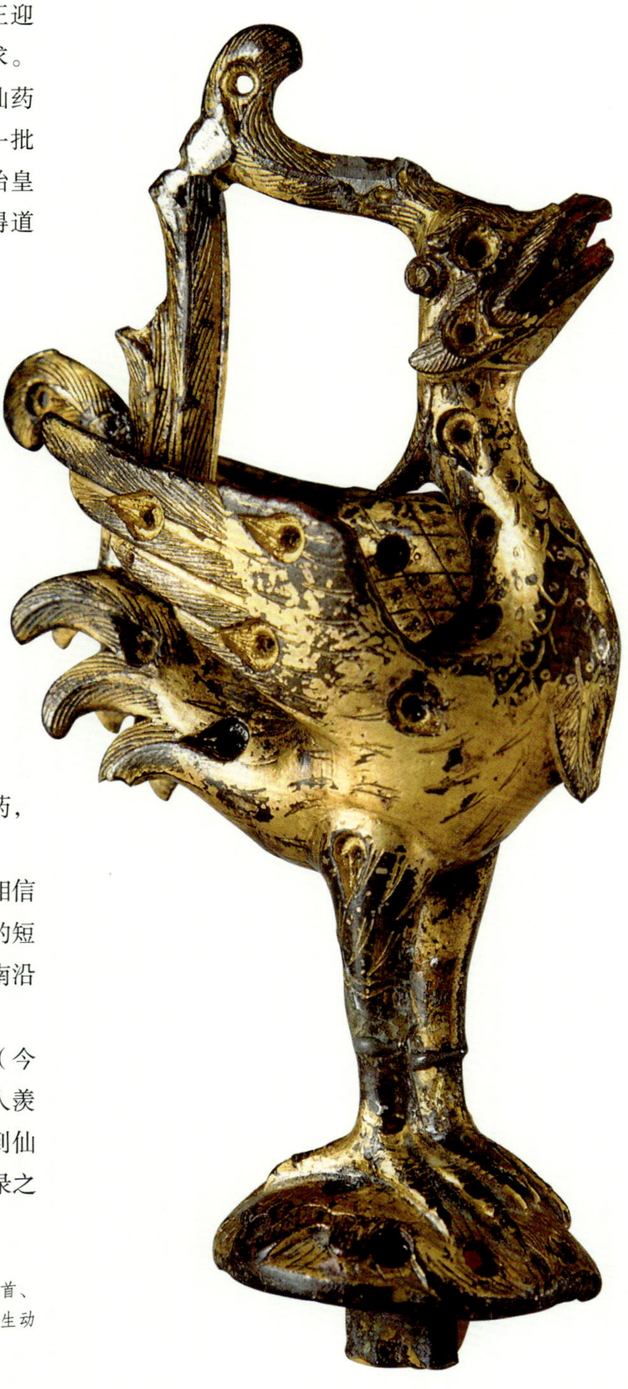

秦 鎏金铜凤凰

1980年临潼区晏寨乡岳芋村出土。高10.5厘米。凤凰昂首、张翼，站立作鸣叫状，是器物上的装饰品。凤凰造型逼真、生动传神，通体鎏金，铸造工艺精美。

世界大事记

前287年，罗马颁布霍腾西阿法案，平民斗争胜利。

巴寡妇清。

徐福画像

们寻找神仙。”恰巧秦始皇曾做梦梦见自己与海神交战。为了彻除寻仙之障碍，秦始皇竟在东海整日手持连弩恭候大鲛鱼的出现。据说有一日，随从观察海中有鱼尾浮动，始皇听报后即组织船队搜寻，从琅邪追到了之罘（今山东烟台），最终射杀了所谓的“阻拦寻仙”的大鱼。

秦始皇还在东海边即今秦皇岛、辽宁的绥中修建了庞大的行宫，以供觅药住行之用。

微行寻求“真人”

后来，卢生劝说始皇道：“臣等奉命去寻求灵

秦　玉圭（西安市北郊联志村出土）

芝、奇药和仙人，却一直没有寻到，是因为有恶鬼在作祟。陛下应当经常秘密出行以驱逐恶鬼，恶鬼避开了，神仙真人才会来到。真人入水不湿，入火不伤，能够驾云气遨游，寿同天地一样久长。现在陛下治理天下，还没有做到清静恬淡。希望陛下的居处不要让别人知道，不死之药才可得到。”始皇心慕真人，便说：“以后我就自称‘真人’，不再称‘朕’了。”于是他下令将咸阳200里内的270座

秦　“上林”瓦当（西安市北郊出土）

秦　狩猎纹砖（西安市出土）

宫观都用复道、甬道相连，把帷帐、钟鼓和美人都安置于内。始皇所到之处，如果有人泄露行踪，就判死罪。

一次，始皇幸临梁山宫，从山上望见丞相的随从车马众多，心中不悦。始皇近臣中有人将此事告诉了丞相，丞相便减少了车马数目。始皇看到后大怒道："一定是近臣中有人泄露了我的话。"于是逐一审问，但没有人认罪，始皇就下诏把随行在旁的人全部抓起来杀掉。此后再也没有人知道始皇的行踪，群臣朝见，接受诏令，都在咸阳宫进行。

徐福入海不归

徐福为了迎合始皇希望长生不老、永做皇帝的心意，便向始皇上书说自己愿亲自乘船去海中寻找仙药，秦始皇觅药心切，于是便相信了徐福，即派他率领童男童女数千人，去海中寻访仙药。

不料徐福这一去，却再也没有回来。传说他带领始皇赐给的能工巧匠和童男童女几千人，越过东海到达了今日本境域，后在本州岛定居下来，生活繁衍，并将秦先进的文化传播到岛上，使日本由绳纹时代进入了弥生时代，开启了日本文明的曙光。

至今在日本还流传着许多关于徐福的故事，在日本本州岛的新宫市，还留有徐福墓，墓前石碑上刻"秦徐福之墓"五个汉字。

知识链接

【炼丹术】

炼丹术是中国古代的一种方术。其内容非常复杂，中心目标是用人工方法制作既可以使人长生不死，又能点化铜、铁等金属以转变为黄金和白银的神丹。由于中国古时有"成仙"的说法，所以炼丹家认为，人的肉体可以借助于某种神奇的药物而获得永生。

秦　透雕虎玉佩（咸阳市秦咸阳宫遗址出土）

世界大事记

前284—前204年，古罗马诗人李维在世，首次将《奥德塞》译成拉丁文。

《史记·季布栾布列传》。

沙丘之变

胡亥篡位

秦始皇与太子扶苏

当秦始皇第五次出巡的车队行至沙丘时，秦始皇就离开了万般依恋的人世，结束了他只有50年的辉煌的生命历程。

劝诱胡亥篡权

秦始皇驾崩后，丞相李斯害怕国无君主，若贸然宣布死讯一定会引起大乱，因此决定秘不发丧。当时知道秦始皇死讯的只有丞相李斯、秦始皇的少子胡亥、中车府令赵高以及亲近的几个宦官，他们让随从每日照常给乘坐在辒辌（音wēn liáng）车中的秦始皇送饭食，百官奏事及决断也都由宦官传诏。

秦始皇的遗诏被封好后，连同玺印都被精于权谋的赵高藏在手中，迟迟不予发出。同时，一个篡权阴谋在赵高主导下开始酝酿。

赵高对公子胡亥说道："现在陛下驾崩于外，却没有遗言封诸子为王而只赐给公子的兄长扶苏一封诏书。扶苏回到咸阳后，就会登基称帝，而公子您却连一寸封地也没有，您将如何打算呢？"胡亥回答道："我听说圣明的君主最了解臣子，圣明的

秦 双龙拱璧纹空心砖

1975年咸阳市秦都区窑店乡秦都咸阳一号宫殿遗址出土。长100厘米，宽38厘米，厚18厘米。这种空心砖多数作宫殿建筑的踏步使用，纹饰有几何纹、凤纹，单龙和双龙拱璧纹等。双龙拱璧纹空心砖纹饰为阴刻，线条流畅，刚劲有力。

父亲最了解儿子。父皇既未有遗命分封诸子，我还有什么可说的呢？”赵高继续劝说道：“如今天下大权都在公子、我和丞相手里掌握着！请公子三思。驾驭群臣和向人称臣、统治别人和被人统治，怎能同日而语呢？”胡亥道：“废除兄长而立弟弟，这是不义；不服从父皇的诏命而惧怕有所失去，这是不孝；自己才能浅薄，依靠别人而勉强登基，这是无能。这三件事都是大逆不道的，不仅自身遭殃，国家还会因此而灭亡。”赵高见胡亥还不妥协，便又劝道：“我听说商汤、周武王诛伐其君，天下人都称赞他们的行为合乎道义，不能算是不忠；卫君杀死他的父亲，而卫国人民却称颂他的功德，不能算是不孝。办大事不能拘于小节，行大德也不用再三谦让。若公子果断而敢于去做，连鬼神都要回避，将来也一定会成功。希望公子不要再犹豫了！”胡亥在赵高的怂恿劝诱下，终于向赵高妥协。

威逼李斯就范

要谋立胡亥为帝，没有丞相李斯的参与，事情就难以成功。于是赵高又去说服李斯。

赵高先试探李斯道：“陛下驾崩前，曾赐给长子扶苏一封诏书，命他到咸阳参加丧礼，并即位为帝，此事除了公子胡亥、丞相和我三人，无人知道。现在诏书和符玺都在胡亥手里，立太子之事只在于丞相和我二人。丞相觉得此事该如何处理啊？”李斯凛然道：“你怎么能说出这种亡国的话呢！这不是臣子应当议论的事情！”赵高询问道：“丞相觉得自己和蒙恬相比，谁更有才能？谁的功劳更高？谁更富有谋略？天下百姓更拥戴谁？谁与长子扶苏的关系更好？”李斯答道：“在这五个方面我都不如蒙恬。”赵高继续说道：“我在秦宫管事20多年，还未曾见过被罢免的丞相功臣有封爵而又传给下一代的，下场都是被诛而亡。长子扶苏刚毅勇武，即位后一定会任蒙恬为相，丞相您将归于何处啊？我受命教导胡亥多年，深知他聪明仁厚，尊贤轻财，在诸公子中，没人能赶得上他，谋立胡亥是最好的选择。”李斯正色道：“我李斯只执行皇帝的遗诏，听天由命，您还是打消犯上作乱的念头吧！”赵高冷笑道：“安危之间，只有一步之

赵高威逼李斯谋立胡亥为帝

世界大事记

约前280年，希腊罗得岛青铜太阳神巨像铸造成功。

陶制的。

前256年，秦灭西周。周赧王卒，秦取九鼎宝器。

扶苏墓

扶苏，秦始皇长子。死后葬疏属山，即今绥德县疏属山顶。扶苏墓为长方形，长30米，宽6米，高8米。墓旁立有一碑，上刻“秦长子扶苏墓”六字。

遥。丞相您若不及早打算，怎么能成为圣明之人呢？”李斯厉声道：“我李斯本是上蔡街巷里的平民百姓，承蒙陛下厚爱，得任丞相，封为通侯，子孙咸受恩泽，陛下驾崩前将身后之事托付于我，我不能有负陛下的重托啊！且忠臣不避死而偷生，请君再勿多言！”奸猾的赵高并不退让，继续鼓动说：“方今天下的权力和命运都掌握在胡亥手里，而我赵高能左右他的心志，我听说圣人并不循规蹈矩，而是顺应形势，因时而变，看到动向就能预知归宿。丞相怎么还固守不化呢？”李斯叹道：“我听说晋更换太子，三代不安宁；纣王诛杀亲属，不听劝谏，身死国亡。他们都因违背天命而自食其果。我李斯怎么能参与这个废长立幼的阴谋呢？”赵高紧逼，巧言道：“丞相若听从我的计策，就会长保爵禄，代代相传，寿比仙人王子乔、赤松子，智如孔墨。如果丞相拒不相从，必定会祸及子孙，令人心寒。丞相该怎么办呢？”李斯仰天长叹，挥泪叹息道：“遭逢乱世，我既不能以死尽忠，将向何处托身呢？”

李斯最终还是依从了赵高，与赵高合谋决定立胡亥为太子。他们将秦始皇原来的诏书篡改，并派使者赐剑给屯守北边的公子扶苏和大将蒙恬，逼他们自杀。

为了等到扶苏、蒙恬的死讯，赵高等人就让载着秦始皇尸体的车队故意从井陉绕道九原再向咸阳折回。当时正值七月，天气炎热，秦始皇的尸体虽置于能调节温度的辒辌车中，但仍开始腐烂发臭。为掩人耳目，赵高等人就让车载一石鲍鱼紧随辒辌车后，以假臭掩真臭。当车队行至咸阳时，传来扶苏已自杀的消息，李斯、赵高、胡亥等才公开发丧，九月将秦始皇的尸体埋葬于始皇陵中。

胡亥继位称帝，是为秦二世，以赵高为郎中令，李斯为丞相。

知识链接

【秦代服饰】

秦代男子穿袍式三重衣，腰束革带，带端缀有带钩，下穿裤或腿裹“行縢”。妇女穿袍式三重衣，衣前下摆为围裙式大衫。

呼天欲诉 三代良然

冤死的蒙氏兄弟

据《史记》记载，在秦灭六国的战争中，“王氏、蒙氏功为多”。蒙氏即蒙氏家族三代：蒙骜、蒙武、蒙恬蒙毅兄弟。他们个个英勇果敢，深得几代秦王信任。秦始皇时尤为重用蒙恬兄弟，曾派蒙恬率30万大军北逐匈奴，蒙毅则官居上卿，二人在朝中尊贵无比。

蒙恬含冤自尽

蒙恬率领30万大军大败匈奴，使“胡人不敢南下而牧马”。秦始皇三十五年（前212），蒙恬又奉命修筑从甘泉到九原的直道，工程还未完工，始皇便在沙丘病死了。

秦　铜盾牌（临潼区秦始皇陵西侧铜车马坑出土）

秦始皇一死，蒙氏兄弟的厄运就降临了。按照秦始皇的遗诏，扶苏将兵权交给蒙恬，然后回咸阳治丧、即位。但赵高却密谋假传始皇遗诏，立胡亥为太子，并赐诏书于公子扶苏，说扶苏和将军蒙恬带领数十万军队驻守边疆十多年，没有立下过尺寸之功，赐扶苏自杀；将军蒙恬和扶苏一同在外，却不匡正扶苏的过失，为人臣而不尽忠，也一同赐命自杀。扶苏忠厚仁爱，接到诏书后便立即自刎。但蒙恬觉事有蹊跷，不肯自杀，主管官吏便将他关押于阳周（今陕西子长北）。当胡亥得知扶苏自杀的消息后，本想赦免蒙恬，却被赵高阻止。

不久，在赵高的劝说下，秦二世胡亥又派使者去阳周迫使蒙恬自杀。蒙恬幻想通过使者让二世明白他的忠心，遂挺身辩白：蒙氏祖上三辈以来，忠心耿耿，一心事秦，并诸侯战功累累，击匈奴、修长城、建直道，为秦安边关，何来为人臣而不尽忠？但使者受赵高指使哪肯听他辩白。蒙恬绝望地叹息道：“我何罪于天，竟让我无辜而死呢？”过了很久，他才自言自语道：“我确实该死，修长

秦　扁茎剑

1974年临潼区秦兵马俑一号坑出土。长91.1厘米—93.8厘米。该剑剑身细长，锋尖锐，薄如纸。剑用铜、锡、铅等合金铸造，表面经过铬盐氧化处理，虽在地下埋藏两千余年，仍光亮如新。

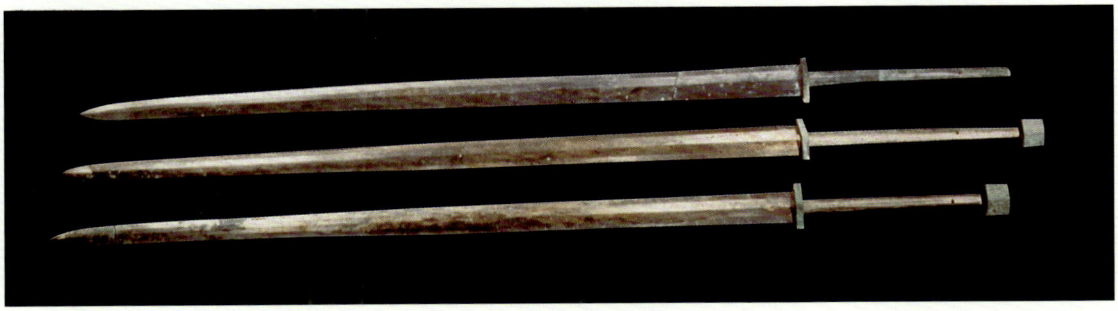

世界大事记

前275年，古希腊数学家欧几里德去世。

《周礼》《仪礼》《礼记》。

蒙恬墓（绥德县）

城，建直道，工程如此浩大，肯定是掘断了地脉！这是我的罪过呀！”说完便吞食毒药自杀了。

蒙毅无辜被害

蒙毅是蒙恬的弟弟，秦始皇时曾审理判决赵高犯法的案件，后来因为秦始皇的宠信，赵高才幸免一死。所以赵高一直对蒙氏兄弟嫉恨在心。

秦始皇最后一次巡行前，蒙毅奉命去祭祀名山大川。秦始皇病死沙丘时，蒙毅回到咸阳，赵高趁机想要铲除蒙氏兄弟，就对胡亥说：“我听说先帝曾打算立公子为太子，却被蒙毅劝阻了，所以蒙毅对公子不忠。”胡亥听从了赵高的话，就把蒙毅囚禁在代郡（今河北蔚县）。

胡亥即位后，赵高不忘旧恨，又多次在秦二世面前毁谤蒙氏兄弟。不久，秦二世派御史曲宫乘快马到代郡，宣判蒙毅罪名为“不忠”，立处死刑。蒙毅辩白说：“我自年轻时做官，到先皇去世时还得到重用。何来不忠？我了解太子（指胡亥）贤能，太子跟随先皇出行，遍巡天下，先皇重用太子已多年，我又何以会劝阻先皇立嗣、反对太子呢？”见使臣无动于衷，蒙毅又说：“从前穆公杀三良为他殉葬，还判处百里奚不应得的罪名，因此死后谥号为‘缪’；昭襄王杀武安君白起，楚平王杀伍奢，吴王夫差杀伍子胥，这四个君主都犯了重大的过失，而遭到天下人的非议，在各诸侯国中他们也声名狼藉。古人说：‘用道术治理天下的不杀无罪之人，而罪名不能强加到无辜的人头上。’请大夫三思。”

曲宫已经领了二世旨意，无心听蒙毅辩白，便挥刀把他杀了。

知识链接

【蒙恬造笔】

传说秦将蒙恬率军伐楚，南下至中山地区，因见那里兔毛甚佳，就用来制笔，毛笔就此诞生。据考古发现，早在蒙恬以前已有毛笔，蒙恬只是加以改良而已。春秋战国时期的竹木简、缣帛上已广泛使用毛笔来书写。今湖北随州市擂鼓墩曾侯乙墓发现的春秋时期的毛笔，是目前我国发现最早的毛笔。

老鼠哲学的信奉者

秦丞相李斯

李斯是楚国上蔡（今河南上蔡）人，幼时家境贫寒，后来被举荐在当地做了一个管理文书的小吏。但自从李斯发现了“老鼠哲学”后，他平淡的人生便掀起了波澜。

善作为而官运通

李斯是一个善于观察生活的人。他发现，同是老鼠，却命运不一。厕所里的老鼠过着阴暗的生活，不仅生存环境恶劣，而且为了生存还常有人人喊打之虞。反观粮仓里的老鼠，吃得又大又肥，住着豪华的“大殿”，生活无忧无虑。李斯不禁慨叹道：“一个人有无出息就如同老鼠一样，在于能不能给自己找到一个优越的环境。”于是他辞去官职，离开家乡来到了齐国的兰陵（今山东苍山兰陵镇），拜荀子为师，学习帝王治理天下的学问。

李斯画像

学业完成后，李斯便西行来到秦国。时正值庄襄王去世，李斯便去投奔相国吕不韦，做了吕不韦的舍人。他受命参加编写《吕氏春秋》一书，深得吕不韦的赏识，很快被任命为郎官。李斯趁机游说秦王政，劝说秦王应抓住时机，扫平六国，成就万世不朽的帝王功业。秦王将他提升为长史，并听从他的计策，暗中派谋士带着金玉珠宝去各国游说，离间诸侯国君臣之间的关系。随后李斯又被拜为客卿。

李斯建议焚书

上《谏逐客书》

就在李斯想要一展雄才时，郑国修渠的间谍案爆发，秦王政对秦国境内的客卿下达了驱逐令。李斯当然也在被逐之列。他将自己的使命和秦国的命运结合起来，上书秦王，他引经

世界大事记

前276—前195年，塞琉西王国与托勒密王国陷入持久战。

先在脸上刺字，然后割掉鼻子，斩去双手双足，后用竹杖打死，再斩首，最后把骨肉剁碎，陈列于市。

前247年，魏信陵君率五国联军攻秦，败秦军于河外。

战国晚期 蒲格涡纹风字形玉龙佩

1987年旬邑县转角村战国晚期秦墓出土。长27厘米，宽8厘米，厚0.4厘米。青玉质，扁平体，镂空透雕成风字形，玉龙回首拱背，卷尾，头上有角，上鄂外翻，下鄂上卷，龙佩边缘饰一周阴线，龙颈部、腿部、尾部均阴刻一条或两条纵长的弧线，前胸下伸一腿，后腿足爪一分三，在一面尾部上阴刻一“S”线，龙背中部边缘上钻一圆孔。玉龙佩体型硕大，阴刻线条劲细流畅。

据典，用秦国先祖的成功经验劝说秦王政：孝公任用商鞅变法使民富国强，惠文王采用张仪的计谋扩展了地盘，昭襄王启用范睢巩固了王权，这些人都是来自别国，他们是间谍还是秦国的功勋之臣？泰山不嫌弃尘土的微小，才能高不可攀；河海不拒绝流水的细小，才能深不可测。拒绝宾客而不接纳，疏远贤臣而不任用，不但削弱了自己，而且壮大了敌人，是自掘坟墓。他还说，明珠不产于秦，未必就不珍贵；人才不出于秦，未必就不忠心；驱逐了宾客可以找回，伤害了人心却无法弥补。李斯的话让秦王政幡然悔悟，立即停止了逐客的行为。李斯的这次上书被后人称为《谏逐客书》。李斯也因此被擢为廷尉，位列九卿。

老鼠哲学 难善其终

秦始皇统一天下后，封李斯为丞相，并听从李斯的建议，在全国推行郡县制。李斯精于书法，秦始皇下令统一文字时，李斯亲自撰写了《仓颉篇》作为书法范本。秦始皇多次出巡所刻石碑，据说大多出于李斯的手笔。由于秦始皇的赏识，李斯官运亨通，其子女多与皇室结为姻亲，长子李由还做了三川郡守。

秦始皇驾崩后，胡亥继承了帝位，是为秦二世。李斯看到了秦二世统治下的危机，但为保权位，也不敢规劝秦二世。恰在这时，李斯的儿子李由因作战不力，大将章邯要追查李由的责任，并讥讽李斯无能。李斯心中恐惧，为得到秦二世的信任，提出了一套“督责之术”。在李斯、赵高的怂恿下，秦二世更加奢侈腐化，胡作非为。当时全国的反秦起义已经风起云涌，李斯便同右丞相冯去疾、将军冯劫上书劝秦二世停建阿房宫，减轻徭役。而此时秦二世正与宫女宴饮作乐，见李斯等人上书十分恼怒，下令将他们逮捕入狱。

李斯在狱中多次上书，都被赵高扣留。赵高借机还诬陷李斯与儿子李由谋反，对李斯严刑拷打，刑讯逼供，李斯被迫认罪。秦二世二年（前208）七月，李斯受“具五刑”，被判在咸阳街市上腰斩。在被押赴刑场前，李斯回想起昔日的嬉耍欢乐，便对他一个儿子说：“我想和你再牵着黄狗一同去上蔡东门打猎，追逐狡兔，可是再也没有机会了！”说完父子二人相对痛哭。李斯死后，其三族也被诛灭。

知识链接

【客卿】

客卿是指春秋战国时授予非本国人而在本国当高级官员者。战国时秦国外来人得到卿之爵位者，通称“客卿”。

秦使赵高执辔而覆其车

阴谋家赵高

一提起赵高，人们便会想到历史上“指鹿为马”的故事，在这个故事中，赵高是个大奸臣。其实，在秦王朝短暂的历史中，赵高也扮演着一个极其重要的角色。

出身低微 官场发迹

赵高的父亲本是赵国王室被疏远的亲属，流落到秦国后，在官府手工业作坊中当了一名下级文法小吏。他通晓律令文书，与同在作坊作工的赵母婚配，生下赵高兄弟数人。赵高从小就受父亲影响，精通文史律令，尤工于书法。

成年后的赵高身材高大强壮，喜欢骑马驾车，且技艺娴熟，在官府杂役人员中开始崭露头角，名气渐响。秦始皇听说杂役中竟有赵高这样文武双全的人才，便提拔他做了中车府令，专门负责皇帝的车马管理和出行随驾。赵高的命运从此便发生了转折，秦王朝以后的命运也与他有了分不开的关系。

赵高做了皇帝的车马侍从官后，越发显得勤勉尽力，他又善于阿谀奉承，深受始皇帝的信赖和赏识。一次，赵高犯下重罪，大臣蒙毅审理赵高案件，依照法令蒙毅判处赵高死刑，并剥夺赵高的宦籍。但是在始皇帝的庇护下，赵高幸免一死，并官复原职。

为在宫中取得更大的援手，赵高还私下里侍奉公子胡亥，教导胡亥书法狱令，成了胡亥最信任的老师。

赵高画像

战国至秦 青铜龙

1994年陕西历史博物馆征集。高40厘米，长240厘米，宽100厘米。铜龙体量巨大，气势雄伟，铸造工艺精湛。它既属于远逝的帝国，又穿越了时空的界限，再现了秦汉雄风，令我们为之深深震撼。

世界大事记

前270年，旧约被译成希腊文，即《七十子希腊文本》。

烈裔。

前230年，秦内史腾攻韩，虏韩王安，韩亡。

大开杀戒 独揽朝政

胡亥当上皇帝后，赵高升任郎中令，并掌握着朝中大权。秦二世因矫诏篡位，心中忧惧众臣和兄弟不服。赵高便进言二世顺应时势，除掉一切对自己心怀不满的人。在赵高的操纵下，秦皇子公主们或被“戮死”（即腰斩），或被处以“磔”刑（将身体肢解后，再杀之），或被砍为身首异处。始皇在世时最宠幸的公子高因主动上书二世说自己愿意陪葬在始皇陵旁，才得以体面死去。在这场大屠杀中，连朝中近臣如中郎、外郎、散郎也无一幸免，朝野上下为之震恐。大臣们都为保住禄位而不敢谏言。

赵高劝二世深居宫中，不朝见大臣，一切事务均由自己代为决定。在关东农民起义愈演愈烈时，赵高又阴谋陷害李斯。他趁二世与宫女宴乐时，故意让左丞相李斯、右丞相冯去疾、将军冯劫共同劝谏二世。二世败兴大怒，遂将三人下狱。赵高于是当上了丞相，独揽朝中一切大权。

指鹿为马 逼杀二世

当了丞相的赵高野心勃勃，日夜盘算着要篡夺皇位。可朝中有多少大臣能听他摆布，他心中没底。于是，他想出了一个计策。

一天上朝时，赵高让人牵来一只鹿，满脸堆

秦　“宦者丞印”封泥拓片（西安市北郊出土）

笑地对二世说：“陛下，我献给您一匹好马。”二世一看，这哪里是马，分明是一只鹿嘛，便笑着对赵高说：“丞相弄错了，这是一只鹿，怎么说是马呢？”赵高转向众大臣，大声说：“陛下如果不信我的话，可以问问各位大臣。”

群臣心中都暗自诧异，但当看到赵高脸上露出阴险的笑容时，便都明白了他的用意。众臣有人低头不言，有人坚持认为是鹿而不是马，还有人阿谀附和。事后，赵高便把那些不顺从自己的大臣全部治罪。从此朝臣无不畏惧赵高。

赵高曾多次对二世说关东起义军不足为虑，因此二世对战事危急毫不知情。沛公刘邦打到武关时，派人秘密去和赵高接谈。赵高恐二世得知后诛杀自己，便抢先一步，与弟弟赵成、女婿阎乐

指鹿为马

合谋，趁二世在望夷宫斋戒时起兵发难。阎乐历数二世罪状，二世请求见赵高，阎乐不答应；请求做一郡王，阎乐不许；请求为一万户侯，阎乐亦不许。最后，二世请求与妻儿成为平民。阎乐是奉命来杀二世的，哪肯听从，二世自知难逃一死，便伏剑自刎了。

战国 银雌鹿

1957年神木县纳林高兔村出土。高6.5厘米，长8.9厘米。雌鹿四肢蜷曲作伏卧状，椭圆形眼，大耳直立，昂首前视，颈与四肢细长。长蹄突出如柳叶状。雌鹿造型准确，神态生动，将鹿的机警神态刻画得惟妙惟肖。

难数其恶 身死名裂

二世死后，为维持秦王朝之形式，赵高欲立子婴为王。他先让子婴斋戒五天，然后到宗庙领受玉玺，再正式策立。

子婴虽外表沉厚稳重，心性却极机灵。他斋戒五日后，就和两个儿子商量说："赵高在望夷宫杀了二世皇帝，害怕大臣们诛杀他，就假装按照道义立我为秦王。我听说赵高曾与楚王约定：灭掉秦宗室后赵高就在关中称王。现在他让我去宗庙接受玉玺，一定是打好了主意想在庙里杀死我。我如果推说自己有病不能去，赵高会亲自来请我，我们事先做好准备，他来了就杀掉他。"

赵高派人多次去请子婴，子婴却不动身。赵高果然亲自去请。他一见到子婴便说："朝见宗庙是大事，王为什么不去呢？"子婴和埋伏好的两个儿子于是就在斋宫里杀死了赵高。赵高死后，其家三族也被子婴诛灭。

司马迁在记述子婴诛杀赵高时，内心由衷地赞叹子婴的勇气和干练。他说："子婴对待生死大义，已经是完美无缺了！"可见，诛灭赵高在当时是一件大快人心的事情。

秦二世胡亥墓（西安市曲江乡西曲江池村）

知识链接

【秦始皇的兄弟】

关于秦始皇的兄弟，见诸史籍的有三人。据《史记·秦始皇本纪》记载，秦始皇有一弟名成蟜，在秦王政八年战死。《说苑》又载，始皇将同母弟二人扑杀。

世界大事记

前264年，罗马发动第一次布匿战争。

《尔雅》。

秦 立射武士俑

1977年临潼区秦始皇兵马俑坑出土，高178厘米。头绾圆髻，置于头顶右侧，身穿长襦，腰间束带，下身穿短裤，胫着护腿，足穿短靴。左足向前迈出半步，右足横置。身向左边侧转，左臂侧举成45°角，掌心向下；右臂曲举于胸前，作持弩姿态。目光注视左前方，神情专注。

秦帝国的覆亡

陈胜、吴广揭竿而起

秦二世时，赵高大权独揽，不仅大肆屠戮秦宗室公子和有功之臣，而且大兴土木，对百姓的搜刮有增无减，赋税、徭役日渐加重。严刑峻法致使犯罪的刑徒常塞满道路，监狱里也塞满了无数的囚犯。挣扎在死亡线上的农民忍无可忍，一场农民起义正在酝酿着。

戍卒被逼造反

秦二世元年（前209）七月，江淮一带大雨连绵，道路泥泞不堪，一队900人的戍卒队伍被阻滞在大泽乡（今安徽宿县）无法行进。眼看着难以如期抵达渔阳（今北京密云西南），戍卒们都焦急万分。按照秦法规定，误期要被判处死刑。戍卒中的两个小队长陈胜和吴广就凑到一起商议说："眼下逃亡是死，挺身造反也是死。同样是死，还不如揭竿而起，死得轰轰烈烈。"

经过筹划，陈胜、吴广决定先打出公子扶苏和项燕的旗号。因为扶苏贤明仁义，本应继承皇位，却被二世和赵高害死；项燕是楚国名将，深受楚人拥戴。但是天下百姓不知道这两位贤臣、名将已死，如果以他们的名义号召百姓，一定会得到很多人的支持。

一天，一个戍卒从打鱼人那里买来一条鱼准备充饥，剖开鱼腹却见一块丝绸布头，继而展开，其上隐约可见"陈胜王"三字，众戍卒传看后，不禁心中暗暗称奇。当晚，一座破庙亮起忽明忽暗的篝火，传来狐狸"大楚兴，陈胜王"的鸣叫声。士卒们都惊恐不安，天亮后聚在一起窃窃私语，纷纷目视陈胜："难道这陈胜就是替天行道的人物？"

见时机成熟，陈胜、吴广随后联络了几个心腹之人，除掉了押送他们的军官，并对众人说道："我们已经不可能如期抵达渔阳了，依照法令要被处死。即使不死，我们中间十之六七也难以活着回家。况且大丈夫不死则已，若死就一定要干一番轰轰烈烈的大事业。王侯将相难道就是天生的贵种吗？"人群中涌起了一股激情，戍卒们都高呼："跟着陈胜走！"

陈胜、吴广首义

陈胜、吴广于是把数百人组织起来，诈称是公子扶苏和项燕的人马，号为"大楚"。他们砍直长短不一的竹竿棍棒作旗杆，绑缚上破麻布作旗帜，削下一根根木棒竹片当作武器，一支反秦义军就这样形成了。陈胜、吴广带领这支人马一路攻城夺邑，当起义军到达陈（今河南淮阳）时，已是一支数万人的队伍。

陈胜在陈建立了政权，号称"张楚王"，还提出了"伐无道，诛暴秦"的口号。这时原东方六国的贵族、儒生、中小官吏也从各地起兵反秦。

陈胜称王后，以陈县为中心，分兵三路攻

揭竿而起

世界大事记

前262年，阿育王基本统一南亚次大陆，皈依佛教。

公元前770　秦　公元前206

【话说陕西】

前228年，秦将王翦攻赵，虏赵王迁。

秦：吴广为假王西击荥阳，武臣进击赵地，魏人周市攻魏地。吴广军在荥阳受阻，陈胜加派周文西击秦。周文军西进途中很快发展到战车千乘、士卒数十万的规模，声威壮大，并一举攻占至戏（今陕西临潼东），直逼咸阳。

秦二世急忙派大将章邯率军抵抗。经过一番激战，周文所率起义军溃散，周文自杀，吴广也被部将田臧所害。

章邯在战胜起义军周文、吴广所部后，又率秦军进攻陈县，陈胜率军迎战。但由于兵力对比悬殊，陈胜率军败退至下城父（今安徽蒙城），随后被车夫庄贾杀害。

后起义军亡秦

虽然陈胜、吴广领导的农民战争经过半年就失败了，但却点燃了反秦斗争的熊熊烈火。

在陈胜起义过程中，原楚国贵族项梁和侄儿项羽在会稽起兵。陈胜死后，项梁率8000精兵渡江而北，又收英布等起义军，队伍扩大到六七万人。沛县亭长出身的刘邦和一部分逃亡山泽的刑徒，也击杀了沛县县令响应起义军，他们和吕臣率领的苍头军一起投奔项梁。项梁立楚怀王之孙熊心为楚王，并以此为号召团结众将士，壮大力量。这支义军杀三川郡守李由，连破秦军。由于项梁骄傲轻敌，定陶一战遭章邯军夜间偷袭，项梁兵败被杀。

后来项羽率军破釜沉舟，在巨鹿大战中一举消灭秦军30万主力，同时刘邦乘机从武关进入咸阳。当了46天的秦王子婴以丝带系颈、手捧符玺、素车白马出降。中国第一个统一的封建王朝，在高度集权的统治之下，从建立到灭亡只存在了15年，秦始皇企图传之万世的美梦彻底成空。

知识链接

【破釜沉舟】

《史记·项羽本纪》记载：公元前207年，项羽的起义军与秦将章邯率领的主力部队在巨鹿（今河北邢台地区）展开大战，项羽不畏强敌，引兵渡漳水。渡河后，项羽命令全军："皆沉船，破釜甑，烧庐舍，持三日粮，以示士卒必死，无一还心。"后遂以"破釜沉舟"表示下定决心，义无反顾。

陈胜墓

秦律惊现世间

『事皆决于法』的实物见证

过去长时间里，人们所能见到的我国古代完整的法律，以唐律为最早。隋以前的律文，所看到的不过断章零篇而已。特别是秦律，由于文献基本佚失无存，人们仅从汉《九章律》来作一些推测。直到20世纪70年代中期，秦律才开始被发现。

终见秦律真面目

简牍是在纸发明以前普遍使用的一种书写材料。20世纪以来，不断有批量简牍资料出土。

1975年12月，我国首次出土了秦代竹简。此后，埋在地下的秦简牍不断被发现。大量出土的秦简牍资料，空前丰富了世人对秦历史文化的认识。

陆续面世的秦简牍中，有很大一部分属于法律文书。特别是首次发现的云梦秦简，有关秦律的内容最为集中也最为典型。它们是：

（1）《秦律十八种》。为抄录的18种秦律律文。所涉及的秦律有：《田律》《厩苑律》《仓律》《金布律》《关市》《工律》《工人程》《均工》《徭律》《司空》《军爵律》《置吏律》《效》《传食律》《行书》《内史杂》《尉杂》《属邦》。

（2）《效律》。关于核验县和都官物资账目的法律制度。

（3）《秦律杂抄》。是根据需要从秦律中摘录的一部分律文。存在的律名计有：《除吏律》《游士律》《除弟子律》《中劳律》《藏律》《公车司马猎律》《牛羊律》《傅律》《敦表律》《捕盗律》《戍律》。

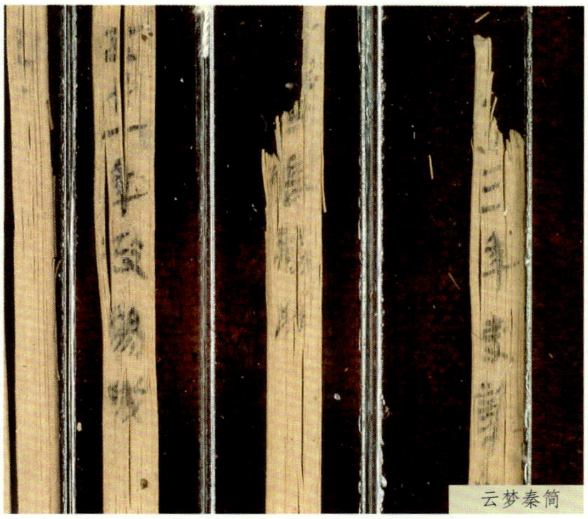
云梦秦简

（4）《法律答问》。是以问答形式对秦法律主体部分刑法的解释，内容共187条。

（5）《封诊式》。关于治狱的文书程式。分25节，内容包括对官吏审理案件的要求，及对案件进行调查、检验、审讯等程序的文书程式。其中设有各类案例，以供有关官吏学习，并在处理案件时参照执行。

秦简的出土，使我们终见秦律真面目，也让中国古代法律文献史得以重写。

“任法而治”非虚言

秦自商鞅变法以来，一直“任法而治”；实现统一后，更是“事皆决于法”。秦简牍所揭示的秦法律制度，虽然远非秦律的全部，但由此可直观地看到秦以法施治的真实情景。读罢那些律文，今人会为秦法网的严密、严格和滴水不漏，以及法治深入社会各个层面的程度而深感震惊。像《仓律》规定农田种子用量之精准，《金布律》规定都官属吏配备炊事人员及车辆之细致，《田律》规定田亩受雨情况也需要书面报告上级等，都为秦“任法而治”“事皆决于法”提供了直接的实物证据。

秦代社会简直就是一部按法而精确运行的机器。难怪荀子游秦后大发感慨，赞扬秦国的出色治理。

知识链接

【简牍】

古时候，人们把竹子、木头劈成狭长的小片，再将表面刮削平滑，在上面书写文字，这种用作写字的竹片或木条就称“竹简”或“木简”，较宽的竹片或木板称“竹牍”或“木牍”。简牍流行于战国到魏晋时期。

世界大事记

前273—前236年，古印度摩揭陀王国阿育王统治时期。

用米粉或面粉调水熬制而成。

前227年，燕太子丹派荆轲刺秦王，未遂。

丰富的文化宝藏

作为人类文化遗产的秦始皇陵

说起秦始皇陵，也许人们首先想到的是被称为“世界第八大奇迹”的秦兵马俑。其实，尽管这个拥有八千兵马、千俑千面的陶俑军阵蔚为壮观，却远不是整个秦陵的全部。兵马俑坑只不过是陵区里已知的180多个陪葬坑中的三个而已，而且远在陵园的核心之外。

秦　陶制五角形水道管（临潼区秦始皇陵西侧出土）

秦始皇陵位于今临潼城区所在地东五公里处的骊山北麓。陵园筑有内、外两重城垣，平面近似回字形。内、外城垣四面均有城门，门上筑有门阙。

秦始皇陵的主体——封土堆位于内城南半部。从北往南望去，高大的封冢犹如一座崔嵬的小山，在南面巍巍峰峦环抱之中与骊山浑然一体，景色十分优美。封冢呈三级台阶式结构，形状如覆斗，底部近似方形。经过两千多年的风雨侵蚀和人为破坏，现封土底面积约为12万平方米，高度在50米以上。封冢之下便是那神秘的地宫，它是秦始皇陵的核心。两千多年来，深藏的地宫一直是秦文化中最大的谜团之一。

陵园地面建筑群集中在内城西半部、封土堆北侧。在残存的废墟上考古人员发现了陵寝建筑群遗址。寝殿内陈列的是皇帝生前的“衣冠、几仗、象生之具”。按照古代“事死如事生”的礼制，人们每天要对死去的帝王供奉饮食，并在陵寝内举行频繁的祭祀活动。

在陵寝建筑群遗址以西的内、外城垣之间，考古人员还发掘清理了一处飤（音sì）官建筑群基址。飤官是掌管陵园日常祭祀所需食物的职官。

陵园陪葬坑和陪葬墓主要分布在封土的东西两侧。目前在秦始皇陵园内外已发现了600多个陪葬

墓和陪葬坑，如兵马俑坑、铜车马坑、马厩坑、大型石铠甲坑、百戏俑坑、文官俑坑、青铜水禽坑、刑徒墓地等。秦始皇陵由于其丰富的文化遗藏，1987年被联合国教科文组织评为世界文化遗产。

秦始皇陵是中国历史上第一座帝王陵园，也是世界上最大的地下皇陵。其建筑布局模拟生前，把地上王国搬到了地下，城内不仅有寝殿、便殿、寺园吏舍，还有供皇帝出行的乘舆、狩猎的苑囿。外城外边的厩苑内有供驾车和骑乘用的骏马，加上地宫内还陈列着百官位次以及无数奇珍异宝，构成了一幅封建帝王理想的宫域图。

秦王朝是中国历史上辉煌的一页，秦始皇陵更集中了秦代文明的最高成就。秦始皇把他生前的“荣华富贵”全部带入地下，从而给现代人留下了一笔巨大的文化遗产。

知识链接

【秦东陵】

秦东陵位于临潼骊山西麓的半山区，属于战国晚期的秦王陵区，总面积约24平方公里，出土有大量铜器、铁器、陶器及筒瓦、板瓦、瓦当等建筑材料。据《史记》记载，葬于东陵的有秦昭襄王夫妇、庄襄王夫妇以及宣太后、悼太子诸人。秦东陵的发现填补了先秦王公陵墓的空白，使春秋早期至秦始皇时期的秦陵园相接形成序列，为研究秦国历史提供了珍贵的资料。

秦始皇陵全景（临潼区）

秦　军吏俑（临潼区秦俑一号坑出土）

世界大事记

约前250年，巴克特里亚（大夏）建国。

西垂、雍城、栎阳、咸阳四大陵区。

中国大事记

前226年，秦将王翦攻燕，破燕都蓟。燕王喜迁都辽东。

公元前770 秦 公元前206

【话说陕西】

恢宏壮阔的地下军阵

秦始皇兵马俑坑

秦始皇兵马俑坑位于秦始皇陵东侧1.5公里处，当年秦始皇率领着威风凛凛的秦军，金戈铁马，只用了十年时间便统一了六国。兵马俑坑所展现的威武壮观的陶俑仿佛就是当年横扫关东六国的“雄狮”。

兵马俑坑现已发掘三座，这三座俑坑坐西向东，呈“品”字形排列，坑内共有陶俑、陶马约8000件，还有数万件青铜兵器。这些陶俑或手执弓、箭、弩，或手持青铜戈、矛、戟，或负弩前驱，或御车策马，计有步、弩、车、骑四个兵种。

一号坑规模最为壮阔雄伟，全长230米，宽62米，总面积14260平方米。俑群的排列阵势属于步兵阵和车兵阵，步兵和车兵是当时战场上的主力兵种。已经发掘出土的秦俑有1000多尊。据估算，一号坑内可以出土兵马俑约6000余件。此外，还有战车、战马以及数万件的各种青铜兵器。站在一号坑前给人一种强烈的震撼。前锋部队有210多名武士俑，横列三队，手持弓弩，背负箭。后面紧紧跟随的是身穿铠甲的步兵，间杂着驷马战车组成38路纵队从11条坑道里涌出；军阵左右各有侧翼，末尾又有三列后卫。整个军阵布局严密，酷似待发之势，展示了当年秦始皇挥军横扫六合、所向披靡的声威。

秦　跪射武士俑
（临潼区秦始皇兵马俑二号坑出土）

二号坑是一个由车兵、步兵、骑兵组合成的多兵种军阵，南北宽84米，东西长96米，平面呈曲尺形，由四个单元组合而成。第一单元即曲尺形东端的突出部分，由手持弓弩的步兵组成，是一个弩兵阵；第二单元即曲尺形的南半部，是战车组成的方阵；第三单元即曲尺形的中部，是车步骑结合的一个长方阵；第四单元即曲尺形的北半部、弩兵阵的西部，是一个骑兵长方阵。二号坑中的陶俑既有立射俑，又有跪射俑，还有骑兵俑。

三号坑是规模最小的一个坑，面积只有520平方米，仅出土了68件陶俑，但其功能却远比一、二号坑更为重要，因为它是整个军阵的指挥中心，

秦始皇兵马俑一号坑军阵局部

世界大事记

前247年，阿萨息斯建立安息帝国。

春秋时期。

前225年，秦将王贲攻魏，虏魏王假，魏亡。

秦始皇兵马俑三号坑

按现今的部队编制就是我们常说的“司令部”，所有军事行动的命令都发布自这里。在三号坑出土的还有巫师占卜的用具。可见当时巫术的盛行，就连军队的一次出击、防守、埋伏都要经过占卜后再作出决定。

三个秦俑坑组成了无与伦比的地下军阵，有司令部、步兵阵，还有弩兵阵、战车方阵、骑兵阵和车步骑结合方阵，恰似一个有统一指挥的混合兵种的军阵。其中二号坑完整的军阵排列，分别集合了战车、骑兵、弩兵的综合编队。它的军事意义在于依靠骑兵之“速”来快速打击敌人，依靠弩兵之“守”来护卫部队，可谓攻防兼备，进可攻、退可守，让敌人难以捉摸，达到无懈可击的军事布防境界。二号坑的发现，解开了秦军的不败之谜。

秦始皇兵马俑一号俑坑局部

知识链接

【秦的“科头”军】

古代称头盔为“胄”，把不戴头盔的士卒称为“科头”。秦的科头军是一支劲旅，张仪曾对此备加赞赏道：“秦带甲百余万，车千乘，骑万匹；虎挚之士，跿跔（音tú jū）科头贯颐奋戟者，至不可胜计也！”秦军中数以万计的科头锐士，与山东六国士卒作战时冠胄披甲形成了鲜明的对比。秦俑军阵中那些身穿战袍、免胄挽髻的士卒正是秦代“科头”锐士的真实写照。

精湛的雕塑艺术

兵马俑的写实主义风格

兵马俑的雕塑艺术具有“大、多、真、神”的特点。兵马俑不仅规模大、数量多，而且每一个兵马俑都经过精雕细刻，形态逼真，雕塑者注意从每个俑的面部表情表现其喜怒哀乐，以写实手法使俑展现出千人千面的风格。

千俑千面

春秋以前，王公贵族都用真人殉葬，随着社会的进步，陶俑逐渐代替了用活人殉葬。秦始皇一生好大喜功，南征北战，既然用活人活马殉葬已不时兴，便要求殉葬的兵马同真人真马一样大小。既然反映的是当时的军事状况，就要把秦朝的各个兵种都展现出来，俑坑中有步兵、车兵和骑兵。陶俑手中握的兵器都是实战所用之兵器，至今寒光闪闪、锋利无比。

秦兵马俑的写实主义特征表现在每个陶俑、陶马的细部雕塑上。兵马俑中有将军俑（高级军吏）、武官俑（中级军吏）、士兵俑、立射俑、跪射俑、驭手俑、骑兵俑等。由于官阶不同，这些俑的服饰也各不相同。将军俑头戴鹖冠，身穿细密的鱼鳞铠甲；中级军吏头戴板冠；士兵则不戴冠，而戴巾帻。将军俑个个都身材魁梧，气宇轩昂，沉着稳重；中级军吏俑虽不如将军俑那样魁伟，但都果敢坚毅；士兵俑则千差万别，有的面带笑容，有的年轻幼稚，有的则老练果敢。喜、怒、哀、乐从其面部表情表现得淋漓尽致。即使陶俑陶马很细小

神情各异的秦俑

世界大事记

前246年，埃及亚历山大城的法罗斯岛灯塔建成。

《考工记》。

前223年，秦将王翦攻占楚都寿春，俘楚王负刍，楚亡。

的部位也雕塑得十分精细，如陶俑的胡须、头发都刻画得惟妙惟肖，各不相同。连陶俑穿的鞋的底部的针脚、陶马口中的牙齿都刻画出来，给人一种非常真实的感觉。

陶马的雕塑难度较大，秦俑坑中出土陶马数百匹，既有拉车的战马，又有骑兵用的鞍马。马的造型非常传神，四蹄着地，劲健有力，马头仰起，剪鬃缚尾，两耳前竖，张口嘶鸣。既注意粗线条的概括表现，又注意各个细小部分的刻画。鞍马雕刻精细，马背上雕有鞍鞯（音jiān），肚下雕有肚带。头上戴着用铜丝串连起来的铜泡、石饰件组成的络头、缰索，口内含有铜衔，尾巴辫成三股长辫形，造型富有活力，形具而神生。

秦　陶马（临潼区秦俑一号坑出土）

精雕细刻

偌大的陶俑陶马是怎样雕塑出来的呢？简单说可以概括为塑、堆、捏、贴、刮、削等。以塑为主，塑模结合，分件制作，精雕细刻。把圆雕、浮雕、线雕有机结合起来。

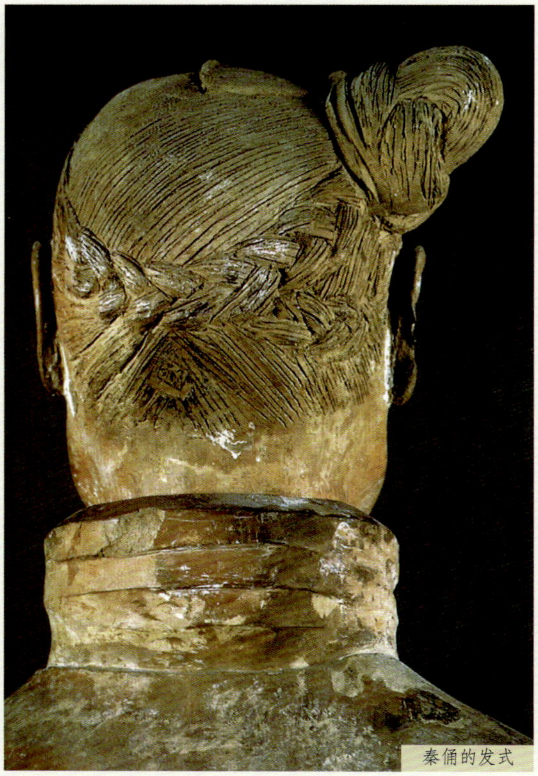

秦俑的发式

先把陶俑制成初胎，然后再根据需要精雕细刻。陶俑的下部是实心的，上部是空心的，这就解决了偌大陶俑的站立平衡问题。陶俑的脚下均制作踏板，然后用泥堆成脚和腿，腰腹部也用泥堆起，胳膊分件制作，头手用模子制作，大样做成后，采用刮、削、刻、剔、划的办法，把各个部分套合，这样便形成千人千面的形象，因而有学者提出，当时在制作陶俑、陶马时有模特儿。

陶马的头也是合模制作，马耳、马鬃做成后再安装上去。身体分胸、腹、臀三部分，用泥片做成空心。要制作与真人真马相同大小的陶俑、陶马绝非易事，不要说放在两千多年前，就是在今天也是不容易的。据推算，要烧制8000兵马俑，需要用1000人十年才能完成。

制作准备

兵俑制作1

兵俑制作2

兵俑制作3

世界大事记

前232年，印度阿育王去世，孔雀王朝衰落。

喂养牲畜的草饲料。

前222年，秦将王贲攻破燕辽东，燕亡；俘虏代王嘉，赵亡。

马俑制作1

马俑制作2

制作完成

彩绘增辉

陶俑、陶马的制作，从解剖学上来讲也是符合比例的。陶俑的身体比例与民间画工提出的"行七坐五盘三半"的比例相同。细部的刻画如手指关节的长短、肌肉的厚薄、脚面内高外低以及面部五官的位置也都符合解剖学原理。

陶俑陶马身上都施有绚丽的彩绘。施色的办法是先在俑身上涂一层生漆，然后施以彩绘。彩绘均为平涂，手、脸、脚等部位都涂有二至三层彩色。这些颜色由矿物颜料组成，经过两千多年的压力、腐蚀及发掘出来后受外界空气的影响，现大都脱落。但从有些陶俑身上还可以依稀看到彩绘的痕迹。

陶俑身上各个部位都绘有不同的颜色。陶俑面部及手的颜色是粉红的。战袍有大红、朱红、紫红、深绿、粉绿、天蓝等色；鞋为赭色；靴有朱红、深绿、赭等色；鞋带及行縢带有朱红、粉紫、杏黄等色。多数陶马都是通体枣红色，红舌白牙，黑鬃，黑尾，白蹄。可以想见，俑坑刚建成时，五光十色的陶俑、陶马是多么艳丽壮观！

与西方雕塑艺术相辉映

秦兵马俑高超的艺术水平，赢得了海内外的同声赞许，那么它和几乎同时期的希腊雕塑艺术又有何异同呢？希腊雕塑是西方雕塑艺术的杰出代表，而秦兵马俑则是东方雕塑艺术的杰出代表，两者各有千秋。

地处亚洲中心的秦帝国，当时基本上还处于封闭状态，因而产生出的雕塑品呈现出深沉、厚重、古朴的风格。而古希腊则处在交通要道上，与外界的交往多，其雕塑品呈现出开放的风格。

两者的不同点首先表现在雕塑品的用料不同。秦兵马俑以泥土为原料，而希腊雕塑则以石料为主。其次，两者雕塑方法不同。秦兵马俑以雕为主，并继承中国传统的雕塑方法，以线条表现神态，从人物的面部表情表现其性格和思想；希腊则采用雕、刻、凿的办法，以表现人的造型美，从人物的骨骼、肌肉、筋腱等表现人物的美与力、性格与思想。再次，秦兵马俑用以表现秦军的气势雄伟以及整体上的协调统一，而希腊雕塑则以弘扬个性为主。

将军俑

兵马俑的发现，令人们对中国雕塑艺术有了新的看法。秦俑开创了中国雕塑活泼、开朗、写实的现实主义先河，同时秦俑也是中国大型彩塑的开端。

知识链接

【俑】

俑是陪葬的偶人，由木、石、陶、铜等不同材料制成。古时候实行人殉，贵族死后要求奴隶为之陪葬。后来，随着人类文明程度的提高，以俑代人殉，是人类社会进步的象征。

《孟子·梁惠王上》记载："仲尼曰：'始作俑者，其无后乎？'为其像人而用之也。"古俑以楚国为代表，多木制，较简单。汉俑种类有兵士、女侍、仆役及乐舞俑。魏晋南北朝时期的俑制作多样，隋唐俑型大而精美，三彩俑为盛唐时的制作高峰。

世界大事记

前230年，古希腊天文学家阿利斯塔克去世，他曾提出日心说。

50万以上。

前221年，秦攻灭齐，秦朝建立，嬴政始称皇帝。

秦地下武库

十八般兵器一应俱全

秦代有专门收藏兵器的武库，在兵马俑坑中也发现了大量的陪葬兵器。目前秦俑坑已出土数万件实战兵器，如矛、戈、戟、铍、剑、弩机、钺、殳（音shū）等，各种兵器一应俱全。这些兵器多为青铜制造，铁兵器十分罕见。目前仅见铁矛一件、铁镞一件、铁铤铜镞两件。

短兵器

青铜剑目前共发现20多件，剑身修长，呈柳叶形，剑身中部起脊。两面计四纵四锷。茎的截面呈长方形，近格处呈扁圆形。剑身制作工艺规整，刃锋极为锐利，穿刺力强，含锡量较高。

金钩，又称吴钩，最初铸成于春秋时期的吴国。在秦俑一号坑共发现两件金钩。它是一种头部弯曲、双面有刃的兵器，长65厘米，适用于向里钩杀或者向外格杀。

长兵器

矛是用于直刺和扎挑的长柲格斗兵器，是古代出现的最早的兵器之一，使用的时间也最长。早在远古时代就有石矛，后来又出现了铜矛、铁矛。

秦俑坑中的矛有两种，通体宽扁且直，体的中部起脊，脊两侧各有一道风槽，椭圆形骹。骹之两棱同锋刃平行，攻击性能好，实用性强。

秦 矛
（临潼秦俑一号坑出土）

铍是长柄兵器。铍头和短剑相同，较矛头长而锋利，穿刺力强。秦俑坑已发现20多支铍。过去人们把铍头误认为短剑，实质上铍和剑是有区别的：铍有柄，剑无柄；剑茎有首，铍茎无首；剑茎有圆形、方柱形、断面呈扁圆形等，而铍茎一律作长方柱体，上有一至二孔；铍身较短，剑身窄狭而长；短剑身中部多起脊，铍不起脊；铍较短剑的刃宽而锋利等。

铜戈是一种勾兵器。戈一般由援、内、胡三个部分组成。援是横向侧出的刃，前有锋，上下侧起刃，是戈最具杀伤力的部位。内是援后的纳柲部分，内上有孔，成为穿，用来穿绳缚柲。援和内之间有凸起的棱，称阑，有上阑和下阑之分。胡是援下刃近阑出弧曲下延部分，有锋利的刃和固柲的穿。秦兵马俑坑目前已发现多把铜戈，其制作工艺考究，光洁锋利。

戟是古代兵器中较特殊的一种长兵器，由矛和戈组合而成，既可前刺又可钩啄。秦俑所持戟为内刃性戟，是一矛一戈联装的常见戟。

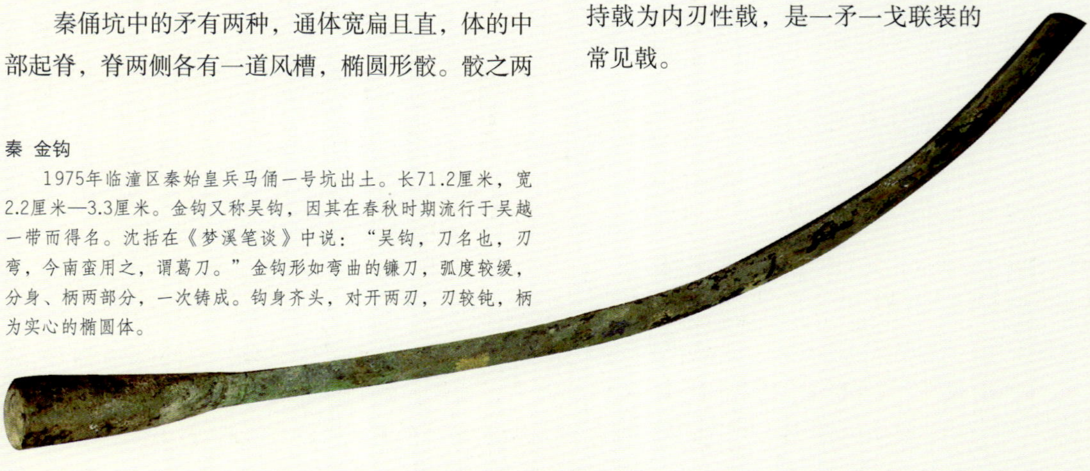

秦 金钩

1975年临潼区秦始皇兵马俑一号坑出土。长71.2厘米，宽2.2厘米—3.3厘米。金钩又称吴钩，因其在春秋时期流行于吴越一带而得名。沈括在《梦溪笔谈》中说："吴钩，刀名也，刃弯，今南蛮用之，谓葛刀。"金钩形如弯曲的镰刀，弧度较缓，分身、柄两部分，一次铸成。钩身齐头，对开两刃，刃较钝，柄为实心的椭圆体。

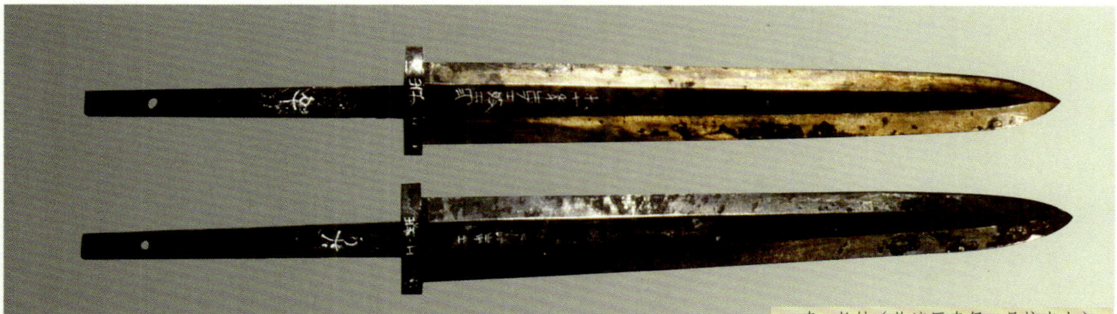

秦　长铍（临潼区秦俑一号坑出土）

远射程兵器

弩是利用机械力量发射箭镞的一种远射兵器，在冷兵器中是杀伤力极大的兵器。弩是由弓演变而来的，并克服了弓的一些缺点。弩机由悬刀、望山、拴塞、牛组成。悬刀即扣发扳机，望山用以瞄准，钩牙用来挂弦。战国时弩机结构又有新发展，出现了铜廓，它对固定弩机、提高弓弩的稳定性和寿命有很大帮助。

秦兵马俑坑已发现了数百处弩的遗迹。秦陵一号铜车马上的弩为铜弩，出土时完整无缺，为我们了解秦弩的形制提供了参考。

秦俑坑中还出土了数以万计的铜箭镞，这些铜箭镞是用在弩机上的。秦俑坑的铜箭镞几乎全为三棱形，铜镞刃稍向外鼓，镞首面作等边三角形，三翼收杀。在二号俑坑还发现一种特大型号的铜镞，每支重量达100克。

防御性兵器

除了进攻性的兵器以外，秦人也有防御性的器械，如盾牌和铠甲。盾是古代防护性兵器之一，用来防护自身免遭敌方兵器伤害。

在秦陵一号铜车马上有一面铜盾牌，它插在车右箱板内侧的盾囊里。铜盾精致美观，是用青铜制作而成的。它的上部呈弧形，中部呈亚腰，四角上耸而内卷，下部呈长方形，形若“出”字，正面中部纵有一条鼓起的棱背，体表中间隆起，上下两端凹下，背面正中也铸鼓起的凸棱，在背的中间处有桥梁鼻纽盾握，纽梁上铸出缠扎的革带纹。铜盾虽经两千多年，仍完整如故，是目前发现的最为完整、质地精良的盾牌。

礼兵器

铜殳是一种仪仗用的钝性长兵器，通体为圆筒形，首呈三角锥状，可以装柄。俑坑中共发现了31件铜殳。

钺也是一种典礼和出行时用的仪卫性武器，是权力地位的象征。铜钺出现于殷商时期，但因其太重而不能在大战中大显身手。钺是在俑坑内的战车旁发现的。

秦　殳（临潼区秦俑一号坑出土）

知识链接

【秦代的弓箭手】

秦代弓箭手已经发展为一支独立的兵种，战术上与车兵、骑兵相配合。秦二世时还“尽征其材士五万人，为屯卫咸阳，令教射狗马禽兽”。“材士”即指弓箭手。时弓箭手有轻装和重装之分。轻装弓箭手称为“引强”，重装弓箭手称为“趆张”。弓箭手的训练十分严格，秦律规定负责发弩的官吏如果射不中目标，不仅要受到赀二甲的处罚，还要被免职。兵马俑坑里的弓箭手正是经过挑选的“材力武猛者”的形象。

世界大事记

前247—226年，伊朗进入帕提亚帝国时期。

追风、白兔、蹑影、追电、飞翮、铜雀、晨凫。

前220年，秦朝在全国筑驰道，东通燕、齐，南达吴、楚。

秦青铜兵器铸造三绝

工艺规整 标准化 铬盐防锈

秦俑坑中目前已出土各种兵器数万件，大量铜兵器的出土使人们对当时的冶金和手工制作水平有了新的认识，充分反映了秦代高超的兵器铸造技术。

考究的配方

我国古代劳动人民在长期的青铜冶铸实践中，直观地认识了合金成分、性能和用途之间的关系，总结出“六齐”规律。成书于战国时期的《考工记》总结了青铜器冶炼技术，提出不同器物中铜和锡的比例配方。书中对刀剑的要求是“三分其金而锡居一”，即铜锡之比为3∶1，按这样的比例制成的刀剑，既有一定的硬度，又具有韧性，不易折断。

秦 寺工矛

（临潼区秦俑一号坑出土）

秦俑坑中出土的青铜兵器，均为铸造成型。其合金成分，经多种方法检验，所含各种金属的配比基本符合《考工记》中的要求。由于青铜中含锡的多少直接影响其硬度，因而各种兵器便根据其用途的不同而采取相应的锡比例。如青铜剑含锡量高达18%—21%，相当于中碳钢调质后的硬度，非常锐利。镞和矛要求刃锋锐利，有良好的穿刺力，因而这两种兵器含锡量较高。铜镦的作用是保护长兵器的柄，因而其含锡的比例低于剑、矛、镞。

秦俑坑中出土的青铜剑和春秋时期、战国早期的剑相比，显示了高超的铸造技术。春秋、战国早期的剑身较短而宽，由宽变窄、由厚变薄是等距离地均匀递减；而秦剑剑身长而窄，其由宽变窄、由厚变薄是有节奏地递减，这种剑具有锋利、穿刺力强、坚韧、不易折断的优点，当剑穿刺时，有一种反作用力，有节奏的剑身可以相对减少反作用力，增强剑的弹性。剑身窄处厚度相对较大，剑身宽处厚度相对较薄，这样就使

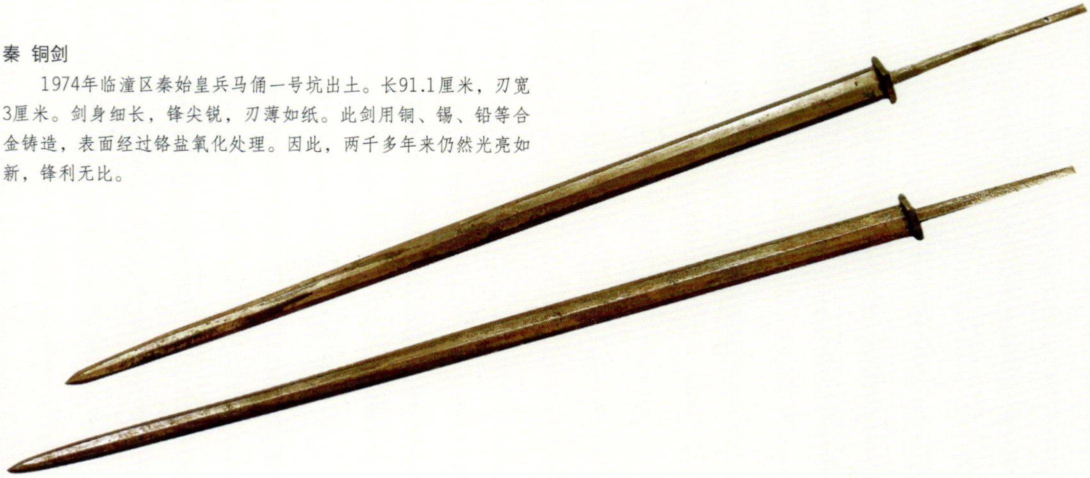

秦 铜剑

1974年临潼区秦始皇兵马俑一号坑出土。长91.1厘米，刃宽3厘米。剑身细长，锋尖锐，刃薄如纸。此剑用铜、锡、铅等合金铸造，表面经过铬盐氧化处理。因此，两千多年来仍然光亮如新，锋利无比。

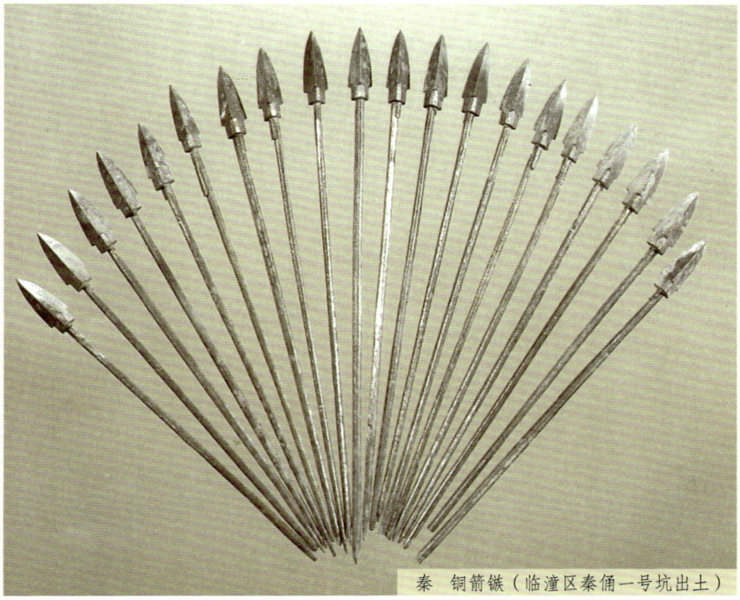
秦　铜箭镞（临潼区秦俑一号坑出土）

剑身宽处与窄处的机械强度相对均衡，不致因剑身强弱不均而折断。

精湛的工艺

秦俑坑中出土的青铜兵器，均为铸件，再经过锉磨、抛光、铬（音gè）盐氧化防锈等工序制成。制作工艺精细，特别是铬盐氧化防锈技术，与发达国家在近现代才发明的工艺相类似，是世界冶金史上的奇迹。同时，我们在铜铍的两面发现满布着不规则的云头状的花纹，这些花纹既非铸成，又不是刻画而成，因为花纹仅在器表，而表层下不见纹样，表层上又不见刻划痕，却隐现于器表，和器表的金相组织融为一体。这种形式的兵器在以往的考古中仅见三例，好像是经过化学方法处理而成的。有人推测可能是利用了硫化处理的办法。从现有的实物资料分析，这种先进工艺始于春秋晚期，一直到战国和秦王朝时还在使用，其流行的区域很广。它和铬盐氧化处理防锈技术一样，是冶金史上的又一大奇迹。

这些青铜兵器的加工是严密的。特别是青铜剑的剑身，在放大镜下观察，发现两刃及锷的磨纹垂直于中轴线，纹理平直没有交错，加工工艺十分精致，根据推测可能采用了简单的机具加工，而非手工锉磨。剑身光洁平整，组织细密，没有砂眼。

铜镞的加工更使人惊奇。镞是三棱形的，它的三个面和三个棱均被加工成抛物线形，这样的箭射出后，不但飞行平稳，而且速度快，命中率高，其运行轨迹放大投影和现在的步枪子弹一样。

最早的标准化

在青铜兵器的铸造过程中，人们已使用了标准化工艺，这是一个了不起的创造。所谓标准化是指同类产品部件必须能够互相通用，以便于大规模生产和检验管理，同时也便于更换和维修，它是现代工业的产物。

通过对秦俑坑兵器的实测，发现数百件弩机的牙、栓、悬刀和其他部件，完全可以互换通用，轮廓误差不超过1毫米。铜箭镞按照应用需要，分为四种类型，同类型铜镞的三个面的轮廓误差不大于0.15毫米，镞头锋刃采用流线型三维空间曲线，放大24倍后与现代生产的手枪弹头轮廓线竟奇迹般的吻合。由此可见秦代兵器生产型号及式样已规范化、系列化。其实我国古人早就提出了“型范正”的观点。秦代还把这一条列入法律，要求“同一种类型的器物，其大小、长短、宽度都必须相等”。秦俑坑中出土的器物基本符合这一要求。

秦俑坑中出土的青铜兵器，工艺规整、标准化，而且经过防锈处理，堪称三绝。青铜剑、镞、矛、殳等兵器虽埋在地下两千多年，出土后表面仍光洁锃亮，颜色青灰，锋利无比。

知识链接

【铁兵器】

铁兵器是古代利用钢铁制造的武器，是冷兵器的一种。中国古代的兵器经过了石器、青铜兵器、铁兵器三个阶段。铁兵器始于春秋末期，盛行于战国至火器发明前的漫长时期。

世界大事记

前227年，罗马以西西里为第一行省，确立行省制。

豆粥和麦饭。

前219年，秦始皇东巡，封禅泰山，立石颂德。

青铜之冠

秦陵铜车马

铜车马陪葬坑位于秦始皇陵的封土与陵园内城西垣之间，此坑出土的两乘彩绘铜车马是我国目前发现的时代最早、结构最完整的铜车马。

一号铜车马

一号铜车马为立车（或称“高车”）。一御手俑身佩长剑，手执辔绳站立于车舆中间。车舆内置有一柄高大华美的圆形伞，伞盖内外均饰以精美的流云纹，伞盖下有一根较高的竹节状伞柄，在每一竹节内也饰以错金流云纹，既精致又美观。车舆前阑板还装有一具制作精美的弓弩，并配备有54支铜镞，铜镞被放置在一长方形箭箙（音fú）内，阑板外侧镶嵌着一对放置弓弩的承弓器。在车舆内还发现了一具铜质盾牌，这具长方形盾牌是迄今为止考古史上发现的最完整最精美的秦代盾牌。

铜车马承弓器、弓弩、箭箙及铜镞的发现，首次向人们展现了古代立车远射兵器配置的情况。

二号铜车马

二号铜车马属于安车，车主既可坐乘，亦可卧息，较一号铜车马舒适豪华。车舆上部有一顶龟

秦 一号铜车马

1980年临潼区秦始皇陵西侧陪葬坑出土。一号铜车马，车为高车或叫立车，也称戎车。单辕，车舆为圆角长方形，后面正中设门，用以上下。铜铸的驭官头戴鹖冠，穿长襦，挎长剑，站立车中，双手执辔，车前驷马，踏蹄欲奔。车马全用青铜制成，大小约为真车马的一半。铜车马制作精妙，完美地将冶铸工艺、彩绘、雕塑融为一体，确为稀世珍宝。

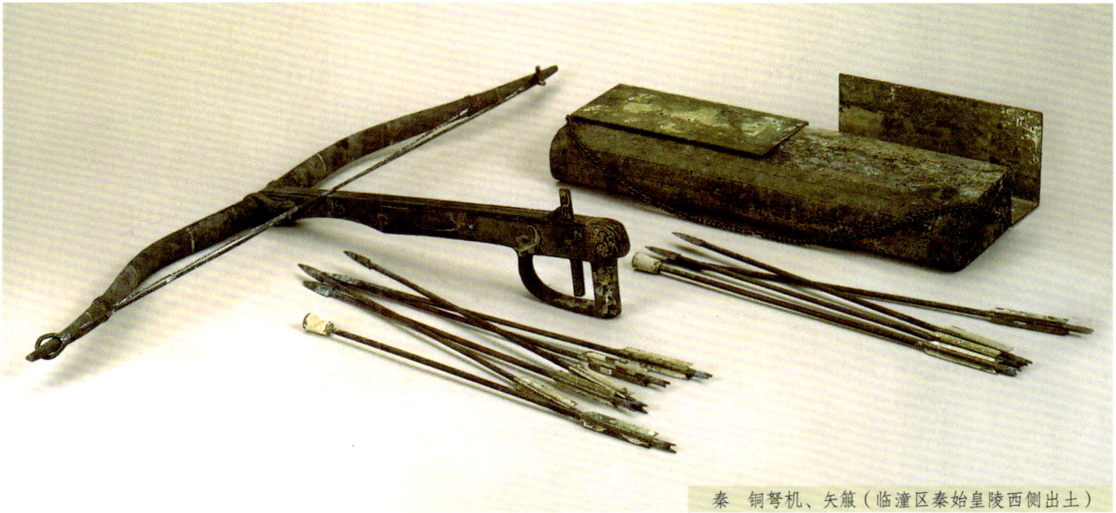

秦　铜弩机、矢箙（临潼区秦始皇陵西侧出土）

盖状的大篷盖，不仅将车舆全部罩住，而且连前面的“驾驶室”也遮盖起来，形成封闭式的车舆。车舆两侧留有长方形车窗，车窗起到调节车内温度的作用，“开之则凉，闭之则温”，因此这种安车又称“辒辌车”。“辒辌车”在冬季可以提高车内温度，夏季则可以通风降温。始皇在沙丘病死后，尸体就是被放在这种“辒辌车”内运回的。车舆内外均彩绘有各种变形龙凤的流云纹。篷盖外面还残存绢帛之类的丝织品，这正是古代安车的衣蔽。

车舆内的设备更富有特色。在车舆底部有一块方形大铜板，其大小几乎与舆底尺寸相当，铜板表面绘有鲜艳的几何纹饰图案，这块彩绘大铜板即是古车上的“文茵”，类似于一种软垫制品。车舆内还有一把铜方壶和一件铜折页。据专家考证，“铜方壶是盛酒的器具”“铜折页即是一种帛巾，用以擦手、擦嘴”。这种仿皮质铜方壶和仿帛巾铜折页，提供了古代最早的酒囊和帛巾实物模型。

秦　铜马（局部）

秦　金当卢（临潼区秦始皇陵西侧出土）

◆华美的装饰◆

两乘铜车马都用金银装饰，非常高雅华贵。铜车的篷盖和伞盖末端均饰以银质盖弓帽，车衡两端为银质错衡，车轮外侧插有银质辖軎，车轭末端饰以银蟾蜍。此外，马的

前218年，蒙恬率30万大军北攻匈奴。

秦 二号铜车马

1980年临潼区秦始皇陵西侧陪葬坑出土。单辕，长方形车舆较宽大，舆上置一个椭圆形车盖，后面正中设门，车厢两侧置窗。舆前坐一尊铜铸驭官。驭官双手前伸，手握六辔，作驾车状。车前驷马，踏蹄欲奔。驭官双目微启，目光下视前方，表情恭谨，神态专注，充分反映了驭官忠于职守的形象。

络头也都以金银装饰，有纹饰精美的金当卢、浮雕龙纹金泡、银泡，两匹骖马身上还有金银相间的颈圈等。总之，两乘车的金银装饰品至少有3000多件。如此豪华的铜车马却仅属秦始皇的陪葬属车，那么秦始皇本人所乘坐的銮舆一定会更加奢华气派。

据记载秦始皇乘坐的銮舆为“金根车”，前驾六匹马，以精美的黄金装饰车马。始皇出巡时，陪侍众多，有前导、护从、后卫、伴驾等，各按一定的礼仪紧紧相随。

秦 二号铜车马驭官

精湛的制作工艺

铜车马不仅华美壮观，其铸造工艺也堪称伟大的奇迹。两乘铜车马均是按照当时实用车的二分之一制作的。其零部件达六七千件之多，而且所有零部件都是铸造成型。以篷盖和伞盖的铸造为例，它们不仅面积大，而且薄厚不一，加之篷盖和伞盖都有一定的弧度，如此难度大的车盖能一次性浇铸成功，在两千多年前的确是一件了不起的事情！许多小部件的铸造也令人惊叹不已。如马项下悬挂的缨络，全是用细如发丝的铜丝制成，且铜丝表面无锻打痕迹，精细均匀，如此纤细的铜丝（0.5毫米）到底是用什么方法制作而成，采取什么工艺焊接，

秦 二号铜车所饰流云纹

目前还是一个谜。

铜俑和铜马的制作也惟妙惟肖，栩栩如生。从两个御手俑的造型来看，他们身体匀称，面庞丰腴，双臂前伸，紧握辔绳，头向前倾，一副全神贯注的模样。一号车御手，严肃中透出一丝轻松，二号车御手则面带几分恭谨和微笑。他们头发的发丝、眉毛、睫毛到浮雕式的两撇八字胡须都毫无刀砍斧凿的痕迹。两袖及腰间因束带而产生的褶皱都用曲线来处理，将所有服装质地柔软的效果恰如其分地表现了出来。就连御手俑的关节和指甲都进行了精心处理。身体的各个部位都雕刻得如此活灵活现，使冰冷冷的青铜车马焕发出勃勃生机。

八匹铜马给人一种静中欲动的感觉。这些马形体比例匀称，两耳前倾，双目圆睁，鼻翼微张，六颗牙齿整齐排列；马身上的肌肉块块隆起，胸肌突出，膘肥体壮。八匹铜马神态各异，四匹服马举颈昂首，目视前方，四匹骖马略视两侧。这八匹铜马向世人充分展现了秦人高超的青铜制作技艺。

无论从铸造结构，还是铸造工艺、技术来看，目前出土的青铜器中没有一件可与之相比，因此这两乘铜车马被称为“青铜之冠”。

秦 承弓器（临潼区秦始皇陵西侧出土）

知识链接

【西安秦大墓】

2006年考古人员在西安市长安区神禾塬上发现了一处大型秦陵园遗址。陵园面积约260亩，中心是一座“亚”字形大墓墓圹，其面积仅次于雍城秦公一号大墓。目前在陵园内已发现了13座陪葬坑。其中在一座车马坑内出土有安车一辆、挽马六匹，古时只有天子才能使用六马驾的车（即“天子驾六”），由此可知墓主身份应是级别很高的。目前陵园内共出土文物300多件，有金银器、青铜器、铁器、玻璃料器等。它的发现为秦国王公丧葬制度和古代陵寝制度的研究提供了极为珍贵的资料。

世界大事记

前218—前201年，第二次布匿战争，罗马称霸西地中海。

秦 铜马

1980年12月，临潼区秦始皇陵西侧陪葬坑出土。马用青铜铸造而成。马头上的络头是用金管、银管套接而成，至今灵活如初；用无数小铜片以子母扣、插销连接的马辔，仍可灵活折叠。铜马的形象之美，马辔、络头制作之精，令人惊叹不已。

规模空前的石铠甲坑
石铠甲与石胄

石铠甲坑位于秦陵封土堆东南约200米处，面积略小于秦兵马俑一号坑，是迄今为止秦始皇陵园外城墙以内发现的面积最大的陪葬坑。

石铠甲坑平面形状呈长方形，在坑南北两边缘的东西端各有一条平面呈梯形的斜坡门道。目前共清理出石质铠甲87领、石质头盔43顶、石马缰三组及一些青铜镞。这些石铠甲和头盔均用质地均匀、颜色灰青的石灰岩石片和扁铜条联缀而成，称为“铜缕石甲胄”。

石质铠甲是按原比例大小制作的。甲片主要有长方形、近方形、舌形、等腰梯形、直角梯形、圆形等。甲片上钻有一些圆形或方形的小孔，用扁铜条联缀在一起。根据甲片特征和甲胄外观特征的差异，可将铠甲分为三大类：鱼鳞甲、札甲和特大型甲。特大型甲目前只发现了一领，身甲已烧成白灰状，颈甲保存较好，该甲纵长1.8米。从其形体和结构判断，这副甲不是人的披甲，而可能是马的铠甲，即后世所谓的“马铠”或甲骑具装中的“具装铠”。根据史书记载，至东汉末年才有较完整的具装铠，因此本次发现的这副“马铠”，要比文献记载早400多年。

铠甲的制作并非易事，要经过切割、打磨，并钻孔用铜丝串片连接，更为重要的是，铠甲坑中的石铠甲数量惊人，制作这些石质铠甲必须有机械加工工具。试想当时没有车床，没有切割机，秦代工匠何以会创造出如此奇迹？！石铠甲的制作工艺向世人充分展现了秦代高超的手工业技术。

与铠甲同时出土的石胄约36顶。这些胄与燕下都发现的铁胄形制相似，可以保护颈项并披搭于铠甲的肩部之上。所有石胄均由一整片圆形顶片和若干板瓦形或等腰梯形不带弧度的侧片组成。目前已修复了一顶石胄，该胄由圆形顶片和各类型的侧片组成。胄通高32厘米，底部宽度32厘米，现重3168克。这是第一顶完整的秦代石胄，具有极高的观赏价值。

秦　石铠甲

1998年临潼区秦始皇陵封土东南陪葬坑出土。总长75厘米，后身长65厘米。

世界大事记

前216年，坎尼战役，汉尼拔重创罗马军队。

前214年，秦将蒙恬大败匈奴，夺取河南地。

秦 石胄

1998年临潼区秦始皇陵东南陪葬坑出土。高32厘米，底部宽度32厘米。石铠甲、石胄的出土，不但填补了秦考古史上无甲胄出土的空白，而且用铜丝和石片编缀制成的石质甲胄在中国乃至世界考古史上也是罕见的。这是秦始皇陵园考古工作者继兵马俑坑和铜车马坑之后的又一重大发现。

石质甲胄的大面积发掘出土，在世界考古学史上实属罕见，它填补了秦代军事装备的空白，改变了过去认为秦代无胄的认识。

石质铠甲和头盔穿戴起来厚重，又不结实耐用，所以当时只是作为陪葬品，不具有实用功能。

秦 铠甲武士俑（临潼区秦俑一号坑出土）

知识链接

【铠甲】

铠甲是古代将士穿在身上的防护装具。先秦时期，主要用皮革制造，称甲、介、函等；战国后期，出现用铁制造的铠，皮质的仍称甲；唐宋以后，不分质料，或称甲，或称铠，或铠甲连称。

铠甲起源于原始社会，开始它是用藤、木、皮革等原料制成。商周时期，人们已将原始的整片皮甲改制成可以部分活动的皮甲，在使用皮甲的同时，也开始在甲上使用一些青铜铸件。战国后期，锋利的钢铁兵器逐渐用于实战，促使防护装具发生变革，铁铠甲开始出现。直到汉朝，铁铠才逐渐取代了皮甲。目前发现最早的铁铠甲，是在河北易县燕下都遗址出土的。

宫廷杂耍的真实写照

姿态各异的百戏俑

所谓百戏，就是今天的杂技表演。在古代，无论皇宫还是平民中均有百戏，但是皇宫中的百戏更多，也更精彩。自然在秦始皇的陪葬中少不了百戏俑坑。百戏俑坑中陶俑的衣着打扮、相貌特征以及所表演杂耍的形姿，生动地展示了秦代社会宫廷娱乐生活之一角。

秦 五号百戏俑

1999年临潼区秦始皇陵园陪葬坑出土。共出土11件，造型风格与秦兵马俑迥然不同，为我们揭示了秦代陶俑的新类别。这些陶俑是秦宫廷百戏（杂技）活动的真实反映。

风格独特的陶俑

百戏俑坑位于秦始皇陵封土东南，平面呈“凸”字形，坑内分布有东西向的过洞三条，总面积800平方米。此坑出土了残缺不全的原大百戏俑11尊。陶俑出土时虽已倒塌碎裂，但每件陶俑仍大体可辨。所有陶俑只穿着陶塑彩绘厚短裙，裙上绘有各种纹饰，如菱格纹、星象纹、“S”纹等。俑面部和肌肤裸露部分均为浅粉红色。它们脚下都有方形或长方形脚踏板。考古人员现已修复起六尊姿态各异的陶俑。

陶俑的形姿

一号无头俑身材比例较为匀称。它腿部肌肉发达，腰部瘦削，双腿正立，左手扼住右腕，双臂交叉于腹前，推测其高度约1.75米。此俑左臂上部外侧有竖排的戳划文字“咸阳亲”，它是作俑工匠的故里名和人名。

二号俑是保存较好的一尊。该俑身高1.80米，体形相对瘦削，头与躯体基本完整，只是少了一只左臂与左腿。它眉清目秀，五官端正，神情严肃专注，头梳圆髻于脑后。其姿势也很特殊：身姿直立，右腿弯曲，脚指向地面，右手臂朝上，手指上指。其姿态手势似乎在告诉人们他正在表演一种类似于转盘之类的“绝活”。

三号无头俑形体高大健壮，姿态威武，胸部和双臂肌肉暴突，腹部大而微鼓，肚脐外露，裙带系于脐下，右臂向上高举，左臂贴身，左手大拇指插入腰带内侧，左腿前躬，右腿斜蹬，展现出一副彪悍猛士的雄姿和风采。该俑从足部到肩部高度为1.71米，其身高应不低于1.9米。

五号俑在所有陶俑中形体最为高大魁伟，据推测身高在2米左右。该俑双脚正立于一方形陶踏板上，双手置于腹前，手中握着卷成半筒形的方形前搭，双臂刚劲有力，胸肌发达，腹部和臀部向外明显突出，肚脐外露，短裙系于脐下，双腿显得特别粗壮有力，裸露的双脚肥大宽厚。其左臂与左肋处有一洞孔，洞孔内有筒瓦垫衬。专家推测此俑“左

世界大事记

前215年，罗马发动第一次马其顿战争。

皮橐。

前213年，秦修成万里长城。秦始皇下令焚书。

臂内侧原应有直立的竿状物插于其间”。其姿势特征仿佛是在表演“顶杆”之类的杂技。

四号无头俑双腿残缺，其造型手势与五号俑接近。六号无头俑两手臂残缺，姿势衣着与四号俑相近。

这些形姿奇特的半裸体百戏俑在秦始皇陵园所发现的各类陶俑中独具一格，体现了秦代雕塑大师对人体造型的塑造达到了艺术美的高度。

另外，在此坑的中部过洞内还出土了一件青铜大鼎。此鼎通高59.5厘米，重212公斤，是迄今为止所知最大的秦鼎。从出土位置和铜鼎的气势、风格、工艺看，该鼎应该是秦王朝的宗庙重器。

秦　二号百戏俑（临潼区秦始皇陵园陪葬坑出土）

秦　三号百戏俑
（临潼区秦始皇陵园陪葬坑出土）

知识链接

【角抵】

角抵是一种类似现在摔跤、拳斗一类的角力游戏，通过力量型的较量，用非常简单的人体相搏的方式决出胜负。

角抵的起源可以追溯到上古时代。据《述异记》记载，上古时的蚩尤头上长着角，耳鬓旁长着剑戟。他在与黄帝相斗时，就以头上之角抵人，敌方对此很难防御。这种“以角抵人”的搏斗，类似于现在摔跤、拳斗的角力活动。秦汉时期，角抵非常盛行，但是它已经不再是一种争斗相搏的手段，而是带有一定表演成分的游戏杂耍活动。

神秘的地下官衙

文官俑坑

文官俑陪葬坑位于秦始皇陵封土西南角，距封土边沿约50米。该坑平面略呈“中”字形，由斜坡道、前室、后室三部分组成，总面积为410平方米。其建筑结构属于地下坑道式的土木结构建筑。

该坑前室面积较大，出土的12尊立姿陶俑中，袖手文官俑八件，御手俑四件。陶俑出土时呈“一”字形排列，且皆面朝下，头朝北，仅个别陶俑身首分离。这种整齐划一的姿势与兵马俑、百戏俑出土时东倒西歪的情形截然不同。

这12尊陶俑均头戴长板冠，据推测其爵位至少在八级以上，属于秦之上爵。

八尊袖手文官俑腰带右侧悬挂着两件特殊的东西：削和扁平的长条状小囊。削与竹简的书写有关。秦汉时人们书写是用毛笔将字写在竹简或木简上，字写错了，便用削刮掉重写。削旁边的小囊可能是用来装砥石的。砥石即磨刀石，若削反复使用，锋刃就容易变钝，砥石便是用来磨削的。此外，文官俑左臂与胸腔间有一个椭圆形斜孔。据专家推测，此孔原是用来夹带成册的竹简木牍的。

文官俑的面部造型、神态、气质的刻画更是别具一格。兵马俑的造型风格显示了刚毅威武的将士风度，而文官俑则体现了一种温文尔雅、谦谨恭顺的文吏气质。八尊文官俑有的面容俊俏，留着八字胡，眼睛略略下视，似在低头沉思；有的脸形修长，留着三滴水式的胡须，神情专注，目视前方，似乎正在洗耳恭听。

四尊御手陶俑双手作揽辔状，长襦缠身，腰带紧束，目视前方，一副身心专注、谨慎驾驶的神态，衣下摆微向后飘，给人一种动感。

这12件彩绘陶俑神情各异、栩栩如生。

该坑前室还出土有木车遗迹一乘，后室埋有20余具马骨。同时在前室南侧耳室内还发现了四柄铜钺。钺是上古时期一种类似于斧的武器，后来逐渐演变为象征地位和权力的礼仪用品。到以法治国的

秦　文官俑坑（临潼区秦始皇陵西南角）

世界大事记

前214年，罗马军队在西西里击败迦太基军队。

前212年，秦始皇命蒙恬修筑「直道」。

秦 御手俑
（临潼区秦始皇陵陪葬坑出土）

秦代，钺就成为强权和法制的标志，执钺者代表着法律至高无上的尊严。因此，这个陪葬坑可能模拟的是秦代中央衙署中主管监狱和司法的廷尉机构。

此陪葬坑是秦始皇陵园内目前发现的为数不多的没有被焚烧的陪葬坑。文官俑的发现为研究秦代的文官制度提供了弥足珍贵的实物资料。

秦 文官俑（左）

2000年临潼区秦始皇陵西南角六号陪葬坑出土。高185厘米。文官俑头戴双板长冠，冠带以蝴蝶结系于颌下。身穿交领右衽齐膝长襦，衣襟掩于背后。腰系宽带，右腰处贴塑有作悬挂状的削、砥石囊。下着长裤，足蹬齐头方口浅履。文官俑目视前方，神态端庄。

知识链接

【刀笔吏】

“刀笔吏”一词始于春秋战国时期。在纸发明以前，竹简和木简是人们常用的书写工具。由于简上的文字都是用毛笔蘸墨或漆汁书写的，所以当出现书写错误需要修改时，人们就使用一种被称为“削”的青铜利器削去一层后重写，古人称之为“刊”。这种青铜削又称作“刀”，一般长度为20厘米左右，非常便于携带。

古时的读书人常常随身带着刀和笔，以便随时修改错误，刀笔并用，因此历代的文职官吏也被称作“刀笔吏”。

皇家地下游乐园

青铜水禽坑

在秦始皇陵外城垣东北角之外900米处有一座特殊的陪葬坑，按考古发现的时间和顺序，此坑被命名为七号坑。该坑出土了大量青铜水禽，以及数座似在水边或坐或跪驯化水禽的陶俑，故又被称为“青铜水禽坑”。

蔚为壮观的青铜水禽

在七号陪葬坑一区出土了40多只原大青铜水禽，部分个体上还留有少许彩绘。

40多只青铜水禽均站立在一道水沟的两边，相向而立，颇为壮观。可辨识的水禽有天鹅、仙鹤、鸿雁三种，它们由西向东依次排列。

其中六只仙鹤均站立在方形镂空云纹踏板上，曲颈长喙，体态优美。其中一只双足分立，伸颈低头，尖喙还叼啄着一只青铜小虫，生动地再现了仙鹤在水中觅食的瞬间动态，堪称极品。

20只青铜天鹅或立或卧，体形肥硕，双翅交叠

秦 铜仙鹤

2000年临潼区秦始皇陵东北角陪葬坑出土。长62.5厘米。铜仙鹤体表有彩绘残迹。铜仙鹤俯首啄着一只青铜小虫，生动传神，表现出仙鹤从水中取食的瞬间形态。

秦 青铜鹅（临潼区秦始皇陵东北出土）

水禽坑发掘现场（秦始皇陵东北）

世界大事记

前213年，罗马军队征服锡腊库札，基本控制了西西里地区。

陕西榆林东南。

于尾后，或曲颈作觅食状，或伸颈于河道中作汲水状。

20只大雁则整齐地卧伏在河道两侧的夯土台上，体态浑圆，比例协调，双翅叠置于背后，昂首曲颈，神态悠闲自在，均面向中间象征性的河道。

调驯水禽的陶俑

七号坑二区出土了15件形状奇特的陶俑，出土时陶俑损毁严重。从修复的陶俑来看，其姿势分箕踞姿和跽姿两类。

呈箕踞坐姿的陶俑通高87厘米，双腿伸直平坐在地上，头戴布帻，上身着长襦，下身着长裤，腰间系着革带，光着脚板，目视前方，仪态庄重。

跽姿陶俑通高108厘米，上体直挺，双膝跪地，脚穿布袜，右腰际悬有长方形扁囊，神态安详。

同坑还出土了一件银器和几十件打磨精细的骨器。据推测，这15件姿态各异的陶俑是一组乐器演奏俑，而银器和骨器则是古代演奏乐器的重要构件。

陶俑面容平和自然，以敲击或演奏乐器调训水禽，使水禽变换出一系列可观赏的姿势。调训禽兽在上古的传说故事里已有很多。这些调训的禽兽为人所役使或取乐，秦始皇也不忘在他的陪葬坑中把这些有灵性的天鹅、鸿雁、仙鹤设计进去，供其百年之后享用。

秦　铜凫雁（临潼区秦始皇陵东北出土）

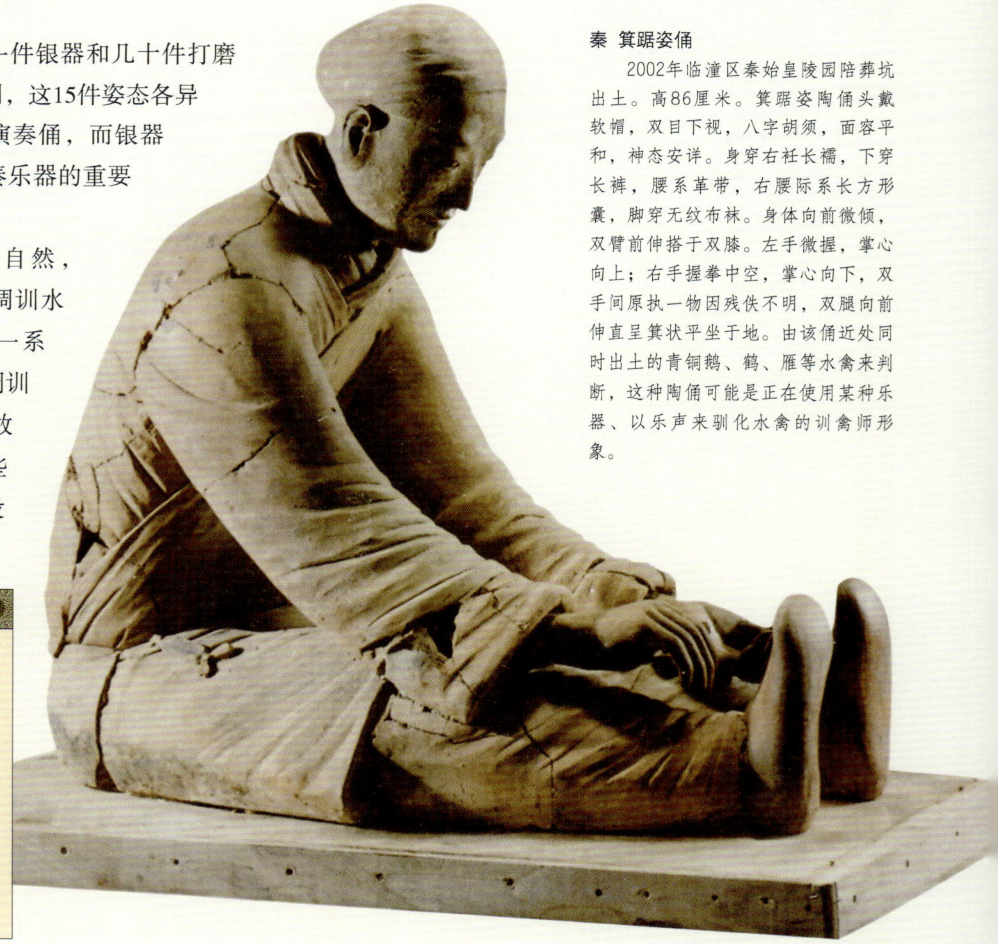

秦　箕踞姿俑

2002年临潼区秦始皇陵园陪葬坑出土。高86厘米。箕踞姿陶俑头戴软帽，双目下视，八字胡须，面容平和，神态安详。身穿右衽长襦，下穿长裤，腰系革带，右腰际系长方形囊，脚穿无纹布袜。身体向前微倾，双臂前伸搭于双膝。左手微握，掌心向上；右手握拳中空，掌心向下，双手间原执一物因残佚不明，双腿向前伸直呈箕状平坐于地。由该俑近处同时出土的青铜鹅、鹤、雁等水禽来判断，这种陶俑可能是正在使用某种乐器、以乐声来驯化水禽的训禽师形象。

知识链接

【苑囿】

养禽兽的地方。大的称苑，小的称囿。秦的上林苑是历史上著名的苑囿。《史记·高祖本纪》曰："诸故秦苑囿，皆令人得田之。"后来的园林就是从苑囿发展而来的。

秦始皇陵地宫

神秘的地下王国

秦始皇陵地宫是两千多年来人们一直在探索的谜。自从兵马俑、铜车马等陪葬坑发现以来，全世界为之震撼。人们在为这伟大的历史奇迹惊叹之余，自然会把视线投向这伟大奇迹的母体——秦始皇陵地下宫殿。这里更加神秘莫测，令人心驰神往。

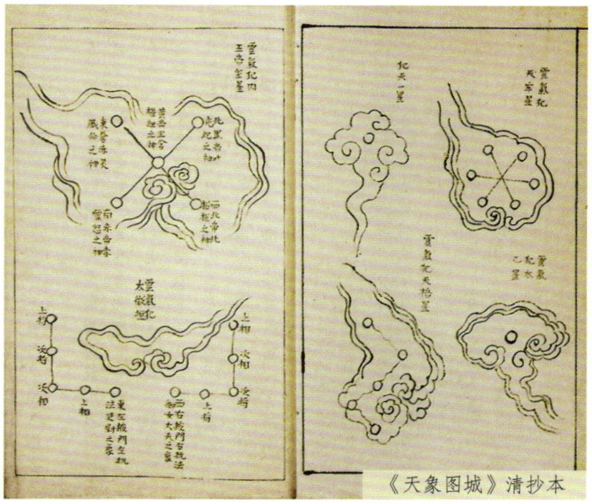

《天象图城》清抄本

地宫还保存完好吗?

在秦始皇陵巨大的封土堆之下就是地下宫殿。目前，经过科学勘探，考古人员已经发现了地宫的宫墙和庞大的地宫。据史书记载，地宫深度挖至不能再挖的地步，那么至深至极的地宫究竟有多深呢?

根据最新钻探资料推算，地宫坑口至底部实际深度约为30米。从30米的深度来看，肯定进入到地下水了。但考古勘探墓室内没有进水。原来，围绕着地宫有一条长约千米的阻排水渠。这条水渠底部由厚达17米的防水性强的青膏泥夯成，上部由84米

秦陵封土下及周边建筑想象图

在秦始皇陵城垣内外出土了大量筒瓦、板瓦、脊瓦、遮朽等建筑材料，内外城垣上分别建造有恢宏的门阙，内外城之间有一组南北对称的三出阙，三出阙是最高统治者专用的建筑形式。封土下是高出地表30米左右的台阶式墙状夯土台，可能是供皇帝灵魂出游登高望远的“中成观游”。

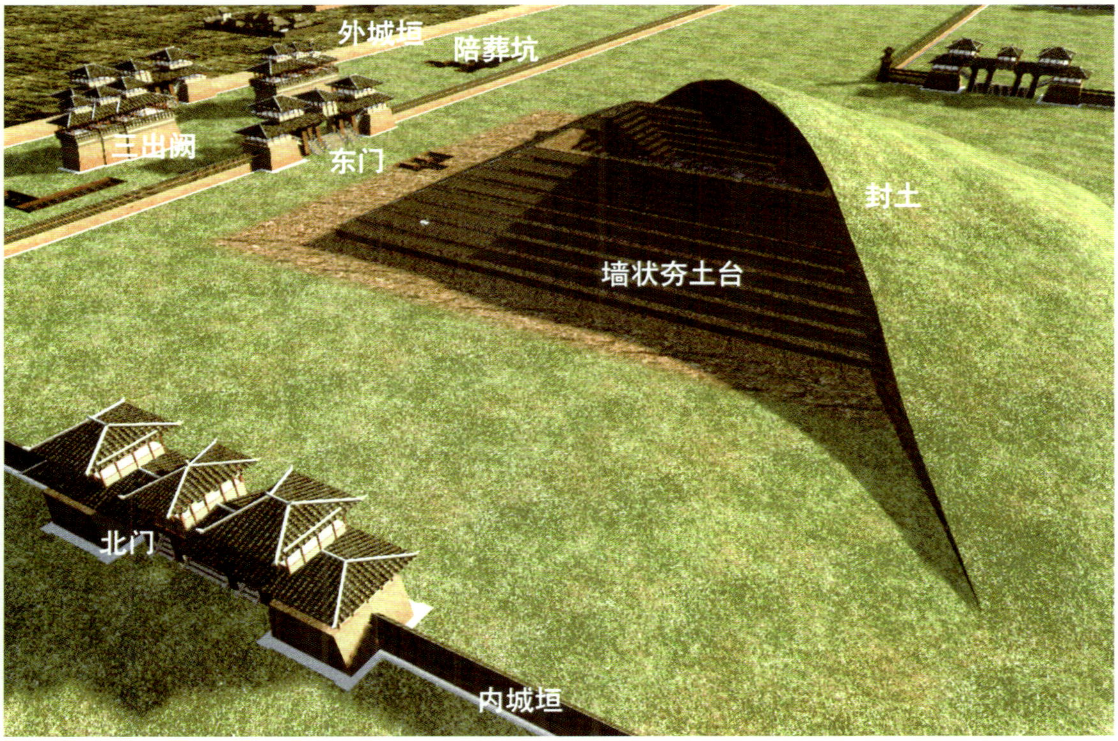

世界大事记

前210年，罗马征服西西里阿格里琴托。

宜春苑。

前209年，陈胜、吴广起义爆发。

秦始皇陵墓室想象图

宽的黄土夯成，容易将地宫和周围的水排掉。秦始皇陵园地势东南高西北低，落差达85米，而这条阻排水渠正好挡住了地下水由高向低渗透，有效地保护了墓室不遭水浸。

历史上关中地区曾遭受过八级以上的大地震，而秦始皇陵墓室却完好无损，这与地宫周围宫墙的坚固程度密切相关。据勘探，宫墙有两层，内层为石质宫墙，外层为多层细土夯成的土墙。据说在修建宫墙的过程中，为了检测用泥土夯实的宫墙是否坚硬，施工人员会站在远处用弓箭射墙，若箭能射进墙体，修好的宫墙必须推倒重建。从采用遥感技术获得的资料来看，秦陵地宫迄今还完好无损。那么里面的奇珍异宝也必然会安然无恙的保存着。将来一旦打开宫门，更会震惊世界。

地宫中有水银吗？

《史记》中记载：秦陵地宫顶部绘有日月星象，下部灌注大量的水银做成江河大海，并且用机械动力使它日夜流淌不息。然而，陵墓中究竟有没有水银始终是一个谜。

20世纪80年代，地质学专家曾先后两次在始皇陵封土采样。经过反复测试，发现始皇陵封土土壤样品中出现“汞异常”现象，面积达1.2万平方米。而秦始皇陵附近的土壤样品中几乎没有汞含量。2002—2003年由国家地矿局实施的“863”计划，采用遥感等先进设备勘探出地宫中含有水银，略呈几何形分布，且东南、西南强，东北、西北弱，与大自然中的河流江海分布位置是一致的。

科学家由此得出初步结论：《史记》中关于始

知识链接

【陵】

陵原为大土山之意。周朝以前君王的坟墓没有封土，故称“墓”而不称“陵”。坟墓开始称为“陵”，约从战国中期以后，首先出现于赵、楚、秦等国。因为当时专制王权不断增强，为表现最高统治者至高无上的地位，其坟墓不仅要求占地广阔，封土之高也要如同山陵。《史记·赵世家》记载，赵肃侯十五年，经营寿陵。这是君王墓称“陵”之始。

皇陵中埋藏大量汞的记载是可靠的。据测定地宫中大约有100吨水银。

飞雁的神奇传说

《三辅故事》记载，楚霸王项羽入关后，曾以30万人盗掘秦陵。在挖掘过程中，突然一只金雁从墓中飞出，这只神奇的金雁一直朝南飞去。斗转星移，过了几百年，到三国时期，有人给在日南（今越南广治西北）做太守的官吏张善送来一只金雁，张善从金雁上的文字判断此物乃出自始皇陵。

这虽然是个传说故事，但说明秦陵内的文物曾经流失于外，并且远达云南以南。一个金属物体在空中飞翔并不是一件容易的事情，不像风筝和轻气球那样，由于质量轻，借助于自然界的风力就可以在空中飞翔。金属物体质量大，如果没有机械动力单靠自然界的风力，不要说在空中飞行，恐怕连起飞这个基本的难题也无法解决。

两千多年前的中国何以能解决金属物体的飞行动力问题呢？凭目前我们所了解的秦代的手工业水平，秦代有可能制造出会飞的金雁。秦始皇陵园中已经发现了青铜雁，《史记》和《汉书》中也载有“黄金为凫雁”的文字。这些记载和考古发现都表明，秦代已经掌握了精巧的机械原理和运用技术。

地宫中的防盗设备

秦始皇在防止盗墓方面也是煞费苦心，墓葬挖得很深本身就是为了防盗，地宫中的水银也具有防盗的作用。据《史记》记载，秦始皇陵地宫中安装着多套能自动发射的暗弩，如果有盗墓者进入，暗弩就会立即发射。这是史籍记载的中国古代最早的自动防盗器。

秦代曾生产过连发三箭的弓弩，秦始皇在东海中曾使用连弩射死过大鲛鱼。而安放在地宫的暗弩当是一套受外界物体碰撞就可以自动发射的弓弩。

秦始皇陵是世界上规模最大、结构最奇特、内涵最丰富的帝王陵墓之一，神秘的地下王国埋藏着更多的珍宝，隐藏着更多不为人道的秘密。

秦　箭镞（临潼区秦兵马俑一号坑出土）

秦　弩机（临潼区秦兵马俑一号坑出土）

世界大事记

前209年，罗马军队大败汉尼拔。

牢盆。

前207年，项羽在巨鹿之战中大败秦军。赵高杀秦二世，立子婴为秦王。

刑徒七十万 起土骊山隈

秦始皇陵的修建者

秦始皇从13岁继位起，就开始为自己修造陵墓，修建时间长达38年，动用民力最多时达70余万人。那么这些修陵人来自何方呢?

修陵人墓地

在秦始皇陵园西侧的刑徒墓地中，出土了18件刻有文字的瓦片。刑徒墓地正是当时修陵人的墓地，这些修陵人的身份大多是刑徒。他们死后被草草埋葬，既无葬具，又无随葬品。

出土的瓦片上刻有死者的姓名、籍贯，有的瓦片上还刻有爵位或刑名，如“东武居赀上造庆忌”“平阴居赀北游公士滕”“博昌去疾”“赣榆距”等。其中东武、平阴、博昌是地名，在今山东省，赣榆在今江苏省。居赀为刑名，指因触犯秦法而被罚钱，本人无力偿还，而判处以劳役代替，服劳役直至期满者。上造和公士为爵名，是秦二十等爵制中最低的两等，庆忌、滕、去疾、距则为人名。

秦 铁钳和铁桎（临潼区秦始皇陵刑徒墓地出土）

从瓦文内容来看，当时修建秦始皇陵的人来自全国各地，既有地位低微者，也有地位稍高的人如上造、公士等。这些人大多是触犯秦律的刑徒。秦之严刑峻法，以致获刑者众，“刑徒七十万，起土

秦 刑徒残瓦

1979年临潼区秦始皇陵园赵背户村刑徒墓地出土。残长38.5厘米，宽22厘米。瓦为青灰色，残存瓦面上阴刻“民居赀公士富”六字，字体为小篆体。刑徒墓地的墓内发现的尸骨大多没有葬具或随葬品，只有一些身上覆盖了几片残瓦，上刻的文字记载了死者的籍贯、爵名、姓氏等，同时说明秦始皇动用了大批刑人徒隶为其修陵。

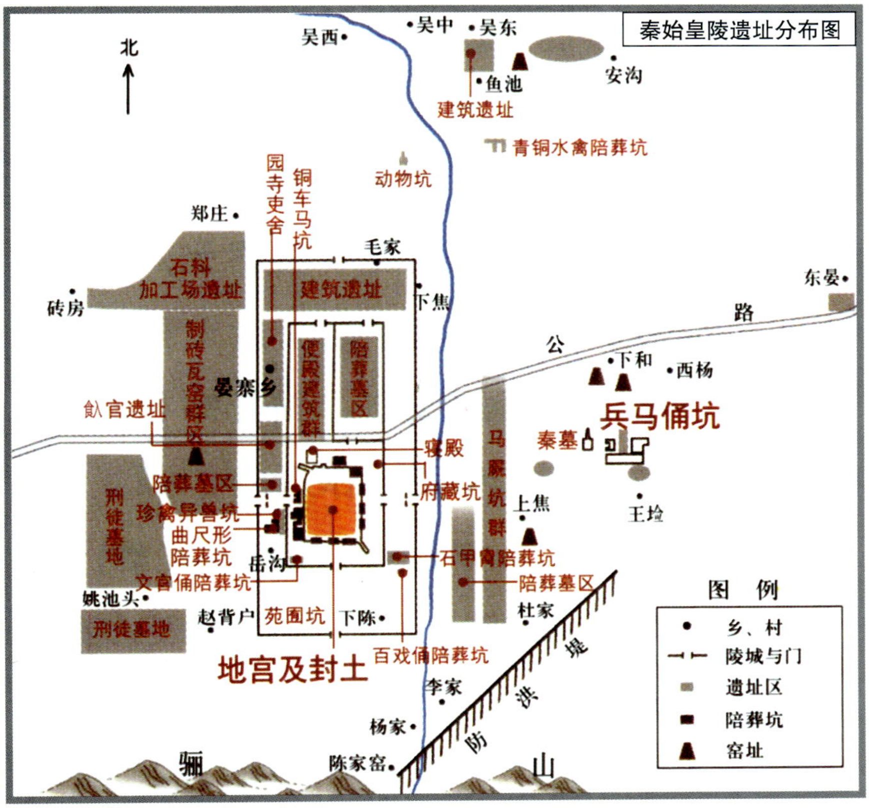

骊山限”，可见修墓刑徒之众多。

修陵人身份

从发现的考古资料来看，秦始皇陵修建者的身份有四种类型。

其一，刑徒。在秦始皇陵西北角发现了一处打石场遗址，遗址内除出土了秦代的铁锤、铁錾（音zàn）、铁钉、石水道的半成品以及大批石材外，考古人员还发现了铁钳、铁钛（音dài）等刑具和人的尸骨。这些戴着铁刑具为修建始皇陵打制石材的人，便是戴罪服役的刑徒。

其二，居赀。在修陵人墓地的100多座墓穴中，每座墓穴内一般埋2—3人，最多14人。死者大多是青壮年男子，另有两名妇女和两名幼童。从刻有文字的瓦片来看，其中十人的身份为“居赀”。服“居赀”劳役的人一年有两次假可以回家耕田。

其三，官府和民间工匠。修建秦始皇陵需要大批的砖瓦匠、木匠和制作各种陪葬品的手工业者。近年来从始皇陵出土的砖瓦、陶器和兵马俑坑出土的陶俑、陶马身上，发现了一大批工匠名。

其四，定期服劳役的人。

“洋劳工”

2003年，秦始皇陵考古队在兵马俑坑东侧一个距地表约十米深的乱葬坑中发现了百余具人体骨架。经确认骨架个数共为121个。据专家初步推测，他们是因修建秦始皇陵工程而死去的劳动者。

为进一步判断这些人骨，2004年，研究人员在121具遗骨中随机抽取了50个样本进行DNA检测。测试结果显示，成功提取的15个遗骸样本中有一个具有“欧亚西部特征”，而且属于比较典型的欧亚西部T类群个体。

这个发现将史书记载的中西方交流的历史向前推进了约百年。被发现的西域人究竟是被掳掠的战俘还是秦朝疆域内的居民？或者是西域派来的文化使者？此问题还有待进一步探究。

知识链接

【墓志铭】

墓志铭是中国古代一种悼念性的文体。埋葬死者时，刻在石上或者砖上，埋于坟前或者墓中。一般由志和铭两部分组成。志多用散文撰写，叙述死者的姓名、籍贯、生平事略；铭则用韵文概括全篇，赞扬死者的功业成就，表示悼念和安慰。也有只有志或只有铭的。墓志铭一般是铭主死后由别人撰写，偶有铭主本人生前撰写的。

世界大事记

前207年，罗马从西班牙撤兵，马其顿与埃托里亚同盟单独媾和。

因为一般平民都用三尺黑布包头。

前206年，刘邦攻入咸阳，秦亡。楚汉战争爆发。

建筑艺术上的杰作

略说秦瓦当

瓦当，俗称“瓦头”或“筒瓦头”，是中国古代宫室房屋檐端的盖头瓦。瓦当上雕有精美的图案，既可以保护屋檐椽头不受雨水侵蚀，又能起到装饰效果。

秦瓦当的精华部分大都集中于关中地区。早期秦瓦当一般为素面或绳纹半圆形瓦当。战国时期，秦瓦当的类型和纹饰增多，出现了图像瓦当、图案瓦当和文字瓦当。

秦　鹿纹瓦当（凤翔县雍城遗址出土）

图像瓦当

秦的图像瓦当在雍城遗址发现最多，其中以动物纹瓦当居多。所谓动物纹瓦当，就是把动物形体形象地雕刻在瓦当上，如夔纹、鹿纹、虎雁纹、猎人斗兽纹、四兽纹等。动物形体基本为粗轮廓的单耳双腿侧面像，造型活泼舒展，风格写实，构图均衡。

秦　刺兽纹瓦当（凤翔县雍城遗址出土）

夔是传说中的独脚怪兽，吼如雷鸣，给人以威震四方之感。秦始皇陵出土的夔纹大瓦当，直径达61厘米。此种大型夔纹瓦当目前在今陕西兴平、眉县、辽宁绥中的秦离宫遗址中均有发现，最大的一件直径达76.5厘米。

鹿纹瓦当上面雕有一只奔鹿的侧面像，它将鹿的戒备机警、身躯灵巧并善于奔跑的形态表现得淋漓尽致，给人一种呼之欲出的感觉。

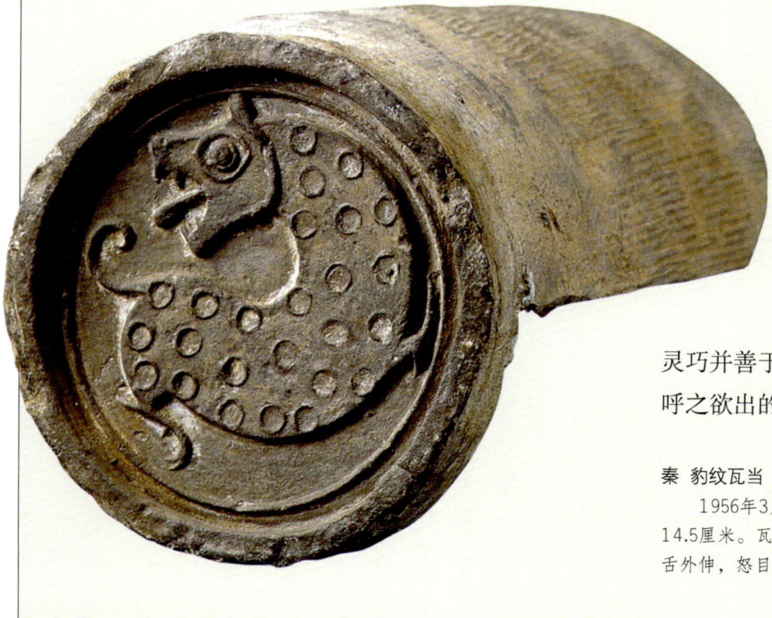

秦　豹纹瓦当

1956年3月西安市北郊徐家湾阎新村秦遗址出土。瓦当直径14.5厘米。瓦当面内为一浅浮雕金钱豹，豹头环顾，方口大张，舌外伸，怒目圆睁，尾巴上翘。豹的凶猛神态，跃然其间。

秦 “橐泉宫当”瓦当（凤翔县出土）

秦 “竹泉宫当”瓦当（凤翔县出土）

虎雁纹瓦当中，雕刻者以善飞的雁衬托出奔虎的迅猛。那竖直微卷的虎尾，钩状的利爪，发达的腿部肌肉，都恰到好处地表现了虎的肌肉力度，使人感到扑食瞬间的紧张、狡黠、矫健之动态。

猎人斗兽纹瓦当则是雕刻者采用对比手法，使形体庞大的猛兽与单薄瘦小的猎人形成一强一弱的对比，表现了兽的凶猛；受伤挣扎状的猛兽，与奋力搏斗中的猎人又形成一负一胜之对比，更突出了猎人的勇敢。虚实轻重对比强烈，布局紧凑，栩栩如生。

图案瓦当

图案瓦当是图像瓦当的发展和变体。它的象形性不强，其造型和图案不是对生活的直接模拟，而是一种间接的曲折的反映。图案以云纹和葵纹为主。

以云纹为主题的瓦当，具有光亮、明快之感，与秦都咸阳建造时所赋予的以象天汉、祥云缭绕、求仙升天的思想有密切的关系，反映了统治者祈求太平、永受嘉福的享乐意识。

秦 云纹瓦当（凤翔县雍城遗址出土）

葵纹瓦当主要出土于秦都雍城、栎阳和咸阳遗址。

另外还发现有房屋建筑纹瓦当、植物纹瓦当、太阳纹瓦当等。

文字瓦当

1996年，考古人员在凤翔县长青乡孙家南头堡子壕遗址中发现了秦文字瓦当。在秦文化层中出土了“蕲年宫当”八件、“橐泉宫当”七件、“来谷宫当”四件、“竹泉宫当”四件。这是首次在明确的秦文化地层中出土的文字瓦当。

目前秦文字瓦当暂分为宫殿、市署、地名、吉语祈禳、干支五大类。秦文字瓦当浓缩了有关当时宫殿建筑、建材装饰、文字艺术、祠祀习俗、地名等多方面的信息。

秦瓦当在中国瓦当发展史上意义重大，为汉代瓦当的发展奠定了基础，在中国建筑材料发展史上具有不可替代的作用。

知识链接

【秦动物纹瓦当】

秦动物纹瓦当分单体动物纹和复合动物纹。一般单体动物纹圆瓦当当面均无界格，这一类瓦当多出土于秦雍城遗址，时代约在战国前期和中期。瓦当当面区间界格的复合动物纹瓦当略晚于单体动物纹瓦当，流行于战国中期，这类瓦当大多出土于秦雍城遗址，今咸阳、西安一带的秦遗址中也有少量发现。当面以界格线分为四区间的复合动物纹瓦当，流行于战国中晚期，在秦芷阳、咸阳遗址中均有出土，至秦代这种瓦当渐趋衰落。

世界大事记

前206年，罗马军队将迦太基人逐出西班牙。

西周。

秦 夔凤纹大型半瓦当（遮朽）

1977年3月临潼区秦始皇陵北建筑遗址出土。直径61厘米，高48厘米，背有筒瓦残长32厘米。该瓦面饰夔凤纹，图案立体感强，因其特大，故俗称“瓦当王”。

陕西地区秦大事年表

秦国	
襄公八年（前770）	周平王东迁，东周建立。秦襄公受封为诸侯，始立国。
襄公九年（前769）	秦作西畤，用 驹、黄牛、羝羊各三，祠上帝。
文公四年（前762）	文公徙都汧渭之会。
文公十年（前756）	秦初作鄜畤，用三牢。
文公十三年（前753）	秦初设史官记事。
文公十六年（前750）	秦伐戎，地至岐，并将岐以东之地献于周。
文公二十年（前746）	秦初设三族之法令。
宪公二年（前714）	宪公徙都平阳，遣兵伐荡社。
武公十年（前688）	秦伐邽、冀戎。初设县，此为秦置县的最早记录。
武公二十年（前678）	武公死，葬于雍平阳，以66人殉葬。
德公元年（前677）	德公徙都雍城，以牺三百牢祠鄜畤。梁伯、芮伯来朝。
宣公四年（前672）	秦作密畤。与晋战河阳。
穆公元年（前659）	秦伐茅津戎，获胜。
穆公十三年（前647）	晋发生灾荒，向秦借粮，秦兴“泛舟之役”。
穆公十五年（前645）	秦与晋战于韩原，虏晋惠公。晋献河西之地。
穆公十六年（前644）	秦在河东置官司。
穆公二十年（前640）	秦灭梁国、芮国。
穆公二十二年（前638）	秦迁陆浑之戎于伊川。
穆公三十七年（前623）	秦伐西戎，“益国十二，开地千里”，天子使使贺以金鼓。
穆公三十九年（前621）	穆公卒，葬于雍，以177人殉葬。
康公二年（前619）	秦伐晋，取武城（今华县东）。
康公四年（前617）	秦遭晋进攻，少梁丢失。秦复攻晋，取北徵（今澄县西南）。

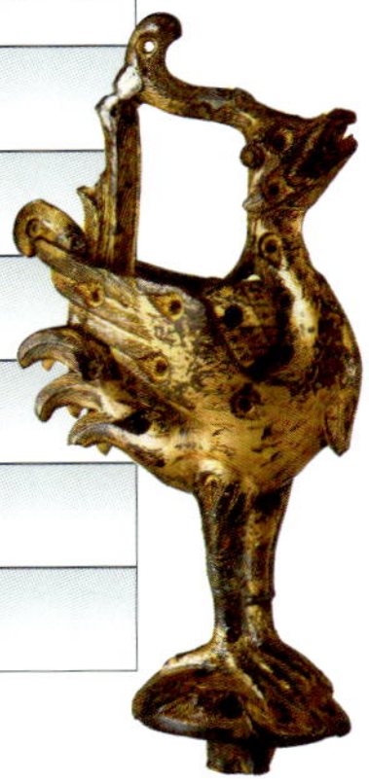

桓公十年（前594）	秦伐晋，次于辅氏（今大荔东）。魏颗败秦师。
桓公二十六年（前578）	秦与晋所率诸侯盟军战，败于麻隧（今泾阳北）。
哀公三十一年（前506）	楚大夫申包胥至秦求兵伐吴。
厉共公十六年（前461）	秦伐大荔，取王城。补修庞戏城。
厉共公二十一年（前456）	秦始在频阳设县管理。
躁公十三年（前430）	义渠戎攻秦，至渭南。
灵公三年（前422）	灵公作吴阳上畤，祭黄帝；作下畤，祭炎帝。
灵公八年（前417）	秦修城于河频。
灵公十年（前415）	秦城籍姑，补庞城。
简公六年（前409）	秦令吏“初带剑”。堑洛，城重泉（今蒲城东南）。
简公七年（前408）	简公下令“初租禾”。魏筑雒阴（今大荔西）、部阳（今合阳东南）。
惠公五年（前395）	秦伐繇诸。
惠公十年（前390）	秦与魏战武城，始设陕县。
惠公十一年（前389）	秦攻魏之阴晋（今华阴）。
惠公十三年（前387）	秦伐蜀，取南郑。
出子二年（前385）	秦庶长迎献公于河西而立之。
献公元年（前384）	献公下令“止从死”。
献公二年（前383）	献公徙都栎阳。
献公六年（前379）	秦始将蒲、蓝田、善明氏设为县。
献公七年（前378）	献公下令“初行为市”。
献公十年（前375）	献公设立“五家为伍”的户籍制度。
献公二十二年（前363）	秦攻魏少梁，虏其将公孙痤。
孝公元年（前361）	商鞅入秦。秦伐魏、西戎，斩戎之獠王。
孝公三年（前359）	秦孝公任用商鞅，实行变法。
孝公八年（前354）	秦与魏战元里（今澄城南），斩首7000，取少梁。
孝公十二年（前350）	徙都咸阳。初聚小邑为县。开阡陌。
孝公十四年（前348）	孝公下令“初为赋”。韩昭侯朝秦。

孝公二十年（前342）	诸侯毕贺。秦遣使会诸侯于逢泽，朝天子。
孝公二十四年（前338）	孝公卒，子惠文君立，诛商鞅。
惠文君元年（前337）	楚、韩、赵、蜀朝秦。
惠文君二年（前336）	惠文君下令“初行钱”。
惠文君五年（前333）	秦以犀首为大良造，张仪为客卿。
惠文君六年（前332）	魏献阴晋，更名宁秦。
惠文君八年（前330）	秦与魏战，虏龙贾，斩首八万。魏献河西之地。
惠文君十年（前328）	张仪相秦。魏献上郡15县予秦。
惠文君十一年（前327）	义渠君称臣，秦在义渠戎居地设县管理。
惠文王十三年（前325）	惠文君开始称王。
惠文王更元七年（前318）	秦以乐池为相。韩、赵、魏等五国共攻秦于函谷关，不胜而回。
惠文王更元九年（前316）	秦将司马错率军灭蜀。
惠文王更元十一年（前314）	公子通受封于蜀，置巴郡，移秦民万家实之。
惠文王更元十三年（前312）	秦庶长魏章击楚于丹阳。又攻楚汉中，置汉中郡。
武王二年（前309）	秦初置丞相，樗里疾、甘茂为左右丞相。
武王四年（前307）	秦始置将军。武王因举鼎，绝膑而亡。
昭襄王二年（前305）	秦庶长壮及大臣诸公子为逆，皆诛。
昭襄王六年（前301）	蜀侯反，司马错将兵定蜀。
昭襄王八年（前299）	孟尝君入秦为相。楚怀王被骗入秦。
昭襄王九年（前298）	赵国楼缓为秦相。齐、韩、魏联军攻秦至函谷关。
昭襄王十二年（前295）	免楼缓，用魏冉为相。予楚粟五万石。
昭襄王十九年（前288）	十月，秦与齐同时称“帝”。后复去帝号。
昭襄王二十年（前287）	李兑约赵、齐、楚、韩、魏五国攻秦，无功而散。
昭襄王三十五年（前272）	宣太后诱杀义渠王于甘泉宫。秦置陇西、北地等郡。
昭襄王三十八年（前269）	秦上郡大饥，山木尽死。
昭襄王五十一年（前256）	秦灭西周。周赧王卒，周嗣绝。
孝文王元年（前250）	昭襄王卒。十月，孝文王即位，三日即卒。

庄襄王元年（前249）	吕不韦相秦，灭东周。初置三川郡。
庄襄王三年（前247）	信陵君会五国兵攻秦。五月，庄襄王卒。
秦王政元年（前246）	秦始修郑国渠。同年始建丽山陵墓。
秦王政四年（前243）	蝗灾，天下疫。秦王令百姓纳粟千石，拜爵一级。
秦王政九年（前238）	秦王政在雍城蕲年宫行冠礼。平定嫪毐叛乱。
秦王政十年（前237）	吕不韦免相。秦王下令停止逐客。郑国渠修成。
秦王政十二年（前235）	吕不韦迁蜀，饮鸩自杀。
秦王政十四年（前233）	韩非在云阳狱中被逼自杀。
秦王政十六年（前231）	秦初令男子书年，置丽邑。
秦王政十七年（前230）	秦内史腾率军攻灭韩国，并在韩地置颍川郡。
秦王政十九年（前228）	王翦等攻破赵国，赵公子嘉逃至代地，自立为王。
秦王政二十年（前227）	燕太子丹派荆轲行刺秦王，未遂。
秦王政二十一年（前226）	王翦率军攻克燕都蓟，燕王喜逃至辽东。
秦王政二十二年（前225）	王贲攻陷大梁，魏亡。秦置右北平、渔阳、辽西三郡。
秦王政二十四年（前223）	王翦率军攻灭楚国。又攻江南，设会稽郡。
秦王政二十五年（前222）	王贲攻辽东，俘燕王喜。又攻代，虏代王嘉。
秦朝	
秦始皇二十六年（前221）	王贲率兵攻灭齐国，天下统一。秦朝建立。
秦始皇二十七年（前220）	秦始皇巡行陇西、北地。分全国为36郡，修筑驰道。
秦始皇二十八年（前219）	秦始皇第二次巡游。派军队南征百越，修凿灵渠。
秦始皇二十九年（前218）	秦始皇第三次巡游，张良在博浪沙击杀始皇未中。
秦始皇三十一年（前216）	秦始皇下令“黔首自实田”。
秦始皇三十二年（前215）	秦始皇第四次巡行。蒙恬率兵击匈奴，始修长城。
秦始皇三十三年（前214）	平南越，置桂林郡、南海郡、象郡；逐匈奴，设34县。
秦始皇三十四年（前213）	发50万罪徒戍五岭。秦始皇下令“焚书”。
秦始皇三十五年（前212）	修“直道”。修建阿房宫和丽山陵墓。
秦始皇三十六年（前211）	迁三万户至北河、榆中。陨石落东郡。
秦始皇三十七年（前210）	秦始皇在沙丘平台驾崩。胡亥矫诏赐死扶苏。

秦二世元年（前209）	胡亥即位为帝。七月，陈胜、吴广在大泽乡起义。
秦二世二年（前208）	项羽大败章邯于东阿。秦二世诛杀李斯等重臣。
秦二世三年（前207）	刘邦攻武关，入秦。赵高杀二世，立秦王子婴。
前206年	秦王子婴出降刘邦，秦亡。

秦　秦始皇兵马俑一号坑（临潼区）

出 版 人：马　来
编辑统筹：马　来　张　萍　何惠昂　黄伟敏
责任编辑：陈　芳　马　来
美术编辑：王　祚　李　梅
插图选配：刘合心　李　梅
整体设计：王　祚
电脑制作：李　梅
监　　印：桂方海

图片提供：
陕西历史博物馆　西安碑林博物馆　陕西省考古研究院　陕西省文物交流中心　秦始皇兵马俑博物馆　西安半坡博物馆　汉阳陵博物馆　西安博物院　昭陵博物馆　长安博物馆　法门寺博物馆　乾陵博物馆　茂陵博物馆　宝鸡青铜器博物馆　咸阳博物馆　耀州窑博物馆　西安事变纪念馆　陕西画报社等

摄影作者：
邱子渝　刘合心　王保平　罗忠民　武天合
张明惠　李光宗　王　敏　杨异同　高玉英
张天柱　王　沛　任　超　茹小石　邵　勇
乔建军　龙剑辉　郭佑民　黄继贤　韩烨冬

图书在版编目（CIP）数据
金戈铁马并天下：秦人五百余载的崛兴史：秦卷 / 徐卫民著. —西安：西北大学出版社，2009. 12
（话说陕西）
ISBN 978-7-5604-2586-3
Ⅰ. 金… Ⅱ. 徐… Ⅲ. 陕西省— 地方史—秦代—通俗读物 Ⅳ. K294. 1-49
中国版本图书馆CIP数据核字（2009）第218129号

《话说陕西》【2】秦卷
金戈铁马并天下：秦人五百余载的崛兴史
作　　者：徐卫民 著
辅文作者：雷　钰（世界大事记、中国大事记）　　刘合心（图说文字）
出版发行：西北大学出版社
销售电话：029-88302590
地　　址：西安市太白北路229号（邮编：710069）
网　　址：http://press.nwu.edu.cn
经　　销：新华书店经销
印　　刷：万裕文化产业有限公司
开　　本：810毫米 × 1070毫米　1/16
印　　张：14
字　　数：120千字
版　　次：2009年12月第1版　2010年8月第2次印刷
书　　号：ISBN 978-7-5604-2586-3
定　　价：98.00元